Eva Philippoff

# Peter Rosegger

Eva Philippoff

# Peter Rosegger

## Dichter der verlorenen Scholle

*Eine Biographie*

Verlag Styria

Umschlagbild:
Steiermärkisches Landesmuseum Joanneum, Graz,
Abt. Bild- und Tonarchiv.

Die Deutsche Bibliothek – CIP-Einheitsaufnahme

*Philippoff, Eva:*
Peter Rosegger : Dichter der verlorenen Scholle ;
eine Biographie / Eva Philippoff. –
Graz ; Wien ; Köln : Verl. Styria, 1993
ISBN 3-222-12186-9


Printed in Germany
Umschlaggestaltung: Zembsch'Werkstatt, München
Satz: Druck- und Verlagshaus Styria, Graz
Druck und Bindung: Ebner Ulm
ISBN 3-222-12186-9

# INHALT

## I.
## Im Schoss der Mutter – Die „Prähistorie“: 1843–1865



## II.
## Die zweite Geburt – Der Eintritt in die Historie: Graz 1865–1870

## III.
## Der Sündenfall – Die Bedingung zum Aufstieg: 1870–1880



## IV.
## Der „Waldsohn" im Weltgeschehen: 1881–1893

## V.
## DER PROPHET: 1893–1918



## VI.
## DER DICHTER

# I.
# Im Schoß der Mutter – Die „Prähistorie": 1843–1865

„Das Waldland hat mich niemals freigegeben."[1]

Daß aus einer Landschaft wie der, in der Peter Rosegger das Licht der Welt erblickt hat, ein Dichter hervorgeht, kommt nicht oft vor, und es bedarf – außer dem unentrinnbaren Drang zum Schreiben – besonders günstiger äußerer Umstände, um die angeborenen Talente vor dem fast unvermeidlichen Verkümmern zu bewahren.

Im österreichischen Vormärz in ein tausend Meter hoch gelegenes, nur aus fünfundzwanzig verstreut liegenden Höfen bestehendes Bergdorf hineingeboren zu werden, in eine Familie von fast durchwegs Analphabeten, und sich im Laufe der Jahre zum Dichter und Verklärer seiner Heimat, dann zum geachteten und geliebten Propheten zu entwickeln – das ist wohl ein außergewöhnliches Schicksal, dessen Grundlagen und Verlauf es sich lohnt, genauer zu untersuchen.

Zur angeborenen Gabe des Erzählens gesellten sich bei Rosegger in der ersten Hälfte seines Lebens eine gewisse Anzahl psychologischer Faktoren, die die Ausformung seiner Talente wesentlich befördert haben, während ab der Reifezeit eine erstaunliche Übereinstimmung zwischen Roseggers Ansichten und Stellungnahmen und gewissen Geistesströmungen seiner Zeit festzustellen ist; wie zum Beispiel die stadtfeindliche, die Rückkehr zur Scholle preisende Heimatkunstbewegung, oder auf ganz anderer Ebene, die ideologischen und politischen Bewegungen, die die katholische Kirche in Österreich und Deutschland ab den siebziger Jahren des 19. Jahrhunderts erschütterten.

Die Kriterien, die wir hier wesentlich handhaben werden, sind vor allem psychologischer Natur; eine ideologische Perspektive soll sie in dem Maße verstärken, als die persönlichen Anliegen des Dichters – seine obsessionellen Motive – mit denen der Öffentlichkeit übereinstimmen, seine Privatmythe in offizielle Mythologie einmündet.

## Umgebung und Vorfahren

Als Rosegger am 31. Juli 1843 in seinem abseitigen steirischen Gebirgsdorf zur Welt kommt, steht Österreich am Vorabend der Ereignisse des Jahres 1848. In Wien wächst die allgemeine Unzufriedenheit, und die Regierung Kaiser Ferdinands des Gütigen – in Wirklichkeit ist die geheime Staatskonferenz mit Metternich und der ehrgeizigen Erzherzogin Sophie am Ruder – geht ihrem Ende zu. In Roseggers Heimat jedoch, auf den von Wäldern umgebenen Hochweiden, ist immer noch alles beim alten. Wenn es auf die friedlichen Untertanen dieser abgelegenen Gebiete ankäme, so hätte der Kaiser in der Hofburg wahrlich nichts zu befürchten! Da oben trägt man ohne aufzubegehren das Joch eines von den josephinischen Reformen annehmbar gemachten Gesellschaftssystems; die herrschaftliche Gutsuntertänigkeit – in diesem Falle unter die Familien der Stubenberg und Wachtler – wird fraglos hingenommen. Man betreibt Ackerbau nach dem althergebrachten Muster der Egartenwirtschaft: Gerste, Weizen, Hafer werden dem kärglichen Boden abgerungen sowie die unerläßlichen Gemüsesorten Kraut, Rüben und Kartoffeln, während das

Vieh im Sommer draußen weidet: auf der geschichtenträchtigen Hochalm mit Senner und Sennerin oder auf der Hausweide mit dem Hüterbuben. Beide Orte sollten sich als Erzählungshintergrund für Rosegger ergiebig erweisen. Was das Obst betrifft, so ist in dieser Höhenlage außer den Waldbeeren und den Vogelkirschen nicht viel zu erhoffen; Äpfel, Birnen und Kirschen werden als rare Leckerbissen betrachtet, die man von weit herholt – oder sich manchmal einfach unerlaubt verschafft.

Das Streudorf, in dem Rosegger geboren wurde, trägt den sprechenden Namen Alpl und liegt auf einem von Hochwald bestandenen Vorgebirge zwischen Mürz und Feistritz. Die ungefähr fünfundzwanzig Höfe sind bei dem an die zwölf Kilometer entfernten, im Mürztal gelegenen Ort Krieglach eingemeindet, was die Alpler aber nicht daran hindert, am Sonntag in das nur eine gute Wegstunde entfernte Sankt Kathrein am Hauenstein zur Messe zu gehen.

Birkfeld, Vorau, Kindberg und Ratten, die nächstgelegenen größeren Orte, sind nur für ausdauernde und – vor allem im Winter – gut ausgerüstete Geher zu erreichen. Trotz des Vorstoßes der Bahnlinie bis nach Mürzzuschlag müssen sich die Bergbewohner aus Geldmangel meist auf ihre Füße verlassen; ein Pferd zu besitzen ist für sie ein unrealisierbarer Traum. Ein Traum, den immerhin einer der Vorfahren Roseggers, Andreas Hochrinner, verwirklicht haben soll. Sogar der Alpsteig, die Straße, die das Mürztal mit dem Feistritztal verbindet und nördlich an Alpl vorbeiführt, wurde erst im Jahre 1859 angelegt.

So lebte man also in einer weltfernen Abgeschiedenheit, die es verständlich macht, daß die Ereignisse des Achtundvierzigerjahres in der Mentalität der Bauern so wenig Spuren hinterließen. Die bäuerliche Grundablösung[2], eine der ersten und sichersten Errungenschaften der Revolution, findet bei Rosegger, dem sonst so mitteilsamen Chronisten seines Stammes, keinen Widerhall, ebensowenig wie bei seinen Biographen. Wenn man nicht an eine Unterschlagung gewisser Fakten in der Familiengeschichte glauben will, muß also gefolgert werden, daß die Roseggers zu dieser Zeit Besitzer von Haus, Hof und Grund waren. Seltsam zu bemerken ist jedoch, daß Rosegger in verschiedenen autobiographisch getönten Werken von der Gefahr des „Abstiftens" spricht und so vermuten läßt, daß seine Vorfahren so wie deren Nachbarn auf Rustikalgrund[3] saßen. Die Kosten der Grundablöse hätten eine plausible Begründung für die rasche Verschuldung des Hofes abgeben können, die zwanzig Jahre nach der Revolution zu dessen Verkauf führte.

Rosegger zufolge sollen gewisse Grundherren uneingedenk der neuen sozialen Errungenschaften auch noch nach 1848 der Versuchung erlegen sein, „ihre" Bauern weiterhin zur Robot aufzurufen. Aller Wahrscheinlichkeit nach eher eine Erfindung im Dienste der Romantendenz als tatsächliches Geschehen. Trotz dieser antiherrschaftlichen Seitenhiebe bemühten sich Rosegger sowie seine Biographen, seine Sippe als altehrwürdig und niemand untertan darzustellen. Ob die „Roßeggers" die Gegend schon zur Zeit der Karolinger bewohnt haben, wie Hans Ludwig Rosegger in seiner Familienchronik durchblicken läßt, ob ihr Name mit dem Schloß Roßeck in Kärnten in Verbindung zu bringen ist, kann nicht nachgewiesen werden. Immerhin scheint der in der Gegend sehr verbreitete Name im Pfarrbuch von Krieglach ungefähr um 1500 auf.

Die Familie, von der Peter Rosegger direkt abstammt, taucht unzweifelhaft in der Gestalt des Vorfahren Andreas Hochrinner auf. Er soll jener glückliche Pferdebesitzer gewesen sein und in einem geheimen Schrankfach einen Schatz von Silbertalern hinterlassen haben. Seine Tochter Barbara ehelichte im Jahre 1783 Joseph Roßegger, den

Urgroßvater des Dichters. Der Name der Familie schrieb sich ursprünglich mit „ß" oder „ss". Rosegger zog die Schreibweise mit einem s vor, was die freundliche Assoziation mit einer Rose bewirkt und nicht die mit dem rustikalen Roß.

Aus der Ehe gingen sechs Söhne hervor, die wegen ihres guten Auskommens miteinander bekannt waren. Der Älteste, Ignaz, heiratete 1813 Magdalena Bruggraber und entdeckte den Schatz des Großvaters, den er getreulich mit seinen Brüdern teilte. Aber gerade diese brüderlichen Gefühle sollten für Ignaz fatal werden. Als er bei einer Rauferei einem seiner Brüder beispringen wollte, erhielt er einen tödlichen Schlag auf die Brust. Rosegger zufolge soll der eigene Bruder ihm diesen Schlag versetzt haben! Auf diese Weise war Lorenz, Roseggers Vater, im Jahre 1829 mit fünfzehn Jahren Halbwaise geworden. Die tatkräftige Witwe, die vier Kinder zu ernähren hatte, verwaltete von da an die Wirtschaft.

Lorenz hatte es nicht eilig mit dem Heiraten. Er wartete bis 1842, bis seine Mutter beschloß, sich auf das Altenteil zu setzen. Seine Erwählte, Maria Zeilbauer – anderen Quellen zufolge Maria Roßegger –, war die uneheliche Tochter einer Magd aus einem benachbarten Hof. Aus dem unbekannten Vater machte die Roseggersche Familienchronik einen Köhler, den sie mit dem glorreichen Nimbus des Lesenkönnens – der „Schriftgelehrtheit" – versah. Diese rare Kunst soll er seiner Tochter vererbt haben – immerhin nur was die gedruckten Buchstaben betrifft. Rosegger hat diese uneheliche Geburt nicht nur sorgfältig vertuscht, sondern in einem Wald von Legenden angesiedelt, der zu zahlreichen abenteuerlichen Erfindungen, seine Abstammung betreffend, Anlaß gab.

Am 31. Juli 1843 wurde dem Paar das erste Kind geboren. Man taufte den Knaben auf den Namen Petri Kettenfeier – den Kalenderheiligen des folgenden Tages. Der Sitte zufolge durfte man ein Kind nicht „zurücktaufen", das heißt, ihm den Namen eines vor seiner Geburt liegenden Heiligen geben, um zu vermeiden, daß sein Leben den „Krebsengang" ginge. Rosegger sollte dieses „K" in seinem Namen lange beibehalten, bis zum Jahre 1893, wo eine Verwechslung mit anderen Namensvettern aus der Gegend wahrlich nicht mehr zu fürchten war, dieser Buchstabe aber zu den seltsamsten Mutmaßungen Anlaß gab: Peter Karl, Pater Karl, Professor Karl usw.

Der kleine Petri Kettenfeier blieb nicht lange allein, zwischen 1845 und 1857 wurden noch sechs Geschwister geboren, von denen zwei im zarten Kindesalter starben.[4] Obwohl er seit den aus der Revolution hervorgegangenen neuen Nachfolgebestimmungen nicht mehr der Alleinerbe des väterlichen Hofes war, wurden Peter als dem Ältesten die althergebrachten Ehren erwiesen. Zu diesem Respekt vor dem Erstgeborenen kam seitens seiner Mutter eine besondere Zärtlichkeit, als sich Peter sehr bald als wenig robust und sensibel erwies, als Kind, das die rauhen Umgangsformen seiner Umgebung – oft nur eine Art Scheu vor jedem Liebesbeweis – zu verletzen schienen. Immerhin scheint sich die Mutter dem besonderen Liebesbedürfnis ihres Sohnes nicht entzogen zu haben. Bis zum Alter von zwei Jahren, bis zur Geburt seines Bruders Jakob, an der Brust genährt, entwickelte das Kind eine starke Fixierung auf die Mutter, die in seinen Erzählungen zur hingebenden Liebe in Person, einer Art profaner Muttergottes, stilisiert wird, so wie ihm letztere „eine zweite Mutter" wird. Der Mutter gilt das höchste, das beständigste Lob. „In allem Fühlen und Lieben und Treusein steht das

Mutterherz obenan. Bete es an wie die Gottheit selber, du wirst keine Abgötterei begehen."[5]

In Roseggers Erinnerungen ist oft von den Tränen die Rede, die die zärtlichste aller Mütter für ihren Sohn, dieses Sorgenkind, vergossen hat:

> „Mir brennt im Herz die Zähre, die
> Vom Mutterauge rinnt,
> Denn fort von heim, weit in die Welt
> Zieht hin ihr liebes Kind."[6]

Aber auch von ihrer Freude, ihn nach langer Abwesenheit wiederzufinden: „Weil der Sohn heimkam, war für die Mutter Feiertag geworden"[7], heißt es in der *Waldheimat*.

Obwohl es in dieser rauhen Gebirgsgegend nicht üblich war, sich zum Abschied zu küssen, ja nicht einmal beim Weggehen zu grüßen, ist sich Rosegger der geheimen Bande bewußt, die einen Sohn an die Mutter binden: „Ich schaute dieses Gesicht nie lange an, immer nur verstohlen – es war immer eine Schämigkeit da ..., wie bei zwei heimlichen Liebsten"[8], erinnert sich Rosegger im Jahre 1908, erstaunlich parallel zu Sigmund Freuds epochalen Erkenntnissen.

Die Mutter war es, die seine ersten Jahre mit Liedern – volkstümlicher oder religiöser Art – verschönte. Sie wußte während der langen Winterabende groß und klein mit ihren Geschichten zu erfreuen. In seinem ersten, in Mundart geschriebenen Buch, *Zither und Hackbrett*, behauptet Rosegger – den Ausdruck „Muttersprache" beim Wort nehmend –, daß sie es war, die ihm die Gabe der Sprache, seines Dichtertums in einem Kuß eingehaucht habe, ja dank dieser mysteriösen Investitionszeremonie, in der das Unerklärliche seiner dichterischen Inspiration begründet liege, sei es völlig überflüssig, meint Rosegger, seiner Muttersprache irgendwelche schulische Fürsorge angedeihen zu lassen: Man kann sie von selbst!

Tatsächlich scheint sein so leichtes Schreibenkönnen, ja Schreibenmüssen, von der Mutter herzustammen; der tiefreligiöse Vater ist seinerseits der Urheber des unausrottbaren religiösen Bedürfnisses, von dem Rosegger ein Leben lang heimgesucht blieb. Die übliche Rollenverteilung zwischen einem autoritären Vater und einer nachsichtigen Mutter muß sich durch die Überempfindlichkeit des Kindes im Alpler Heim besonders stark herausgebildet haben. Rosegger bezeichnet sich ohne zu zögern als „Muttersöhnchen" oder als „Sohn des Waldes", beruft sich hingegen nur ungern auf das Erbe des Vaters. Und dennoch! Wie sehr war ihm an dessen Liebe gelegen. So sehr, daß er sich eines Tages, um diesem zurückhaltenden Mann einen Beweis seiner Gefühle zu entlocken, im Gehäuse der großen Schwarzwälderuhr versteckte und erst herauskam, als beide Eltern der Verzweiflung und den Tränen nahe waren.

Auch wenn diese Episode Erfindung sein sollte, wie so viele Waldheimatgeschichten, so ist sie auf einer höheren Ebene wahr und psychologisch höchst aufschlußreich: Nichts suchte der kleine Peter so sehr wie die Liebe seiner Eltern, auch wenn diese sich in einem Strafgericht offenbaren sollte.

Dieser Vater, im Gegensatz zur Mutter des Schreibens unkundig, war, wie gesagt, ein tiefgläubiger Mensch, dessen mystische Seele zu jedem Opfer bereit war. Ein Mensch, den Rosegger sich gut und gerne im Kloster als hingebenden Gottesdiener vorstellen konnte, dem aber, ohne im geringsten arbeitsscheu zu sein, die Rolle des Herrn in Haus und Hof nicht recht passen wollte. Eines Tages erkrankte er an dem, was man allgemein als „Nervenfieber" bezeichnete, und siechte lange Monate dahin. Daß er wieder gesundete, verdankte er gewiß nicht den ländlichen Heilmethoden, mit denen er es versuchte – sich in einen Ameisenhaufen legen und fromme Sprüche beten:

„Z Kopf und z Füassen
Thua i d'Muada Gottes grüaßn.
Fleisch und Blut
Wird wieda guat.
Haut und Bein
Sulltn wieda frisch,
Ja frisch wull sein."[9]

Auch nicht der Sorge seines Ältesten, der ihm „beten half", sondern viel eher seiner gesunden Natur, die ihm noch ein langes Leben bescherte: Er starb im Juli 1896 im Alter von 85 Jahren.

Das Anwesen der Rosegger lag nicht allzuweit unter der Baumgrenze – „für ein Bauernhaus zu hoch, für eine Almwirtschaft zu tief"[10] –, und das Klima war auch nicht dazu angetan, jedes Jahr die Getreideernte zu garantieren: „Drei Vierteljahr Winter und ein Vierteljahr kalt"[11], bemerkt Rosegger etwas bissig.

Von mittlerer Größe – ungefähr achtundfünfzig Joch – bedurfte die Wirtschaft immerhin einer großen Anzahl starker Arme, die man angesichts der Landflucht, vor allem in erhöhten Lagen, immer schwerer fand. Die Arbeitslast der Mutter war so schwer, daß sie schon mit achtunddreißig Jahren einen ersten Schlaganfall erlitt, von dem sie sich nicht mehr erholte und dessen Folgen sie 1872 im Alter von vierundfünfzig Jahren erlag. Rosegger behauptet, daß das Fehlen von Freizeit in seiner Kindheit als ein wesentlicher Grund für seine spätere Nervosität anzusehen ist.

Dieses arbeitsreiche, fast vegetative Leben wurde vom spezifischen Rhythmus der Jahreszeiten geprägt und vom religiösen Jahr mit seinen Festen verklärt. Die Feiertage, deren Anzahl nicht gering war, mußten für das Fehlen jeder gesetzlichen Regelung der Arbeitszeit Ersatz leisten.

Oft und gerne läßt sich Rosegger durch das Weihnachtsfest mit seinem Hintergrund von Schnee und neu erweckten Hoffnungen in seinen Werken anregen. Zwei seiner bekanntesten Geschichten spielen in der Heiligen Nacht, wo Peter nur knapp aus drohender Gefahr errettet wird. Der eigentliche Feind, mit dem der kindliche Held es aufnehmen muß, sind Frost und Schnee; sie gilt es zu überwinden, wenn man aus der erzwungenen Isolierung ausbrechen und den Anschluß an die Gemeinde wiederherstellen will, sei es aus einem geistigen Bedürfnis – dem Hochamt beiwohnen –, sei es aus materiellen Gründen: in Langenwang „Christtagsfreuden" für das Festmahl holen.

Ostersonntag sowie die Fastenwochen vor Ostern und Weihnachten, Johannisfeuer und die feierliche Fronleichnamsprozession haben mit ihren allgemeinverbindlichen und farbigen Sitten so mancher Geschichte Roseggers höchste Anschaulichkeit verliehen.

## Erste Kontakte mit der Kultur

Dieses Leben weitab von den großen Städten verlief sozusagen außerhalb der Zeit – Lorenz Rosegger wußte zum Beispiel nicht, in welchem Jahrhundert er lebte. Für den kleinen Peter war es aber keineswegs eintönig; Arbeit und Spiel füllten seine Tage aus, während seine Seele zum geistigen Leben erwachte, wenn er den Geschichten der Mutter lauschte oder das Kirchenjahr mit allen Fasern seines Herzens miterlebte. Die Kirche, das einzige kulturelle Element, mit dem Peter in dieser Abgeschiedenheit in Berührung kommen konnte, stellte nicht nur den Inbegriff des Schönen dar, dessen barocker Prunk in scharfem Kontrast zur klobigen Bauernwelt stand, sondern beflügelte auch die Fantasie, wenn es sich darum handelte, etwas außer dem bekannten Erlebnisbereich Gelegenes darzustellen. Wenn sich zum Beispiel ein Kohlenbrenner die himmlischen Freuden ausmalen will, so beschreibt er den Himmel folgendermaßen:

„Der Himmel, du! Da wurdst spannen! Der ist so groß wie zehn Köhlerhütten zusammen. Oben ist ein großes Loch, da fliegen die Engerln aus und ein ... Und im Bett gibt's alle Wochen frisches Stroh, mein Lieber! Und alle Sonntäg Hirschenes."[12]

Diese „Kohlenbrennerfantasie" war auch die Roseggers, solange sie keinen anderen Nährboden fand als die direkte Umgebung, in der damals noch jene auf immer entschwundene Gleichgestimmtheit und Beschränktheit der Gemüter herrschte. Zeitungen waren unbekannt, und später, als Peter zu buchstabieren begann, machte er mit ihnen beim Gemischtwarenhändler von Sankt Kathrein oder Krieglach Bekanntschaft, wo sie zum Einschlagen der Waren verwendet wurden.

Die Sprache, dank der Peter mit der Welt jenseits des Waldes in Berührung kam, war die Sprache der Kirche. In der Kirche hörte er das Hochdeutsche, das den Dialektbenutzern seiner Umgebung fast unverständlich war. Wenn es ihm nicht ganz fremd klang, so deshalb, weil er das unverhoffte Glück hatte, im Lesen und Schreiben einigermaßen unterrichtet zu werden – ein Glück, das den Alpler Kindern nur selten zuteil wurde.

Die Schule von Krieglach, wo Alpl eingemeindet war, lag zu weit entfernt, und auch Sankt Kathrein, wo man die Kinder nicht abgewiesen hätte, war mit einer guten Wegstunde noch zu weit, vor allem in den schneereichen Wintern. Wenn sich die Gelegenheit ergab, wurde der Alpler Jugend ein rudimentärer Unterricht durch wandernde Kriegsinvaliden oder sonstige, des Schreibens kundige Außenseiter zuteil. Im Jahre 1848 – Peter war damals fünf – ergab sich eine solche Gelegenheit durch die Aufnahme des aus Sankt Kathrein verwiesenen Schulmeisters Michael Patterer. Im Gegensatz zu der von Rosegger verbreiteten Legende, Patterer sei während der Revolution wegen zu liberaler Ansichten verjagt worden, soll seine unseriöse Lebensweise der wahre Grund für die Entlassung gewesen sein.

Patterers Anerbieten, in Alpl als Volksschullehrer zu fungieren, wurde angenommen, das heißt, die Bauern erklärten sich bereit, ihm ihre Kinder zum Unterricht zu schicken, so sie nicht durch Feldarbeiten oder zu viel Schnee abgehalten wären. Als Gegenleistung sorgten die Bauern abwechselnd für Verpflegung und Unterkunft des Lehrers, was seine gelegentliche Mitarbeit – vor allem bei der Ernte – nicht ausschloß. Schule gehalten wurde am großen Tisch des Hofes, der dem Wanderschullehrer gerade Aufnahme bot. In den letzten Jahren seines Wirkens ließ ihm Baron Seßler – seit 1848 Besitzer des Dominikalgrundes in Alpl – freie Wohnung in einem seiner Jagdpavillons.

Auf diese Weise wurde also Peter aus der Geborgenheit seines Elternhauses gerissen und in die lärmende Menge von raufflustigen Rangen hineingestoßen. Daß er es dort ausgehalten hat und das Heimweh, das sich damals schon in seiner Seele einzunisten begann, überwinden konnte, daß ihn auch die beißende Kälte im Winter nicht am Schulbesuch hindern konnte, ist nur der ungemeinen Faszination zuzuschreiben, die die Kunst des Lesens und Schreibens – in Peters Augen die erstrebenswerteste und erhabenste von allen – auf ihn ausübte.

Und Patterer schien den außergewöhnlichen Eifer seines Schülers zu schätzen; er munterte ihn zum Wiederkommen auf, wenn eine zu lange Abwesenheit – durch Feldarbeiten oder Krankheit – Peter befürchten ließ, das Versäumte nicht mehr nachholen zu können. Sechs Jahre hindurch folgte er also auf diese Weise der Wanderklasse, sechs Jahre, die aber Rosegger zufolge genaugenommen keine ganzen zwei Schuljahre ergaben! Wenn er später seines Schulmeisters dankbar gedenkt, so verklärt ihn die Erinnerung zu einem würdigen Greis mit Silberhaar; in Wirklichkeit war Patterer zweiundfünfzig Jahre alt, als er 1857 an Tuberkulose starb.

## Eine Berufung: der Priesterstand

1854 wurde Peter in Birkfeld zur Firmung geführt, und bei dem religiösen Unterricht, der ihm im Hinblick auf dieses Sakrament einige Wochen vorher in Sankt Kathrein erteilt wurde, konnte Peter in seinem liebsten Gegenstand glänzen: In Religion stach er alle aus, und seine hoffnungslose Schwäche in Rechnen war blendend kompensiert. Diese Vorliebe wird in der Rückblickperspektive der autobiographischen Romane den Anlaß zum Umschwung der Handlung abgeben: Als der Pfarrer aus dem Tal die Bergbauern zur jährlichen Unterweisung – zur „Christenlehre" – aufsucht, rettet der junge Held mit seinem Wissen die Ehre der Gemeinde. Seine Kenntnisse überflügeln bei weitem die aller großen und kleinen Dorfgenossen. Aber der kleine Exeget ist zu weit gegangen, seine etwas freigeistig angehauchten Bemerkungen werden als orthodoxiefeindlich entlarvt und als solche vom Pfarrer verdammt. Das genügt, damit der Bub, in dem man mit Gewißheit einen zukünftigen Priester, ja warum nicht den Papst!, gesehen hatte, von der wankelmütigen Gemeinde als Seelenverderber und Antichrist verurteilt und ausgestoßen wird.

Im Laufe der Jahre war klar geworden, daß es dem Knaben an den für die Landwirtschaft unerläßlichen Qualitäten mangelte: körperliche Kraft und reelles Interesse – das eine wahrscheinlich durch das andere bedingt. Das Bild des Hirtenjungen, der Luftschlösser baut oder sich in ein Buch vertieft, anstatt auf seine Schutzbefohlenen zu achten, wurde von Rosegger und seinen Biographen als Wahrzeichen für diesen Lebensabschnitt gewählt, wo die Leselust den ersten Keim zum Fernweh in seine Brust gesenkt hatte; und da die einzige Geistestätigkeit, die man in dieser Abgeschiedenheit kannte, vom Pfarrer ausgeübt wurde, so schien es ganz selbstverständlich, daß Peter diese Laufbahn einschlagen würde. Aber wie die versäumte Schulbildung nachholen? Auch hier erwies sich die Mutter als die Realistischere, um das Wohl ihres Ältesten Besorgte, die eingesehen hatte, daß er am Bauernhof nicht glücklich sein würde, und nun alles daransetzte, um ihm den Weg zum Priesterberuf zu ebnen. Es mußte doch möglich sein, Peter, trotz fehlender Mittel und mangelhafter Ausbildung, „zur Studie" zu bringen, so wie es Urban Offenluger, dem Sohn aus dem Nachbargehöft, gelungen war! Maria Roßegger vergaß aber, daß es für diese wohlhabenden Bauersleute keines Opfers bedurfte, um das Seminar für ihren Sohn zu finanzieren, und es für sie auch nicht besonders schwierig gewesen war, ihn dort unterzubringen, da ein Onkel von Urban selbst Geistlicher war. Die Roßeggers hingegen hatten keinen von diesen Vorteilen, und nur aus Mitleid mit der armen Frau erklärte sich der Dekan von Birkfeld letztlich dazu bereit, das Kind kostenlos in Latein zu unterweisen, während ein Bauer aus der Gemeinde ihn für zwei Gulden monatlich bei sich aufnehmen wollte. Peter war jedoch außerstande, von dem freundlichen Entgegenkommen Gebrauch zu machen. Drei Tage später war er schon wieder zu Hause, wieder bei den Seinen, bei der Mutter! Angesichts dieser Umstände scheint es wenig glaubwürdig, wenn Rosegger in einer seiner *Waldheimat*-Geschichten erzählt, er sei als junger Viehknecht auf ein benachbartes Anwesen, den „Hefelrainhof", gekommen und habe sich dort so glücklich gefühlt, daß er Heim und Eltern darüber vergessen habe.

Ein Jahr später (1855) wurde Peters Bitten stattgegeben, und er durfte in Krieglach noch einmal die Schulbank drücken. Diesmal war er bei einem Verwandten untergebracht und hätte sich in sein neues Leben gefunden, wenn ihn sein Vater nicht vier Wochen später zu dringenden Feldarbeiten zurückbeordert hätte. Immerhin konnte Peter während des kurzen Aufenthaltes mit einer für seine weitere Bestimmung ausschlaggebenden Person Bekanntschaft machen: mit der Schwiegermutter des Krieglacher Lebzelters Makrapp, auf deren Dachboden sich wahre Schätze befanden: Körbe und Kisten voll mit Büchern, Zeitschriften und Kalendern! Unter dieser Anhäufung von Trivialliteratur entdeckte der lesehungrige Peter auch einige Meisterwerke: Gellerts Fabeln, Schillers Gedichte, Götz von Berlichingen, Käthchen von Heilbronn ... Bis 1858, also innerhalb von drei Jahren, „verschlang" Peter dem sorgsam aufgestellten Verzeichnis zufolge 244 Bände. Alles davon stammte allerdings nicht aus seiner Krieglacher Quelle; er wandte sich auch an andere Personen, den Arzt in Fischbach zum Beispiel oder an seinen Freund Urban Offenluger, der ihm unter anderem ein Werk lieh, das bei Rosegger lebenslang Spuren hinterlassen sollte: Lessings *Nathan der Weise.*

Diese „Lesewut" sollte nicht lange passiv bleiben: Schon machte sich in dieser langen Wartezeit auf einen Zugang zur Priesterkarriere die „Schreibwut" geltend. Um sich auf diese Richtung hin einzuüben, verfaßte Peter im Jahre 1856 zwei Bußpredigten mit dem Titel „Einige Worte an die Christen" und „Die Ehre Gottes", in denen er den Leser in einer abenteuerlichen Orthographie vor der Sünde und der darauffolgenden „Hellenbein" warnte. Auch eine Vita des heiligen Joachim wurde verfaßt, deren Peripetien aber nicht überliefert sind, da der Text verlorenging.

1855 nahm Lorenz sein Söhnchen zum ersten Mal auf die Wallfahrt nach Mariazell mit. Dieses Erlebnis wird von Rosegger wenige Jahre später in einem seiner handgeschriebenen Kalender getreulich wiedergegeben. Während hier kein nennenswerter Vorfall die weite Fußwanderung und den Aufenthalt am heiligen Orte beeinträchtigt, glaubt Rosegger gut daran zu tun, die Waldheimat-Erinnerung *Weg nach Mariazell* mit einem Unfall würzen zu müssen. Beim Eggen, heißt es dort, wäre Peter fast unter das sich überschlagende Gerät gekommen. Aus Dankbarkeit für die wundersame Rettung habe der Vater beschlossen, die Gottesmutter in Mariazell aufzusuchen und diskret einen Zahn der Egge auf ihrem Altar niederzulegen. Auch diese Fabel ist ein neuerlicher Beweis dafür, wie sehr der Knabe – und spätere Autor – der Liebe und Aufmerksamkeit des Vaters bedurfte. Daß eine Reise von Roseggers Fabulierlust fantasievoll ausgewertet wird, soll kein Einzelfall bleiben: Seine wahllos verschlungene Lektüre, die keinerlei Echo oder Zurechtrückung seitens seiner Umgebung erfuhr, ist sicherlich als einer der Gründe für die mangelnde Selbstdisziplin anzusehen. Man kann Roseggers Vater seinen Unmut nachfühlen, wenn er die Schafe im Kleefeld ertappt, während ihr Aufsichtsbefohlener, in eine Räubergeschichte vertieft, der Umwelt abhanden gekommen ist. Die Reaktion der Mutter ist in solchen Fällen eher perplexes Staunen, Bedauern auch darüber, ihren Sohn nicht auf die gewünschte Bahn bringen zu können.

## Enttäuschte Hoffnungen: Der Schneiderlehrling

Im Jahre 1858 faßte Herr Makrapp, mit einem Geistlichen aus Graz bekannt, den Entschluß, für Peter einen entscheidenden Schritt zu tun. Dank seiner Beziehungen wollte er Peter in Graz dem Fürstbischof Attems vorstellen. Man fuhr also mit der Bahn in die steirische Hauptstadt, die Peter auf diese Weise zum ersten Male sah. Leider aber war der Fürstbischof gerade abwesend, zur Weinlese im Unterland, und die beiden mußten enttäuscht und unverrichteter Dinge wieder heimkehren.

Herr Makrapp wollte es jedoch nicht dabei bewenden lassen: Er schrieb an das Seminar und stellte den Fall seines Schützlings dar. So mäßig die in der Antwort geforderten Bedingungen auch waren, sie überstiegen Peters Möglichkeiten: Vier Jahre abgeschlossene Schulbildung. – Zwei könnten nicht genügen? hielt Makrapp Rückfrage. Nein! Jedenfalls wäre Peter zum Lernen schon zu alt; da sich der Fürstbischof aber im Juni nach Krieglach begeben würde, könnte man versuchen, ihm bei dieser Gelegenheit den Jungen vorzustellen.

Peter war niedergeschlagen und desorientiert. Unanstellig bei den Landarbeiten, zu ungenügend ausgebildet, um seine geistigen Bedürfnisse zu befriedigen, wußte er nicht, was aus ihm werden sollte:

„Mein Stand war noch röthselhaft. Ich konde so zimlich geschickt Zeichnen, und die Leide nanden mich ‚den Mahler', Andere: Dies wird ein Geistlicher, wieder Andere, ein Schullmeister wird er, wieder diese: Ein Bauer wird er, jene: Er wird ein Saledad. Und was mußte den ich sagen? Ja in meinen sechzenten Jahr mußte ich noch sagen: Noch weis ich es nicht zu was mich Gott erschafen had" (sic!).[13]

Aber die Periode des Herumtastens ging ihrem Ende zu, Peters vorgeschrittenes Alter forderte eine Entscheidung. Äußere Umstände führten sie herbei. In der Erwartung des bischöflichen Besuches kehrte Peter noch einmal zwei Monate lang nach Krieglach in die Schule zurück. Das Warten war jedoch umsonst, der geistliche Würdenträger sagte ab, und Peter nahm schweren Herzens die Arbeit am väterlichen Hof wieder auf.

Das Getreide stand dieses Jahr besonders schön, und man hoffte auf eine gute Ernte, als plötzlich der Hagel am 13. August 1859 allen Hoffnungen, die Wirtschaft aus den roten Zahlen zu bringen, ein Ende setzte. Felder und Fluren lagen bis zum letzten Halm vernichtet. Ab nun nistete sich die Armut im Hause ein, und es wurde dringlich, den Ältesten, dem es sichtlich nicht gegeben war, das Schicksal des Heimathofes zu wenden, unterzubringen. Die Familienberatung, bei der Peter angesichts seiner Ungeeignetheit des Erbvorrechtes enthoben wird, ist von Rosegger sehr treffend skizziert.

Der Vater sagt: „Was hilft denn's Reden! Wenn so ein 17 Jahr alter Stock einmal auf einem alten Melksechter kann reiten, ohne daß die Daubeln einbrechen – nachher weiß man's eh."[14]

Die Möglichkeiten, die sich in der Obersteier einem für die Landwirtschaft ungeeigneten jungen Mann boten, liefen auf folgende Alternative hinaus: Handwerk oder Priesterstand. Da dem hilfreichen Dekan von Birkfeld mangelnde Körperkraft nicht als ausreichende Empfehlung für den Priesterstand erschien – „Wenn der Bub sonst keine Anzeichen für den Priester hat, als just, daß er schwach ist, so soll er was anderes werden. Was weiß der jung' Lapp vom Beichthören und Predigen! fürs eine gehört eine gute Stimme, fürs ander ein guter Magen"[15] –, entschloß sich Maria Roßegger schließlich, mit dem wandernden Störschneider Ignaz Orthofer aus Sankt Kathrein Kontakt aufzunehmen und ihn zu bitten, ihr Sorgenkind als Lehrling aufzunehmen. Nachdem dieser ihr vorsichtshalber die wenig bestechenden Seiten seines Metiers dargelegt hatte – schweres oder ungenügendes Essen, die Mucken und Eigenheiten der verschiedenen Gastgeber, die improvisierten Lagerstätten und die Streitigkeiten mit anderen Handwerkern –, erklärte er sich bereit, Peter einzustellen, und letzterer konnte in seinem Tagebuch vermerken:

„Aber sehet, was aus einem Menschen alles werden kann! Ein Mensch, dem sonst alles zu gemein ist, wird zuletzt ein – Schneider!“[16]

Peter scheint sich in seine neuen Obliegenheiten relativ schnell hineingefunden zu haben. Wenn ihn der Meister schätzen lernte, so kaum seiner beruflichen Qualitäten wegen, sondern eher im Hinblick auf seine gute Aufführung. Er war den landesüblichen Lastern, trinken, tanzen, fensterln, durchaus abhold – das hat ihn übrigens seinen Altersgenossen nicht gerade nähergebracht!

Was jedoch die Wiedergabe dieser Periode in Roseggers Dichtung betrifft, so sind Meister Orthofer und sein Beruf, im Gegensatz zu Michael Patterer und anderen „Wohltätern“, die in sein Leben eingegriffen haben, fein säuberlich ausgespart. Der Schneider mit seinem emblematischen Tier, dem Bock – seit jeher ein Gegenstand des Spottes –, hat in Roseggers Romanen und Novellen keinen Platz gefunden. Nichtsdestoweniger liefert in späteren Waldheimatgeschichten das mißachtete Metier Stoff zu so mancher abenteuerlichen Anekdote, die Rosegger angeblich vorübergehend engagierten Gesellen andichtete, die aber nur sehr geringen Anspruch auf Glaubwürdigkeit erheben können. Die Wirklichkeit sah wahrscheinlich weniger fantastisch aus als die fiktionale Erinnerung. Orthofer begnügte sich meist mit Peter als einzigem Mitarbeiter, da er seit der Abschaffung der alten Handwerksregelung 1859 die Ausbildung von Konkurrenten fürchtete. Ab nun konnte sich jeder frei niederlassen, so er sich zur Berufsausübung befähigt fühlte. Die von Rosegger verzeichnete geringe Anzahl von jährlichen Arbeitstagen – 1863: 175; 1864: 112 – läßt außerdem die Annahme, Orthofer habe Gesellen eingestellt, wenig überzeugend scheinen.

Wenn Meister Naz aus Roseggers Romanwerk ausgeschlossen ist, so läßt der Dichter ihm viel später in seinen Erinnerungen alle Ehren zuteil werden, wohl zu einem Zeitpunkt, wo eine Beeinträchtigung seines Rufes durch den wenig valorisierenden Beruf nicht mehr zu befürchten war. Orthofer hat diesen Dank durchaus verdient, da Peter, geistesabwesend schon bei seinen ländlichen Verrichtungen, sich bei der Schneiderei kaum viel aufmerksamer zeigte. Orthofer aber übte Nachsicht mit dem seltsamen Lehrling, der während des Nähens seinen literarischen Schöpfungen nachhing, die er dann samstags am Heimmarsch weiterspann, bevor er sie in der nächtlichen Stube zu Hause zu Papier brachte. Der Vater konnte ihm diese Tätigkeit nun nicht mehr verweisen: Peter war kein unnützer Esser mehr im Haushalt, und die Kerzen, die er zur Nachtarbeit brauchte, verschaffte er sich mit dem Trinkgeld, das wohlhabendere Arbeitgeber dem Lehrling schenkten. Immerhin waren diese Kerzen so dünn und schlecht, daß Peter sich ein hartnäckiges Augenleiden zuzog.

Schon 1859, unter dem Eindruck einer Wandertruppe in Krieglach, hatte der junge Dichter ein Heft „dramatische Werke“ geschrieben und einen Kalender mit dem Titel *Freue dich des Lebens* verfaßt. Wenn die dramatische Ader Roseggers nie sehr zum Tragen kommen sollte, so muß das Verfassen von Kalendern als ganz wesentlich für des Dichters weitere Entwicklung angesehen werden. Ein bißchen überspitzt gesagt, könnte man Roseggers gesamtes Werk auf jene populäre Schriftart zurückführen, in der Erbauung, Belehrung und Zerstreuung auf so spezielle Weise verbunden sind, und in Rosegger schlichtweg einen ins Große gewachsenen Kalendermann sehen.

Er ist sich dieser geistigen Abstammung übrigens bewußt und hebt sie in einer *Waldheimat*-Erzählung hervor: Als begeisterter Kalenderleser, vor allem des *Österreichischen Volkskalenders* von Johann Nepomuk Vogl, war es ihm jedes Jahr angelegen, auf dem Thomas-Markt im Dezember mit seinen Ersparnissen besagtes Werk zu erstehen, vor dem alle anderen auf den Buden feilgebotenen Waren verblaßten. Einmal jedoch, als die ersparte Summe nicht verfügbar war und er das so heiß begehrte Buch nicht kaufen konnte, habe er einfach beschlossen, ... sich selbst seinen Kalender zu schreiben!

Der Kalendermann war geboren, und hier besitzt die Erinnerung, auch wenn sie rein fiktiv sein sollte, eminenten Symbolwert. Zwischen 1859 und 1865 schreibt nun der junge Mann zwanzig Bände Kalender oder sonstige Magazine in Oktavformat, die sieben verschiedene Titel tragen.[17] Einige davon sind zwei- bis dreihundert Seiten stark, und wenn Rosegger später erzählt, sein Taufpate habe sechzehn Pfund Geschriebenes zu Fuß in seiner Tragbutte nach Graz in die Redaktion der Tagespost befördert, so dürfen wir ihm, was die Menge des beschriebenen Papiers betrifft, wohl Glauben schenken.

Immerhin denkt Peter, als er zu dichten beginnt, noch nicht unbedingt ans Veröffentlichtwerden. Er schreibt, zuerst weil er einen unbezwingbaren Drang dazu verspürt – „und wenn ich daran zugrunde gegangen wäre, meiner Passion zu fabeln und die Anliegen des Gemütes aufzuschreiben, hätte ich frönen müssen"[18] – und dann auch für seine Freunde und ersten Leser, die Haselgraber-Kinder aus Sankt Kathrein, deren Vater dort zugleich die Funktionen des Gemeindevorstehers, Gemischtwarenhändlers und Kirchendieners ausfüllt und bei denen Peter auf eine gewisse geistige und seelische Gleichgestimmtheit rechnen kann. Die vier Jungen und zwei Mädchen – darunter Maria, bald Peters Herzenskönigin für lange Jahre – sind wie er an Geschriebenem interessiert und groben Vergnügungen nicht geneigt.

An sie denkt er, wenn er mit einer für den schmächtigen Körper erstaunlichen Ausdauer Seite um Seite mit Geschichten und Zeichnungen füllt und die Bögen dann eigenhändig zusammenheftet. Natürlich ist der Inhalt dieser „Werke" je nach ihrem Titel verschieden. Der dem Voglschen Modell nachgeahmte *Volkskalender* – „ein Volksbuch zur Unterhaltung und Belehrung" – enthält vor allem erste Dorfgeschichten in der Art von Steinebach und Silberstein.[19] Auch Vierzeiler kommen schon vor, unter anderem das so berühmte *Darf ih's Diandl liabn?*, berühmt vor allem, seit Ludwig Anzengruber es in seinem *Pfarrer von Kirchfeld* – unautorisierterweise – verwendet hat.

Rosegger hat diese Bände nicht nur im Alleingang geschrieben, sondern auch selbst ausgiebig illustriert. Neben Abbildungen von berühmten Gebäuden und Sehenswürdigkeiten oder auch der Darstellung von Volksszenen ist Peters große Vorliebe für Greuelszenen nicht zu verleugnen; eine Vorliebe, von der er sich auch in seiner späteren Prosa nie ganz befreien kann.

Der zweite Band des *Volkskalenders* aus dem Jahre 1861 trägt eher autobiographischen Charakter. Außer von seiner großen Sehnsucht, Reisen zu unternehmen und die Welt kennenzulernen, gesteht Peter seinen geheimsten Wunsch: gedruckt werden und an die Öffentlichkeit kommen …

Das Magazin *Die Welt* von 1860, in dem Gedichte, Schwänke und Legenden mit Betrachtungen und Autobiographischem abwechseln, wird von der Serie *Die fröhliche Stunde* abgelöst. Hier verzichtet Peter auf den erbaulich-lehrhaften Ton und läßt seiner Neigung zum Fantastisch-Skurrilen freien Lauf, was Gebilde wie die von Unglaubwürdigkeiten strotzende Geschichte *Ein neues Leben oder der Abenteurer in der Traumwelt* hervorbringt.

Um jedoch zu beweisen, daß sein religiöser Eifer durch das viele Geschichtenschreiben keine Einbuße erlitten hat, verfaßt Peter innerhalb von acht Monaten die drei Bände des *Kalenders für Zeit und Ewigkeit,* wo er als überzeugter Apostel der katholischen Kirche auftritt und wärmstens für die Jesuiten Partei ergreift, die nur wenige Jahre später in Graz der Gegenstand seiner Attacken sein werden.

Die Kluft, die diese zwei Kategorien von Werken voneinander trennt, ist Rosegger nicht verborgen geblieben, und er glossiert sie folgendermaßen:

„Lest nur sein Zeit- und Ewigkeitskalender, so glaubt man gor nigs onders als, der Schneiderpeterl sei einer der größten Heiligen, der olle drei Tog beichten geht, oder der in aner Ansiedlerei lebt. Kriagt mar owa seine Fröhlichen Stunden z'sehn oder seine ‚Meine Gedanken' oder Volkskalender, do sieht man erst, was er für a Erzspitzbub is" (sic!).[20]

## „LÜGENPETER"

Das *Sonntagsblatt,* das Peter zu Beginn des Jahres 1862 verfaßt, ist eine Art öffentliches Tagebuch. Wir erfahren dort von seiner „Lesewut", von seinen Gefühlen und Eindrücken bei der Schneiderarbeit und der immer schwereren Schuldenlast, die das „Kluppenegg" bedrückt. Was die äußeren Ereignisse seines eher ruhig dahinplätschernden Lebens betrifft, so unternimmt der junge Kalendermacher Ende April 1863 endlich die langersehnte Reise in die Kaiserstadt. Zu Fuß, da seine Mittel für die Bahn nicht reichen. Er sucht in Wien einen Augenarzt auf, sieht sich Molières *Geizigen* im Carltheater an und läßt sich schließlich die Bahnkarte für die Heimfahrt von einer mitleidigen Bürgersfrau aus Baden bei Wien schenken, die den Schwererschöpften vor ihrer Haustür aufgefunden und gelabt hat.

Diese Reise, von der Peter ziemlich nüchtern in einem seiner Kalender Bericht erstattet, sollte etwas später Anlaß geben zur seltsamsten aller Lügengeschichten, die Rosegger je ausgesonnen und dem Publikum als authentisch vorgesetzt hatte. Als Nachklang seiner Kaiser-Joseph-Schwärmerei schreibt er 1871 eine seiner ersten *Waldheimat*-Erinnerungen: *Als ich den Kaiser Joseph suchte.* Er erzählt dort, wie er sich im Alter von zwölf Jahren mit der Zustimmung seiner Eltern, ausgerüstet mit festen Schuhen und einem breitkrempigen Hut, auf den Weg in die Hauptstadt gemacht habe. Immerhin nicht ganz mittellos, da der Erlös vom Verkauf seines Lämmchens die Reise finanzieren sollte. Die Eltern, die der lange Fußmarsch, der Peter bevorsteht, nicht besonders zu beunruhigen scheint, sind auch nicht weiters erstaunt darüber, daß er den Kaiser Joseph in Wien besuchen will. Der Vater meint sogar, der Kaiser werde sicherlich für ihn am Dachboden ein Bett aufstellen lassen! In Wien, heißt es, sei Peter in seiner ländlichen Tracht einem Maler aufgefallen, der ihn zu sich nimmt und porträtiert. Für die fünf Gulden, die Peter als Lohn fürs Sitzen erhält, kauft er sich ein Buch über den Kaiser und einen Wienführer. Schließlich sei es ihm gelungen, sich die Hofburg in Begleitung eines „Höflings" zeigen zu lassen, von dem sich herausstellt, es sei kein anderer als der Dichter Friedrich Halm gewesen![21] Eine Pointe, mit der Peter beweisen will, daß er mit der zeitgenössischen Literaturszene vertraut ist. Als man ihm dann in der Kapuzinergruft das Grabmal des verehrten Kaisers zeigt, gehen dem jugendlichen Wanderer endlich die Augen auf: Joseph II. kann ihn wohl kaum mehr empfangen, denn er ruht schon seit über achtzig Jahren in Frieden …

Trotz der gelinden Zweifel, die auch den gläubigsten Lesern bei diesem „Reisebericht" kamen, lehnte es Rosegger auch viel später strikt ab, das Erfundene dieser Geschichte zuzugeben. Ja er hielt so sehr an seiner Fiktion fest, daß ihm seine Freunde, zum Zeichen ihrer bedingungslosen Anhängerschaft, zum fünfzigsten Geburtstag eine Medaille mit dem „Waldbauernbub-Porträt" verehrten. Sie trieben den Spaß so weit, daß sie den Maler Alois Schönn, den sie mit der Herstellung des „Porträts" beauftragt hatten, als den tatsächlichen Urheber jenes imaginären Gemäldes ausgaben. Dieses Bildnis prangt auch auf dem Titelblatt des ersten Bandes, den Ludwig Staackmann 1893 von Rosegger herausbringt: *Als ich jung noch war.* Kein Zweifel: Die Waldbauernbub-Legende ist also nicht nur ihrem Initiator zuzuschreiben, sie wurde fleißig und launig von Anhängern, Verlegern und Freunden genährt.

Im Jahre 1863 nahm Peters Lehrlingsausbildung ihr Ende. Am 29. Juni begab er sich nach Birkfeld zur Innung, um sich dort eine Bestätigung abzuholen, die ihn einen Gulden Gebühr kostete. In seinem Lebensrückblick behauptet Rosegger später – wahrscheinlich in der Absicht, alles, was zur Schneiderei gehörte, noch im nachhinein zu minimisieren –, er habe auf jedes offizielle Dokument verzichtet. Da ihm seine Arbeit bei Orthofer genügend Zeit für seine reiche schriftstellerische Produktion ließ, sah er keinerlei Grund, sich von ihm zu verabschieden, geschweige denn, sich unabhängig niederzulassen, dessen er übrigens – eingestandenermaßen – in keinster Weise fähig gewesen wäre. In der Waldheimat-Erinnerung *Als ich meinen Lehrmeister nicht bestahl* erzählt Rosegger, wie er die aus Zeitungspapier hergestellten Schnittmuster nicht wie die anderen Lehrlinge heimlich kopierte, sondern – las! So blieb er also bei Meister Naz für einen Wochenlohn von neunzig Kreuzern – gerade genug, um seinen Bedarf an Papier und Malzeug zu decken.

Während dieser Zeit litt das Dichten keinerlei Einbuße. Als eine Art Fortsetzung zum *Sonntagsblatt* verfaßte Peter 1863 und 1864 die beiden Bände *Meine Gedanken.* Aus diesen Seiten spricht neben anderen intimen Geständnissen seine Liebe zur schelmischen Maria Haselgraber, die sein Herz so ganz in Besitz genommen hat, auch wenn später der ruhmreiche Dichter diese Beziehung zu einer harmlosen Jugendliebelei herunterspielen wollte.

## Die Stadt entdeckt den Dichter

Als Peter das letzte Werk seiner „Prähistorischen Schriften“ *Das Museum* (Soll heißen Aufbewahrung der Altertümer, Tempel der Musen und Wissenschaften, Halle der fröhlichen Erheiterung) in Angriff nahm, hatte er schon ein anderes Ziel, eine andere Leserschaft im Auge. Hier wollte er nicht mehr seine naiven Leser aus der Waldheimat beeindrucken, sondern er liebäugelte schon mit dem Grazer Publikum und dachte an den Chefredakteur der *Grazer Tagespost,* Dr. Adalbert Svoboda.

Unzufrieden über die Ansammlung von Schriften, die nur dem intimsten Kreis zugute kamen, benutzte Peter die Gelegenheit einer Grazreise – wieder einmal zum Augenarzt –, um bei der Redaktion der *Tagespost* vorzusprechen. Von zu Hause schickte er dann auf diese Unterredung hin mehrere seiner Arbeiten. Svoboda antwortete am 22. März und forderte ihn auf, mit ihm persönlich Kontakt aufzunehmen und ihm weitere Proben seiner Kunst zukommen zu lassen. Ein Wunsch, den Peter gerne erfüllte – vielleicht nicht gerade in der Buckeltrage seines Taufpaten, wie er erzählt, sondern ganz einfach durch die Post …

Der Besuch bei Svoboda am 1. September 1865 war ausschlaggebend: Nach einem nochmaligen Briefwechsel veröffentlichte dieser in der *Tagespost* einen Artikel, in dem er den jungen „Naturdichter“ seinen Landsleuten wärmstens empfiehlt und um Hilfe für ihn bittet. Dieser schicksalhafte Artikel, der überzeugend, aber durchaus nüchtern geschrieben ist, schwillt in Peters Fantasie etwas später zu folgender Theatralik an:

„Gabriel (alias Peter im Roman Gabriel Mondfels) ist ein Dichter von Gottes Gnaden. Sein Talent ist so edel und sinnig, daß es ein Verlust für die ganze Nation wäre, es in seiner gegenwärtigen traurigen Lage verkümmern zu lassen."[22]

Die „Nation" zeigte sich dem Aufruf Svobodas gegenüber nicht unempfindlich. Als Peter am 24. Dezember nach einer Störwoche mit Orthofer nach Hause kommt – Rosegger verlegt das freudige Ereignis auf Weihnachten, wahrscheinlich um mehr Effekt zu bewirken –, erklärt ihm seine Mutter betreten, daß sein Name in der Zeitung stünde und daß auf der Post in Krieglach Verschiedenes für ihn läge. Peter nimmt laut Bericht Stock und Laterne, um sich sofort ins Tal hinunter zu begeben, dessenungeachtet, daß er dort in der Weihnachtsnacht alles geschlossen vorfinden würde und er die Seinen das Christfest allein begehen läßt. Nach einer schlaflosen Nacht habe er sich am Christtagmorgen zur ersten Stunde an den Postschalter begeben, wo man ihm Packen von Zeitungen, Büchern, Briefen und – Geldgeschenke übergibt. Der „steirische Naturdichter" ist entdeckt, und die Welt, die gebildete Welt, interessiert sich endlich für ihn! Seine Mutter kann er leichten Herzens darüber beruhigen, daß sein Name in der Zeitung war: Er hat nichts angestellt, kein Gesetz übertreten, außer vielleicht jenes ungeschriebene, das es einem „Hinterwäldler" verbietet, aus seinen Wäldern herauszuwollen …

## AUFBRUCH

In seinem Präsentierungsartikel hatte Svoboda an eventuelle Wohltäter appelliert, die bereit wären, den jungen Mann bei sich in der Stadt aufzunehmen und ihm die

Vervollkommnung seiner Ausbildung zu ermöglichen. Es hätte zum Beispiel ein Stadtschneider sein können, der Peter genügend Freizeit dazu lassen würde. Peter wartet also, während er an Orthofers Seite weiterschneidert. Ende Januar erreicht ihn die Einladung des Buchhändlers Giontini aus Laibach (Ljubljana), bei ihm als Lehrling tätig zu sein. Das Reisegeld würde überwiesen. Arbeiten inmitten der geliebten Bücher! Ein derartiges Angebot ist so verlockend, daß es über die Entfernung von der Heimat hinweghelfen muß! Es muß auch über den Unmut des Vaters und die Unzufriedenheit Orthofers hinweghelfen, die beide Peter den Vorwurf machen, sie im Stich zu lassen, wo er nun endlich ein wenig nützlich sein könnte. Der Anreiz dieses Angebotes ist aber zu stark, Peter setzt sich über diese Vorwürfe hinweg – ist er nicht ein freier Mann, seit er im März 1864 bei der Assentierung zurückgestellt wurde?

Orthofer, der sich im Lauf der Jahre über Peters unüberwindbares Schreibenmüssen klargeworden ist, gibt ihm schließlich seinen Segen zur Reise. Nicht so der Vater. Wenn Rosegger später erzählt, wie er jahrelang von seiner Schneidertätigkeit bei Meister Naz geträumt habe, so lange, bis ihn dieser endlich im Traum losspricht: „Du hast ja doch keinen Schick zur Schneiderei, du kannst gehen, du bist fremd gemacht“[23], so erleidet seine Beziehung zum Vater in diesem entscheidenden Moment eine nie behobene Trübung. Dieser wird seinem Ältesten das Weggehen von den Seinen in der Not, das Abwandern in die Stadt, zu Zwecken, die ihm völlig fremd waren, nie verzeihen. Das hat in Roseggers Psyche eine tiefe Wunde geschlagen, und wenn er sie in seinen Erinnerungen zu erwähnen vermeidet, so klafft sie in seinen autobiographisch orientierten Dichtungen umso mehr. Lange Jahre wird es brauchen, bis diese Wunde halbwegs verheilt – aber wäre sie nicht gewesen, so hätte Rosegger nicht immer zwangsmäßig auf seine

Heimat zurückkommen müssen und ihr letztlich nicht jenen Glanz verleihen können, der die Waldheimat erst zu einem Begriff machen sollte.

Am 14. Februar nimmt Peter also Abschied von seiner gewohnten Umgebung, von seinen Lieben, seiner Mutter. Natürlich war sie betrübt, ihren Sohn fortgehen zu sehen, aber sie grollte ihm deswegen nicht. Im Gegensatz zum Vater hatte sie eingesehen, daß ihn ein geheimnisvoller und unwiderstehlicher Ruf von der Heimat wegzog. Sie, die Kindheit und Jugend ihres Ältesten so treu beschützt hatte, erntete nun die Tränen und den Kummer der Ungewißheit über sein Schicksal. Aber welche Sorgen auch immer Peter ihr bereiten sollte, sie wird es nie müde, ihm ihr Vertrauen und ihre selbstloseste Liebe zu schenken.

# *II.*
# *Die zweite Geburt – Der Eintritt in die Historie: Graz 1865–1870*

„Der 1. Januar 1865 fand mich noch hinter den Bergen, wo ich mich über 21 Jahre versteckt hillt (sic!) und mich mit Rinder hüten, Dreschen, Ackern und in den letzten fünf Jahren mit ‚Schneidern' beschäftigte."[1]

Aus diesen Zeilen der Besinnung, die Peter kurz nach seiner Ankunft in Graz schreibt, geht deutlich das Gefühl einer mit dem Eintritt in das städtische Leben eingetretenen radikalen Veränderung hervor, die den langen Jahren des Sehnens und Suchens in der Waldheimat plötzlich Sinn und Zusammenhang verleiht. Das „häßliche Entlein" hat sich als Schwan entpuppt und wird bald seine Flügel ausbreiten. Dieser Aufschwung zu einem neuen Leben ist von großen Hoffnungen begleitet, die dem jungen Mann einerseits das Ausscheiden aus dem familiären Verband und andererseits die nicht immer leichte Eingliederung in das neue Milieu erträglich machen. Aber wie eine richtige Geburt geht auch dieses Entpuppen nicht ohne Traumata ab und bedarf sehr wohl der ermutigenden und erhebenden Augenblicke, die der junge Dichter auch und nicht in geringer Zahl erlebt. Er hat außerdem das Glück, in Krisensituationen auf einen Kreis von sicheren Helfern zählen zu können: aufrichtige Freunde seines Alters, erfahrene Wohltäter und Berater, unter denen Adalbert

Svoboda und Robert Hamerling wahre „Geburtshelferdienste" leisten.

Rosegger war sich dessen bewußt, und er dankte seinem Schicksal oft und immer wieder, mit ihm so großzügig verfahren und ihm gerade in den ersten Grazer Jahren, wo er zum beliebten und berühmten Dichter der Steiermark heranwuchs, besonders günstig gewesen zu sein. Natürlich wäre sein außerordentlich steiler Aufstieg ohne seinen ununterdrückbaren Hang zum Schreiben, zum Sich-Erzählen, ohne seine Fantasie, nicht denkbar gewesen; aber auch das mehrmalige Eingreifen Fortunas war nötig, damit er den höchsten Gipfel des Ruhmes erklimmen konnte. Ein besonders glücklicher Zufall war es, daß er gerade zu jener Zeit nach Graz kam, als mit dem Interesse für exotische Völkerschaften das ethnologische Interesse an der eigenen Folklore erwachte – abgesehen von den volkserzieherischen Bestrebungen der gerade anbrechenden liberalen Ära, die Rosegger ebenfalls zugute kamen. So verdankt Peter – nach der Auffüllung seiner Bildungslücken – den ersten Erfolg seinen reizvoll spontanen Mundartgedichten sowie der lebendigen Darstellung von steirischer Sitte und Lebensart.

## Aller Anfang ist schwer

Am 14. Februar 1865 stieg also der einundzwanzigjährige junge Mann in den Zug, der ihn zuerst nach Graz, dann nach Laibach, der slowenischen Hauptstadt von Krain, brachte. Er wurde sehr freundlich von der im Familienkreis deutsch sprechenden Familie Giontini aufgenommen. Zuerst war Peters Aufgabe, die Bände der Leihbücherei in die Regale einzuordnen; aber nur zu bald machte sich in dem fremdsprachigen Land das Heimweh bemerkbar. Die Bücher, die ihm so lange als das höchste

Gut vorgeschwebt waren, ließen ihm „Kopf und Herz leer“[2], da er sie nicht lesen, sondern nur mit ihnen hantieren konnte. Die slowenische Sprache verursachte ihm Übelkeit, und das überkorrekte Deutsch der Giontinis befremdete ihn. Auf der Suche nach Trost wanderte er von Kirche zu Kirche – aber nichts half. Als er schließlich beim Einordnen der Bücher auf das Gedicht von Albert Träger aus der *Gartenlaube* stieß:

„Wenn du noch eine Heimat hast,  
So nimm den Ranzen und Stecken  
Und wand're, wand're ohne Rast,  
Bis du erreicht den teuren Flecken“[3],

war es um ihn geschehen, er mußte heim! Seine freundliche Gastfamilie sah wohl, daß nichts zu machen sei, und ließ ihn ziehen, indem sie ihre Einladung für ein anderes Mal aufrechthielt.

Der Gedanke an sein Nest hoch oben am Waldrand ließ ihn aufatmen, und er dachte schon mit Freuden an die Wiederaufnahme seiner Arbeit bei Meister Naz, der ihm das Dichten ja nie verargt hatte. Im Zug überlegte er aber, von neuem Mut beflügelt, daß die Höflichkeit einen Besuch bei Chefredakteur Svoboda geböte, um ihm über die verunglückte Unternehmung Rechenschaft abzulegen. Svoboda brachte dem Heimkehrer größtes Verständnis entgegen und sah ein, daß er für seinen Schützling einen Aufenthalt im deutschsprachigen Graz erwirken mußte. Zwei Nächte hatte Peter bei seinem allerersten Bewunderer, dem Druckereigehilfen Robert Wagner, in den beengtesten Verhältnissen zugebracht, als Svoboda in der *Tagespost* neuerlich um Unterstützung für den „Naturdichter“ bat. Peter hatte Glück, denn der, der sich als erster seiner annahm, war kein Geringerer als der Industrielle Peter von Reininghaus. Er kam vorerst für die Miete eines Zimmers in Graz und die ersten Bedürfnisse des Schützlings auf. Reininghaus sollte der beständigste und großzügigste Förderer des jungen Dichters werden. Während man sich bemühte, für Peter eine Schule ausfindig zu machen, die zur Aufnahme eines Schülers in so vorgeschrittenem Alter bereit wäre, sorgte Reininghaus dafür, daß mittels Privatstunden Peters sehr wackeliger Grammatik und Orthographie auf die Beine geholfen würde und er in Arithmetik die ersten Grundlagen erhielte. Die Mühe, die er damals hatte, seinen ungeübten Geist diesen Disziplinen zu unterwerfen, ist wohl an seiner lebenslangen Abneigung diesen Gegenständen gegenüber schuld.

„Nur die Vertrautesten wissen, wie es z. B. mit meiner Orthographie steht und wie häufig ich den Leuten ein ‚x' für ein ‚u' mache"[4], schreibt Rosegger später in seinem Lebensrückblick.

Aber Peter von Reininghaus war nicht der einzige, der dem hoffnungsvollen jungen Mann unter die Arme griff. Durch Svobodas Rührigkeit konnte Peter bald eine ansehnliche Liste von Wohltätern aufweisen und die erhaltenen Geschenke in Geld und natura gewissenhaft verzeichnen. So machte ihm zum Beispiel Svoboda ein Paar Handschuhe zum Geschenk: „Der erste Schritt zur Kultur", vermerkt Peter, dem dieses Kleidungsstück aus der Waldheimat her nicht bekannt war. Anderswo erinnert er sich, von Svoboda einen Rock mit einem nicht ganz leeren Portefeuille erhalten zu haben.[5]

Unter seinen Mäzenen findet man unter anderen den Inhaber der *Tagespost*, Dr. Steiner, den Chefredakteur der *Grazer Zeitung*, Ritter von Martini, Landesausschußmitglied Johann von Reicher, Hochwürden Urban Offenluger, den Augenarzt Dr. Friedrich und den Priester Rudolf Falb. Letzterer lud Peter zu einem von der Handelsakademie veranstalteten populärwissenschaftlichen Vortragszyklus ein.

Diese ersten Grazer Wochen waren bald mit den verschiedensten Tätigkeiten ausgefüllt; nicht alles davon war reines Lernen, auch die Kultur wurde nicht vernachlässigt, da die Direktoren des Thalia-Theaters und des Landschaftlichen Theaters Peter freien Eintritt gewährten. Durch seine Förderer endlich mit Stadtkleidung ausgestattet – er arbeitete die geschenkten Sachen natürlich selber um –, konnte er sogar einem eleganten Ball beiwohnen!

Was das Mittagessen betrifft, so mußte er sich vorerst mit der Rolle des „Bettelstudenten" begnügen. Jeden Tag war er bei einer anderen Familie zu Gast, wobei ihn Reininghaus sehr taktvoll am Familienleben teilnehmen ließ. Der Reichtum, der ihn dort umgab, war dem Bauernburschen natürlich neu und fremd, aber er verstand es bald, unter Benutzung des Verfremdungseffektes mit seiner Beeindruckung literarische Wirkung zu erzielen. „Der Fußboden war mit lauter blumigen Tüchern belegt"[6], bemerkt er zur Teppichpracht bei Reininghaus, an dessen Tisch es ihm manchmal schwerfiel, sich zurechtzufinden:

„Auf der Tafel waren euch da ausgebreitet die eigenthümlichsten räthselhaftesten Werkzeuge und Gerichte kamen da vor ohne Begriff und Namen für den Bergsohn – nicht zu sagen. Er saß auf dem Seidensessel wie auf Nadeln und zwischen Eßbaren und Eßzeug konnte er nicht unterscheiden"[7], schreibt er in sein Tagebuch unter dem Datum vom 6. April 1865.

In diesem Trubel von Neuerungen fühlte sich Peter trotz des Wohlwollens, das man ihm entgegenbrachte, nicht ganz zufrieden. Was sollte aus all dem werden? Wie würde er je die Schuld abstatten können, die er nun auf sich lud? Sogar Reininghaus' taktvolle Bemerkung: „Sind (sic!) sie nur brav und lernen sie fleißig – ibrigens (sic!), wenn sie auch nicht viel lernen können, und wol (sic!) keine so großen Talende (sic!) haben, auf das sehe ich nicht so viel, aber, um Gottes willen braf (sic!) bleiben sie?"[8], vermochte die Skrupel des frischgebackenen Städters nicht zum Schweigen bringen, denn vorerst konnte er für all das Entgegenkommen nur schüchtern „danke" sagen und den Blick senken. Viel später wird Rosegger die Bänglichkeit dieser Monate, in denen er sich fragte, ob es ihm gelingen würde, die in ihn gesetzten Erwartungen zu erfüllen, folgendermaßen beschreiben:

„Mir graut, wenn ich an die ersten Wochen denke, die ich – damals ein zweiundzwanzigjähriges Kind aus den Bergen – in der großen Stadt zugebracht habe, jene Männer in Graz, die sich einmal um mich angenommen hatten, hielten mich in der Hauptstadt fest, obwohl sie eigentlich nichts Rechtes mit mir anzufangen wußten. Ein Bengel mit Bauernmanieren, ohne Schulbildung, aber mit einem Anflug von Schwärmerei, einerseits mit dem Drang, etwas zu lernen und zu werden, andererseits von Heimsucht erfüllt, und einem bäuerlichen Fatalismus ergeben – was läßt sich mit so einem Gesellen machen?"[9]

Vor allem war es dringlich, aus diesem „Bengel" einen Schüler mit regelmäßigem Unterricht zu machen. Aber die Gymnasien der Stadt verschlossen ihm ihre Pforten – eine Tatsache, aus der Rosegger eine unüberwindbare Abneigung gegen Akademiker und Professoren erwuchs. Dank der Intervention Professor Rudolf Falbs gewährte ihm schließlich die erst vor kurzem gegründete Handelsakademie einen Freiplatz in der zweiten Vorbereitungsklasse. (Es gab drei reguläre Klassen; da das Niveau der Schüler jedoch noch sehr unterschiedlich war, hatte man zwei Vorbereitungsklassen eingerichtet. Professor Falb unterrichtete an dem Institut Deutsch und Religion.)

# Die ersten Ferien in der Waldheimat

Sieben Wochen war Peter schon fern von der Heimat gewesen, nun aber in den Osterferien und vor dem Antritt eines regelmäßigen Schulbesuches ist ihm die Rückkehr nach Hause ein absolutes Bedürfnis. Svoboda sah das auch ein und bezahlte ihm sogar die Reise in der zweiten Klasse – die einfachen Leute reisten normalerweise dritter Klasse. Nachdem Peter sich von allen seinen Wohltätern verabschiedet hatte, wobei diese nicht verabsäumten, ihm kleine Aufmerksamkeiten für seine Familie mitzugeben, machte er sich in seinen neuen Stadtkleidern auf den Weg nach seiner Geburtsstätte, von der er vor gar noch nicht langer Zeit nie wegzukommen gefürchtet hatte. In Krieglach angekommen, war sein erster Weg in die Kirche, um Gott für sein großes Glück zu danken. Dann, als er die von der Schneeschmelze fast ungangbaren Wege hinanstieg, überfiel ihn eine plötzliche Seligkeit, eine grenzenlose Zukunftsgläubigkeit:

„Ich war ganz außer mir, als ich die grüne Welt meiner Kindheit vor mir ausgebreitet sah, und mir kam es vor, als ob ich frisch und neu geboren wäre."[10]

Nein, er würde die in ihn gesetzten Hoffnungen nicht enttäuschen, es mußte etwas aus ihm werden!

Bei den Seinen hieß es natürlich zuerst ausführlich von all dem Neuen berichten; von den Freunden und Helfern, von dem Glück auch, in Graz, der steirischen Hauptstadt, lernen zu dürfen.

„Wenn meine Freunde, Lehrer nicht Seelenkenner gewesen wären und es nicht so eingeteilt hätten, daß ich mitten in meinem grünen Heimatlande lernen konnte, ich wäre ihnen entlaufen."[11] Dafür bestand nun keine Gefahr, da sogar der Grazer Schloßberg den jungen Studiosus an die Berge zu Hause erinnerte.

Mit seinen Freunden, den Haselgraberkindern – der

Vater war, wie bereits erwähnt, Mesner –, beteiligte er sich an den Vorbereitungen für die Osterwoche in der Kirche zu Sankt Kathrein. Immerhin begann er die ländlichen Bräuche und Sitten schon mit einem gewissen Abstand zu betrachten, jener inneren Distanz, die es ihm gestatten wird, in Bälde die ersten Sittenbilder zu verfassen. Aber so wie diese Schilderungen für seine zukünftigen städtischen Leser nicht eines exotischen Hauchs entbehren, so hat Peter die größte Mühe, dem heimatlichen Kreis die Stadtsitten verständlich zu machen. Da nennt ihn die immer schalkhafte Marie gleich „Stadtschnagl", „Stadtbürschl"[12], was Peter für eine von der Liebe diktierte Neckerei hält …

Ja wie soll man den Bauern nur klarmachen, welch großes Interesse das Turnen, dieses soeben erst entdeckte Unterrichtsfach, gefunden hat? Oder eine Mondesfinsternis erklären, wenn der Vater darauf nichts anderes zu erwidern hat als: „Na, na, dos is ols nigs, wos's Monscha, d'Sunn, d'Stern san, dos kann ka Mensch dagründen, und i glaub a malh nigs."[13]

Das allgemeine Mißtrauen diesem Abspringer gegenüber, der in die Stadt gegangen ist, um, man weiß nicht recht, was, zu studieren, ist in den sieben Wochen seiner Abwesenheit nicht geringer geworden. So mancher macht „ein verdächtiges Pfeffergesicht, wenn er so mit dem Buch umhergeht wie der Herr Pfarrer und nichts arbeiten will".[14] Doch die Ferien nehmen ein Ende; am 23. April begleitet ihn die ganze Familie nach Krieglach zur Bahn. Als das „Dampfros" daherschnaubt, kann die Mutter nicht umhin, in ihre Schürze zu schluchzen:

„O tief besorgtes Mutterherz! Der gütige Himmel möge dir jede Thräne reich vergelten, die du deinem Kinde weinst, möge durch das Kind sie dir vergelten. Nein Mütterchen, deine heiligen Kummerzähren sollen keinem Unwürdigen fließen!"[15]

## Lernen in der Schule –
## Das Erlernen der Stadt

Nun, mit dem Beginn der regulären Schulzeit, gab es für Peter keinen Aufschub mehr, er mußte zeigen, wozu er fähig war. Am 29. April schreibt er in sein Tagebuch:

„Meine Aufgabe für den nächsten Monat ist: braf (sic!) und fleißig zu sein, und so viel zu lernen, als mir möglich ist. Peterl, du wirst über Zeit und Kasse Rechenschaft geben müssen, siehe zu, daß du bestehen kannst."[16]

Die Beunruhigung des großen, des erwachsenen Schülers – seine Kameraden waren zwischen zwölf und sechzehn – bestand nicht zu Unrecht. Er hatte außerordentliche Mühe, einem methodischen, regelmäßigen Unterricht zu folgen und sich die große Menge von Fakten, die auf ihn einstürzten, zu merken. Trotz seiner Anstrengungen, sich das von ihm früher so verzweifelt herbeigesehnte Wissen anzueignen, erlebte er böse Zeiten der Niedergeschlagenheit. Aber Peter machte immerhin Fortschritte, und wenn er auch zum Schulschluß kein regelrechtes Zeugnis erhielt – er hatte ja nur ein Trimester absolviert –, so stellten ihm die Professoren einstimmig das Zeugnis einer tadellosen Führung und Vertrauenswürdigkeit aus. Eines wußte Peter nun: daß es noch sehr viel Plage kosten würde, bis alle Lücken aufgefüllt sein würden.

„Das erste Schuljahr war für mich das erfolgreichste. Es hat mich demütig gemacht. Da war ich herangestürmt in der Meinung, wenn man nur Bücher und Zeit hat, das Lernen selbst sei ein Spaß. Nun wußte ich, daß es kein Spaß war, besonders nicht für mich."[17]

Außer der eigentlichen Schule gab es für Peter noch ein anderes Gebiet, auf dem er viel dazulernen mußte, und zwar das städtische Leben und seine Umgangsformen, bei denen alles so anders war als daheim. Sogar das Grüßen! Während man bei ihm in den Bergen den anderen mit

„Grüß' Gott", „Behüt' dich Gott" der Fürsicht Gottes anempfahl, verstieg man sich in der Stadt zur Formel: „Ich habe die Ehre, mich zu empfehlen", die Peter reichlich affektiert und heuchlerisch vorkam. Auch der Brauch, beim Ausgehen Glacéhandschuhe überzustreifen, wie immer das Wetter auch sei, und beim Handkuß „Euer Gnaden" und „Gnädiges Fräulein" zu murmeln, genierte den unverbildeten Landburschen. Angesichts der zahlreichen An- und Zurechtweisungen, die er allseits erhielt, stöhnte er: „Schier nichts war recht mehr, was zu Hause schön und anständig gewesen, nur schlafen durfte ich noch nach alter Manier."[18]

In seinen beiden autobiographischen Romanen, *Gabriel Mondfels* und *In der Einöde* spiegeln sich sehr deutlich die damals von ihm angetroffenen Schwierigkeiten und Hindernisse. Heidepeters Gabriel ist bei seiner Ankunft in der Stadt ganz erstaunt darüber, daß ihn niemand begrüßen kommt und zu Hause aufnimmt. Er flüchtet sich vor dem beständigen Menschenstrom in einen Winkel und will einen günstigen Augenblick zum Weitergehen abwarten. Da der Strom aber nie abreißt, nimmt er schließlich einen Anlauf und mischt sich mutig unter die Menge. Etwas später schreibt er seinem in den Bergen verbliebenen Freund:

„In der Stadt kümmern sich die Menschen nicht umeinander. Wenn in der Einöde an einem Hause ein Heuwagen vorüberfährt, so macht das mehr Aufsehen, wie wenn sie hier einen toten Menschen vorübertragen."[19]

1882 faßt Rosegger die seelische Verfassung des Neuankömmlings in folgende Worte:

„Wie ich früher das Gefühl gehabt, daß ich nicht recht zu den Bauernjungen passe, so war es mir jetzt, daß ich auch nicht zu den Söhnen der Kaufleute, Bankiers und Fabrikanten gehöre."[20]

Dieses Gefühl des Andersseins wird ihm immer bleiben, da er noch 1918 einem Freund gesteht:

„Ich bin in Graz rasch hinein- und aus ihm wieder herausgewachsen, ich lebe dort die Behaglichkeit des neutralen Fremdlings und finde mich erst ganz wieder draußen zwischen Wald und Feld."[21]

Als „neutraler Fremdling" wird er sich in den späteren Grazer Jahren nicht immer verhalten, aber es ist verständlich, daß der radikale Milieuwechsel, dem er sich als junger Mensch unterziehen mußte, zu einer ständigen inneren Abwehrhaltung der Distanz führte.

## Kulturtätigkeit und Kontakte

Damals, als Peter in Graz ankam, setzte er jedoch alles daran, die Kluft zwischen sich und der städtischen Umgebung zu verringern. In seiner Freizeit las er – die Klassiker vor allem –, um aufzuholen: Schiller, Goethe, Hölty, Bürger, Lenau, Shakespeare. Mit seinen mageren Ersparnissen abonnierte er Alvenslebens *Illustrierte Weltgeschichte,* eine Vulgarisationsschrift recht zweifelhafter Qualität, die sich auf Roseggers völlig brachliegende Geschichtsauffassung und seine Darstellung historischer Ereignisse eher ungünstig ausgewirkt hat. Dieses Kulturprogramm wurde von zahlreichen Theaterabenden ergänzt. Da man ihm also zu beiden Grazer Bühnen, dem Thalia-Theater und dem Landschaftlichen Theater, freien Eintritt gewährte, machte er mit einem Repertoire Bekanntschaft, das von Shakespeares *Macbeth* und *Richard III.* und Schillers *Don Carlos* über *Stadt und Land oder der Viehhändler aus Oberösterreich* von Friedrich Kaiser (1814–1874) bis *Lord und Sennerin* von der Meisterin des populären Rührstückes, Charlotte Birch-Pfeiffer (1800–1868), reichte – nicht zu vergessen die Operette, die damals gerade meteorhaft am Theaterhimmel aufging. Befremdend klingt, was man in einem Rückblick von 1916 bei Rosegger lesen kann:

„Damals, als ich in der Stadt war, habe ich das Theater nur einmal besucht; wer auf das Leben keinen großen Wert legt, kann den Abklatsch des Lebens noch weniger bewundern“[22] – war er doch fast täglich im Theater und fähig, sich die Offenbach-Operetten *Die schönen Weiber von Georgien* und *Die schöne Helena* mehrmals hintereinander anzusehen!

Für alle diese Neuheiten, die auf ihn einstürmten, hätte Peter einen Diskussionspartner zur Klärung gebraucht. Seinen Mäzenen, die allesamt aus den Reihen der Honoratioren stammten, konnte er sich nicht darüber eröffnen. Ihnen gegenüber war scheue Zurückhaltung, dankbare Ehrfurcht am Platze. Bald aber machte sich der Neuankömmling durch seine ganz besondere Ausstrahlung zahlreiche Freunde in seinem Alter: Schulkameraden wie Alfred Volkmar, Franz Pesserl und Otto Friedrich, bei dem Peter einmal wöchentlich einen Freitisch genoß. Etwas später der Kaufmannssohn August Uitz, der protestantische Lehramtszögling Friedrich Schenner und der schon genannte, den sozialdemokratischen Ideen verschriebene Robert Wagner. Durch diese Vielzahl von Bekannten war Peter den unterschiedlichsten Einflüssen ausgesetzt. Protestantismus, Sozialismus, Atheismus (durch Svoboda), Liberalismus. Wie sollte er alle diese Strömungen so schnell in seine sicherlich beschränkte, aber immerhin schon bestehende Weltanschauung aus den Bergen einordnen? Es war ein harter Zusammenprall, der auch in Roseggers späteren Jahren noch Spuren hinterließ. Wenn er in seiner Lebensrückschau bemerkt, er habe seine Weltanschauung „schon so ziemlich fertig als zweiundzwanzigjähriger Junge aus dem Waldlande mitgebracht“, sie habe „sich geklärt, aber im wesentlichen bis heute nicht verändert“[23], so werden hier die langen Jahre der inneren Kämpfe unterschlagen, die zwischen seiner ursprünglichen Einstellung und seiner willentlichen und wissentlichen Rückkehr zu ihr im Alter liegen. Damals aber, in den ersten Grazer Jahren, kam Peter unweigerlich zum Nachdenken über Dinge, von denen seine Heimat völlig unberührt war. Schenner verdankt er zum Beispiel seine ersten Kontakte zu den Protestanten, die in den Wäldern der Heimat als der leibhaftige Antichrist verschrien waren. Peter besuchte eine protestantische Kirche, war aber von deren Nüchternheit betroffen:

„Es sieht genau aus, wie in einem Komptoir. Schöner bleiben immer unsere Kirchen!“[24] behauptet er spontan und wird bei dieser Überzeugung auch bleiben. Schenner, der schon bald seine Tätigkeit als Volksschullehrer antreten wird, hat sicherlich auch zur Festigung des Ideenkomplexes um einen Schulmeister-Roman sein unwillkürliches Scherflein beigetragen. Hingegen wirkte der atheistisch und sozialistisch gesinnte Robert Wagner auf Peter wie eine Art Gegenpol, der ihn in seinem religiösen Altväterglauben und seiner Sehnsucht nach den patriarchalischen Verhältnissen seiner Jugendstätte nur bestätigte.

Neben diesen Freundschaften, die seinem Gefühls- und Geistesleben auf vielfache Weise Nahrung boten, kommt seiner Begegnung mit August Brunlechner im Mai 1866 besondere Bedeutung zu. Es war „Liebe auf den ersten Blick“, ein Gefühlsausbruch, den man schon eher einem weiblichen Wesen als einem männlichen gegenüber erwartet hätte. Romantische Spaziergänge, Herzensergießungen, nächtliche Todesgedanken, pathetische Briefe waren nun an der Tagesordnung, und es scheint, daß der junge Mann hier die übliche pubertäre Verschossenheit ins eigene Geschlecht nachholte und zugleich einen Vorschuß auf die Liebe zum anderen Geschlecht nahm. Fest steht, daß in diesem Duo Rosegger der exaltiertere war. Brunlechner, der zukünftige Bergbauingenieur und Sohn einer wohlhabenden Leobener Familie, blieb kühler. Immerhin standen die beiden Freunde bis zum Tod Brunlechners im Jahre 1916 im Briefwechsel, der aus 768 Briefen oder Postkarten besteht und vor kurzem auszugsweise dem Publikum zugänglich gemacht wurde.[25] Nie und niemandem gegenüber wird der Dichter je mehr sein Herz so ganz und vorbehaltlos öffnen wie hier dem Freund.

Diese affektgeladene Beziehung – zumindest seitens Roseggers – ging nicht ohne einiges Schulschwänzen ab. Aber da sonst kein Anlaß zur Beunruhigung existierte, drückten die Herren Professoren ein Auge zu, dies umso mehr, als Peter im Schuljahr 1865/66 befriedigende Arbeit leistete und in der Rubrik „Fleiß" und „Betragen" sogar mit einem Einser glänzte.

## Der junge Dichter

Man war mit dem jungen Mann nicht nur deshalb nachsichtig, weil er sich durch großen Ernst auszeichnete, sondern weil seine dichterische Begabung immer mehr zum Durchbruch kam. Adalbert Svoboda hatte inzwischen einige Mundartgedichte Roseggers in der *Tagespost* veröffentlicht, die die Zensur des ehemaligen Deutschprofessors und strengen Kritikers passiert hatten. So konnte man dort im Juli 1865 das schon genannte Meisterwerk der Dialektdichtung *„Darf ih's Diandl liabn?"* und etwas später das Huldigungsgedicht an Erzherzog Johann *„N'Holda sei Spezi"* lesen. Im Sommer 1866 brachte das *Gmundner Wochenblatt* einige weitere Gedichte, die Freund Wagner mit einem Artikel über den „steirischen Volksdichter" einleitete.

Schon im Jahr zuvor war Peters Ruhm so angewachsen, daß er sich gezwungen sah, eine von der Presse verbreitete Nachricht zu dementieren, derzufolge ihm die Gräfin von Meran für ein ihr gewidmetes Gedicht hundert Gulden verehrt haben sollte. Dieses Dementi war notwendig, denn schon meldete der Arzt Dr. Diedrich, dem die Familie Rosegger Geld schuldete, seine Forderungen an. Peter antwortete ihm in einem Brief, der von großen Fortschritten in der Rechtschreibung zeugt, und gab ihm zu verstehen, daß er, selbst noch auf Unterstützung angewiesen, leider nicht in der Lage sei, für den Unterhalt seiner Familie aufzukommen.

Nun konnten diese bescheidenen Veröffentlichungen in den Augen seiner Mentoren natürlich noch nicht als Beweis dafür gelten, daß ihr Schützling einst vom Ertrag seiner Feder würde leben können; und Peter war es gewiß nicht gleichgültig zu wissen, ob er eines Tages imstande sein würde, die Schuld gegen alle jene abzutragen, die ihm heute halfen.

„Bete auch für mich, denn meine begonnene Bahn ist ernst, und ich habe Gottes Hilfe wohl vonnöten“[26], wendet er sich an Freund Schenner; Brunlechner vertraut er an: „Ich sehe die Stunde, wo mich die Menschen wieder so aufgeben, als sie sich zuerst meiner angenommen haben, weil ich nicht arbeiten will für das Praktische, sondern *dichten.* Mein Drang zur Poesie wird mich noch zugrunde richten.“[27]

Seine Förderer, die aus den verschiedensten Erwerbszweigen stammten, erteilten ihm in Hinblick auf seine Berufswahl die unterschiedlichsten, ja widersprüchlichsten Ratschläge:

„Wählen Sie die kaufmännische Richtung!“ – „Entscheiden Sie sich für Chemie, werden Sie Fotograf, oder Maler.“ – „Wählen Sie die Technik.“ – „Lernen Sie auch Stenographie.“ – „Lernen Sie nicht Stenographie, das hindert Sie an den übrigen Studien.“

„Fürchte niemanden und folge dir selbst!“[28] schließt ganz logisch der so vielseitig beanspruchte Jüngling. Aber der Gedanke, sich eines Tages aus finanziellen Gründen tatsächlich zu einer kaufmännischen Tätigkeit entschließen zu müssen, stand ihm als ständiges Schreckgespenst vor Augen, und es gab Augenblicke, wo er in seinen Briefen an Brunlechner oder im Tagebuch nicht umhinkonnte, sich gegen jene Männer aufzubäumen, die ihn als zukünftigen Kaufmann in einen Teufelskreis von Zahlen und Rechnungen bannen wollten:

„Was wollt ihr, ihr Ziffern mit ewigen Prahlen / Ihr mag'ren Gestalten mit ecklem Gesicht / Ihr feilscht um mein Leben, ihr wuch'rigen Zahlen / O nein, das verkauf' ich euch nicht! / Ei glaubt ihr, ich habe mich euch schon verschrieben? / O, da sind fürwahr eure Summen zu klein / Muß fort in die Ferne, muß leben und lieben / Nur das ist der Preis für mein einziges Sein."[29]

Der Kampf des angehenden Poeten für sein Dichtertum ist zu einem wahrhaft faustischen Ringen gegen mephistophelischen Krämergeist angewachsen.

## 1866 – Das Jahr der Enttäuschungen

Das Jahr 1866 sollte für Peter, der allseits in der schönsten Entfaltung begriffen war, durch den Krieg mit Preußen, der Österreichs Vorherrschaft im deutschen Raum ein endgültiges Ende setzte, eine schwere Enttäuschung bringen. Schon der Gedanke, daß Deutsche gegeneinander die Waffen gebrauchten, war ihm unerträglich – war sein Vaterland nicht das Deutsche Reich und dessen Oberhaupt Österreichs Kaiser? An dieser Auffassung hatte sich seit Peters frühen Jugendjahren nichts geändert. 1858 schon bestimmt Peter seinen Standpunkt so:

„Peter Roßegger ist im Jahre 1843 geboren, in Weltheill Eiroba, in Keiserthum Teizlants, in der Pfar Kriglach, in der Gemeinde Alben, beim Bauern-Klupenegger" (sic!).[30]

Daß es eines Tages anders sein könnte, daß die Steiermark etwas anderes als einer der schönsten Teile des Deutschen Reiches sein könnte, das war ihm noch gar nicht in den Sinn gekommen. Damals stand seiner Begeisterung für die deutsche Sache, die mit der österreichischen offiziell noch weitgehend zusammenfiel, nichts im Wege, und die Tränen, die ihm jedesmal beim Anhören der österreichischen Hymne kamen, brauchten ihm noch keine Gewissensqualen zu bereiten. Ja diese aus der Jugendzeit stammende, reichsverbundene Einstellung sollte ihm später die Grundlage für sein streng alldeutsches Bekenntnis bieten, auch wenn er inzwischen gelernt hatte, das Schicksal Österreichs und das des Deutschen Reiches auseinanderzuhalten. Gerade Königgrätz war es, das ihm darüber etwas brutal ein Licht aufsteckte sowie über die Tatsache, daß das Haus Habsburg nicht nur deutschsprachige Nationen unter seinem Zepter vereinte. 1866, in diesem kritischen Augenblick, siegte bei ihm noch der österreichische Patriotismus, und er rief Ungarn und Slawen auf, sich getreu um den Herrscherthron zu scharen, um diesen gegen das „perfide" Preußen zu verteidigen. Nichtsdestoweniger beklagte er nach Österreichs Niederlage und dessen Ausschluß aus dem Deutschen Bund die Zerstörung der deutschen Einheit, das „Zerschmettern der deutschen Eiche" – von der ihm anscheinend entgangen war, daß es mit ihrer Gesundheit nicht zum besten stand …

Man hätte meinen können, daß sich Rosegger nun für einen dynastietreuen Patriotismus entscheiden würde – dem war nicht so. Als vier Jahre später Preußen gegen Frankreich loszog, war die schmerzliche Erfahrung von Königgrätz vergessen, wie weggeblasen. Unter dem Einfluß seiner liberal-nationalen Umgebung ergriff er ohne zu zögern für Deutschland Partei und stimmte bedingungslos in den Freudenchor über die Reichsgründung ein. Dieses rasche Umschlagen der Meinung und die Unfähigkeit zum eigenständigen Analysieren einer Lage bleiben nicht nur für den jungen Rosegger typisch. Seiner augenblicklichen Stimmung und den Einflüssen seiner Umgebung ausgesetzt, glaubt er nie eigentlich an die Existenz zweier getrennter deutscher Staatswesen. Sogar zu einem Zeitpunkt, wo er mit Überzeugung zur deutschnationalen Sache stehen wird, meint er noch, österreichische Dynastietreue und großdeutsche Lösung vereinen zu können.

Das Jahr 1866 brachte ihm fast zur gleichen Zeit noch eine weitere Enttäuschung: Auf seinen endlich vorgebrachten Heiratsantrag antwortete Maria Haselgraber mit einem „deutschen Nein". Der verzweifelte Werber dachte einen Augenblick daran, sich als Freiwilliger zu der auf Königgrätz marschierenden Armee zu melden, aber er ließ diese Idee schnell wieder fallen:

„Ich kann ja die Menschen nicht morden / ich hab' sie ja alle so lieb"[31] – eine Haltung, die im *Waldschulmeister* ihren Niederschlag finden wird, wo Andreas Erdmann, der auf der Seite der Franzosen zu kämpfen kommt, seinen Freund, der bei den deutschen Truppen dient, tötet. Erdmann zieht sich daraufhin aus dem Gesellschaftsleben zurück.

## VORBILDER UND VERÖFFENTLICHUNGEN

Was Peter blieb, war wie immer die Zuflucht bei der Dichtkunst. Schon im Februar 1866 hatte er es endlich gewagt, sich an sein bewundertes Vorbild aus dem *Volkskalender,* August Silberstein, zu wenden. Der österreichische Meister der Dorfgeschichte zeigte sich dem jungen Verehrer gegenüber nicht unempfänglich. Im Sommer traf er mit ihm in Wien zusammen und schenkte ihm eine Ausgabe seiner Werke. In der Septembernummer konnte man im *Volkskalender* einige Roseggersche Mundartgedichte lesen. Wenn seine Umgebung damals eindeutig seiner dialektalen Muse den Vorrang gab, so zu Recht. Rosegger spricht hier eine authentische, frappierende und natürliche Sprache im Gegensatz zu seinen hochsprachlichen Poesieergüssen, wo er von den Klischees seiner Vorbilder nicht loskommt und sich in oft unpassenden, nicht wirklich geschauten Sprachbildern verheddert. Sosehr Rosegger um die hochsprachliche Lyrik ringt, dieser Ausdrucksweise haftet immer etwas Angelerntes, Unechtes an, was er 1866 in weiser Einsicht noch zuzugeben bereit ist: „Meine poetischen Vergleiche humpeln auch hübsch stark, oder bessser gesagt, sie roseggern."[32] Ein späterer Kritiker hat übrigens sehr gut diese innere Unstimmigkeit zwischen Roseggers spontaner Ausdrucksweise und der gehobenen Sprache umrissen: „Sie schreiben in Hochdeutsch und denken in Mundart."[33]

Nichtsdestoweniger kopierte Peter alle seine nichtmundartlichen Gedichte – es waren 200! – in kalligraphischer Schrift, um sie im Mai 1866, gebunden und mit dem Titel *Blüthen der Jugend* versehen, Peter von Reininghaus zu verehren. Im nächsten Jahr wurde auch die neue lyrische Ausbeute gesammelt und präsentiert. Diesmal hieß der handgeschriebene Band *Lettern aus dem Buche der Natur.* Einigen dieser Jugendprodukte wurde die Ehre zuteil, in den Lyrikband von 1911 aufgenommen zu werden.[34]

Was die erzählerische, in der Schneiderzeit so ergiebige Ader unseres Autors betrifft, so scheint er sich die Ratschläge seiner Mentoren: abwarten, ausreifen, hinzulernen – zu Herzen genommen zu haben. Zu seinen bisherigen Vorbildern auf dem Gebiet der Dorfgeschichte, Steinebach und Silberstein, gesellte sich nun Berthold Auerbach, der Verfasser lehrhaft-sentimentaler Dorfgeschichten, die im Schwäbischen angesiedelt sind. Was aber die Stifter-Lektüre betrifft, so setzt sie erst zwei Jahre später ein. Tatsächlich hatte der junge Mann auf seiner Ferienreise 1867 dem kranken Dichter noch seine Aufwartung gemacht, ohne sich aber über dessen wahre Bedeutung im klaren zu sein. Der Bericht, den er 1875 unter dem Titel *Den Manen Adalbert Stifters* (Dioskuren n° 4) veröffentlicht, entspricht nicht den Tatsachen, wenn er behauptet, der Dichter habe ihm, dem jungen Bewunderer, damals eingehend seine Ansichten über Natur und Kunst auseinandergesetzt.

In seinem Bemühen um die Erweiterung seines literarischen Bekanntenkreises konnte Rosegger 1866 auch mit Leopold von Sacher-Masoch, der in Graz damals die *Österreichische Gartenlaube* herausgab, Kontakte anknüpfen. In der Silvesternummer war dann neben einem Prosatext Stifters – Ehre und Omen zugleich – ein Gedicht Roseggers zu lesen. Auch hier debütierte der Dichter mit Lyrik, aber bald darauf entschloß sich Sacher-Masoch zur Annahme der Erzählung *Die Seele des Waldes,* und das *Gmundner Wochenblatt* brachte den Prosatext *Der Baumtod.*

## Der autobiographische Roman

Die von seinen Mentoren angeratene Pause im Prosaschaffen war also ziemlich kurz gewesen und rührte vor allem daher, daß diese Lücke von einer sehr eingehenden Tagebuch-Berichterstattung ausgefüllt wurde. Das Bedürfnis nach Selbstdarstellung und Aussprache war sogar so groß geworden, daß Peter den Entschluß faßte, einen autobiographischen Roman zu schreiben. „Ich habe die Idee“, schreibt er an Brunlechner, „einen Roman zu schreiben, derselbe soll Gabriel Mondfels heißen. Es wird ein Lebensbild; die Geschichte eines Menschenherzens mit seinen Freuden und Leiden. Ich beschreibe seine Geschichte von der Geburt bis zum Tag, wo er sich selbst erreicht haben wird.“[35] Der Schlußsatz macht dem Habitus der Neutralität ein radikales Ende: Romanheld und Autor sind identisch!

Brunlechner erhält natürlich auch den Schlüssel zu den Romanfiguren geliefert, in denen man sehr leicht die Menschen aus Peters Umgebung erkennt. Freund Brunlechner steht unter dem Namen Emil Reller an bevorzugter Stelle.

Um den Roman schreiben zu können, für den Peter tausend Seiten vorsah, und aus denen letztlich vierhundert wurden, verzichtete er auf die heimatlichen Weihnachtsfreuden und blieb in Graz. Er hatte eigentlich gar keine andere Wahl, denn zu Hause hätte er in keinster Weise die dazu nötige Ruhe gefunden. Er war seit kurzem kostenlos in das der Handelsakademie angeschlossene Internat aufgenommen worden, und so nützte er die weihnachtliche Stille im verlassenen Gebäude zum Schreiben. Wenn diese neue Unterbringung den Vorteil bot, für Peter Miete und Mahlzeiten in der Stadt zu ersparen, so litt er sehr darunter, der ständigen Gesellschaft seiner Mitschüler ausgesetzt zu sein und keinen Ort der Besinnung mehr für sich zu haben. All das, die Neckereien seiner oft taktlosen Kameraden und die Überempfindlichkeit des deplacierten Waldbewohners, hat Rosegger in der Erzählung *Der Lex von Gutenhag* von 1871 sehr glaubwürdig festgehalten. Durch die Schwerpunktverteilung auf zwei Hauptpersonen – den Bauernsohn Lex und den schon städtisch geschliffenen Reinhold – kommt auch sehr gut der in seiner Seele klaffende Zwiespalt zwischen eben diesen beiden Sphären zum Ausdruck.

So blieb Peter also während der Weihnachtsferien in der leeren Schule, um seinen Roman zu schreiben; ein Werk, das erst nach dem Tod des Dichters in den Jahren 1922/1923 im *Heimgarten* der Öffentlichkeit vorgestellt wurde. Abgesehen von der romantisch ausgesponnenen Liebesgeschichte stimmt alles mit Peters wirklichem Erleben sehr genau überein, und so stellt das Werk ein wertvolles Auskunftsmittel über seine innere Verfassung in diesen Jugendjahren dar: Die verdrängten Aggressionen, die geheimen Ängste, aber auch seine unausgesprochenen Hoffnungen kommen hier ganz ungeschminkt zum Ausdruck.

## Liberalismus und Antiklerikalismus

Am 8. Februar 1868 war *Gabriel Mondfels* beendet. Am 1. März feierte Graz die teilweise Abschaffung des Konkordats mit Fackelzügen und Freudenfesten. Österreich hatte endlich eine Konstitution und ein Grundgesetz – die liberale Ära brach an, eine Zeit, die sich in Roseggers Leben fast genau mit seiner aktiven, aus persönlichen Quellen gespeisten Schaffensperiode bis zu seiner zweiten Heirat deckte.

Rosegger, der in Graz damals fast ausschließlich in liberalen Kreisen verkehrte, schloß sich frohen Herzens der allgemeinen Begeisterung an. Die zurückgebliebene Landbevölkerung aus ihrer geistigen Unmündigkeit zu erlösen, Schulen zu schaffen für alle, die Männer von einem ihr ganzes übriges Leben belastenden Militärdienst zu befreien, die ländliche Erbfolge gerechter zu gestalten, Lesevereine und Volksbildungsstätten ins Leben zu rufen – entsprach all dies nicht genau dem Streben Roseggers, seit er den benachteiligenden Unterschied zwischen Stadt und Land am eigenen Leib erlebte?

Die Zwangsversteigerung des Heimathofes, die im Mai desselben Jahres stattgefunden hatte, trug zum Anwachsen seines Grolles gegen die „obskurantistischen Mächte" noch bei, die er zum großen Teil für das traurige Ende der Seinen verantwortlich machte. War das Aufgeben der Gebirgsanwesen nicht wesentlich dem Mangel an Instruktion, dem wohlweislich von oben geschürten religiösen Fanatismus zuzuschreiben? Der Gier auch der

Großgrundbesitzer nach mehr und mehr Land? Diese vom kämpferischen Liberalismus übernommenen Vorwürfe werden auf die Werke, die sich Rosegger in Bälde zu verfassen anschickt, sehr stark abfärben. Später dann, mit dem Umschwung in der Politik und dem Wechsel der Einflußsphären, wird er diese Dinge mit anderen Augen sehen und anders beurteilen.

1867 schon hatte er Sacher-Masochs Novelle *Die Jesuiten* gelesen, und im Sommer darauf entstand *Die Gemeinde Falkenbach*, eine erste Erzählung, in der Rosegger die katholische Kirche und gewisse auf dem Lande geübte, den Jesuiten zugeschriebene Missionspraktiken offen attackierte. Hier schnitt er ein Thema an, das sich als äußerst ergiebig erweisen sollte. Priester, die den Selbstmördern oder Andersgläubigen ein christliches Begräbnis verweigern, Glaubensmissionen, die zum Selbstmord aus religiöser Verzweiflung oder zur erzwungenen Klosterweihe der Töchter führen – das sind einige der Aspekte von Roseggers antiklerikaler Polemik. Daneben aber entwickelt er als eine Art Kontrastbild die Figur des „liberalen Priesters", der weltoffen und tolerant zur konstruktiven Zusammenarbeit bereit ist: mit dem Schulmeister zum Beispiel oder mit anderen Bildungs- und Aufklärungsträgern. Im Alter hat Rosegger seinen Antiklerikalismus der frühen Jahre bereut und widerrufen:

„Es war damals die Zeit, wo jeder Simpel über religiöse Dinge rasch und wegwerfend aburteilen zu müssen glaubte"[36], schreibt er darüber, und 1910 in einem Brief an seinen französischen Biographen, Amédée Vulliod, bedauert er die plumpen Ausfälle gegen die Geistlichkeit, „die freilich ihre sehr realen Ursachen hatten, die aber ein reifer Schriftsteller in taktvollerer Weise verarbeitet".[37] Natürlich bestätigte das vom Papst 1870 erlassene Dogma der Unfehlbarkeit den Dichter in seinen Anschauungen, und sein Antiklerikalismus hatte im selben Jahr noch Gelegenheit, sich in einer Kontroverse mit Vikar Rösch aus Krieglach zu verfestigen. Rösch, dem einige kirchenfeindliche Zeilen seines ehemaligen Beichtkindes zu Gesicht gekommen waren, zog darüber die Eltern zur Rechenschaft, und die über das in der Stadt bedrohte Seelenheil ihres Sohnes ohnehin besorgten Leute waren von der Nachricht, er sei vom heiligen Glauben abgefallen, wie zerschmettert. Peter war über diese Einmischung in familiäre Angelegenheiten erbost, dies umso mehr, da er es als herzlos empfand, seinen Eltern, die vor kurzem erst ihren Heimathof verloren hatten, weitere Sorgen aufzubürden. Peter schrieb einen langen Brief. Rösch nahm seine Anschuldigungen zurück, machte aber Peters liberale Förderer in Graz für seinen Abfall vom rechten Glauben verantwortlich. Er stellte ihn schließlich vor die damals klassische Alternative: alles annehmen oder aus der Kirchengemeinschaft austreten.

Peter tat weder das eine noch das andere. Tatsächlich hatte er zu Beginn des Jahres mit dem Gedanken gespielt, der freien religiösen Gemeinde beizutreten, verzichtet aber darauf, nachdem er einem Gottesdienst beigewohnt hatte. Hingegen wird er nicht darauf verzichten, in seinen Werken „gute" oder „schlechte" Priester in den Mittelpunkt der Handlung zu stellen, von denen aber letzten Endes keiner der kirchlichen Rechtgläubigkeit mehr entspricht. Wenn Rosegger damals nicht seinen Glauben an Gott verloren hat, so verlor er sehr weitgehend den an die alleinseligmachende Kirche und ihre Dogmen:

„Roseggers Vorstellung von Religion hat nicht viel mit Theologie zu tun. Sie erinnert an romantische Gefühlsvorstellungen in der Art Friedrich Schleiermachers"[38], meint dazu Helfried Weinhandl in seiner Dissertation. Man kann wohl ohne zu übertreiben behaupten, daß dieser Zusammenprall zwischen Roseggers Altväterglauben aus den Bergen und seine heftige Infragestellung im Liberalismus einen inneren Monolog ausgelöst hat, den der Dichter sein ganzes Leben lang nicht mehr weiterzuspinnen aufgehört hat.

## SCHAFFEN UND LESEN

Nach der kurzen, in der ersten Grazer Zeit eingetretenen Schaffenspause setzt nun die Dorfgeschichtenproduktion so richtig ein. Im Winter 1867/68 hatte Peter nicht gezögert, seine Weihnachtsferien der Arbeit im verlassenen Internatsgebäude zu opfern; der Gedanke aber, im Sommer auf seine geliebten Berge zu verzichten, war weder für ihn noch für seine Eltern zumutbar. Aber wohin sollte er gehen? Das Kluppenegg war in fremden Händen und konnte ihm keine Heimstätte mehr bieten. Lorenz Haas, Wirt in Sankt Kathrein, eine der wenigen Personen aus dem ländlichen Milieu, die Peter gutgesinnt waren, half ihm aus der Klemme. Er überließ ihm für die Sommermonate die „Taverne", ein Häuschen, das früher dem Mesner als Wohnung gedient hatte. Hier hoffte der junge Rosegger, daß seine schriftstellerischen Talente, fern von allem Trubel, zur Entfaltung kommen würden:

„In der Nähe des Kirchleins Sankt Kathrein am Hauenstein steht ein altes, leeres, hölzernes Haus. Es ist jetzt so einsam und öde wie der Friedhof, an den es grenzt. Man kann vom Fenster aus die Toten hören, wenn sie sich jetzt über den päpstlichen Fluch gegen unser Ministerium im Grabe umdrehen. Die Unruhe vom Kirchturm ist das einzig Hörbare, was sich außer einem Uhu an der Kirchhofsmauer in dieser Einsamkeit offenbart. Das ist die rechte Ruhe für mich. Wenn je ein Fünkchen Poesie in meiner Seele schlummert, so muß es hier erwachen."[39]

Und tatsächlich war dieses Refugium seiner Muse geneigt. Zwei relativ umfangreiche Erzählungen entstanden hier: *Der Dorfkönig* (unveröffentlicht) und *Ritter Hans und seine Wanderschaft,* von Rosegger erst sehr viel später im *Heimgarten* mit dem Titel *Der Nagelschmied von Osterstadt* abgedruckt. In beiden Texten ist zwischen den Zeilen sehr deutlich Roseggers Traum vom Aufstieg und damit eng verbunden seine Angst vor Schande und Mißlingen zu lesen. Für den einen so wie für den anderen Helden – beide entstammen den unteren Schichten – handelt es sich darum, in die Hütten der Armen das Licht des Geistes und des Fortschritts – in dessen Genuß Peter eben erst gelangt ist – zu bringen, auch auf die Gefahr hin, mißverstanden und abgewiesen zu werden. Während Siegmar, der Dorfkönig, seine Gemeinde zu Blitzableiter und Feuerversicherung bekehren kann, erntet Ritter Hans, bzw. der Nagelschmied von Osterstadt, durch die übertriebene Aufklärungssucht des ungenügend gebildeten Autodidakten nur Spott und Schande.

Natürlich war Peter in diesen Ferien wieder fleißig im Gedichteschreiben – Hochdeutsch sowie Mundart. Ansonsten, wenn er nicht kreuz und quer durch die Steiermark wanderte, las er sehr fleißig. Diesmal war wirklich Adalbert Stifter mit den *Studien* an der Reihe, aber auch Björnson, Auerbach, Kleist, Chamisso, Jean Paul, und immer wieder sein großes Vorbild: Schiller. Ein amüsantes Detail: Peter gab dem Gelesenen Noten! Stifters *Studien* stehen mit einer Eins ganz oben, während *Hesperus* von Jean Paul nur eine Vier bekommt. Das *Leben Jesu* von Ernest Renan, ein Buch, in dem Christus einfach als ein von seiner Umwelt bedingter Mensch dargestellt wird und das er in der deutschen Übersetzung liest, bringt ihn in ein Dilemma: Er weiß nicht, ob er mit vier oder sechs benoten soll. Welche Verwirrung muß dieses Buch in ihm gestiftet haben!

Peter war also während dieser Ferien völlig ausgelastet. Schreiben, lesen, mit Freunden oder alleine wandern – von der häuslichen Misere der Seinen hatte er sich sichtlich schon distanziert. In der ersten Zeit, wenn er von Graz nach Hause kam, war er noch gerne bereit, Flickarbeiten oder Botengänge für die Familie zu übernehmen, auch bei der Ernte half er mit. Aber schon im Sommer 1866 widmete er sich mehr und mehr seinen eigenen Arbeiten und Studien, nicht zuletzt, weil ihm klar geworden war, daß die Bewirtschaftung des Kluppeneggs kaum mehr zu halten sein würde. Diese, von seiner dichterischen Berufung diktierte Haltung hinterließ jedoch tiefe Spuren in seiner Psyche, ja man könnte behaupten, daß sie die Grundlage für sein späteres Bekehrungswerk der Rückkehr zur Scholle abgibt: Was er damals, in den Jahren zwischen 1865 und 1870 für seine Familie zu tun unterlassen hat, wird ihm sein Über-Ich als ständiges Objekt der Sühne vor Augen halten. „Ich bin von meiner Familie der einzige, der so mißraten ist, daß er die seinigen verläßt und in die weite Welt zieht"[40], schreibt er 1870 an Brunlechner. Dem psychischen Ausmaß dieser Unterlassungssünde gemäß wird Roseggers dringlicher Ruf, von der Stadt aufs Land zurückzukehren, zur universalen Botschaft geraten.

Wie war nun die Lage der Familie Rosegger nach dem Verkauf ihres Anwesens? Nachdem man den Eltern mit den jüngsten Kindern zuerst gegen Mitarbeit einen Raum ihres ehemaligen Heimes zur Benützung überlassen hatte, fanden sie schließlich im „Ausgedinge", einem Häuschen an der Feistritz, Zuflucht. Während der Vater dank seiner Religiosität die schwere Prüfung mit Ergebung ertrug, war die Gesundheit der Mutter durch diese Schicksalsschläge schwer beeinträchtigt. Trotz ihres schlechten Zustandes hatte sie es sich aber nicht nehmen lassen, ihren Sohn dreimal in Graz zu besuchen. Ein erstes Mal schon im Frühjahr 1865. Peter, überglücklich, seine geliebte Mutter bei sich zu haben, führte sie in alle Kirchen und zum Schluß zum Fotografen, damit er ihr Bild immer bei sich habe. Auch seinen Wohltätern stellte er sie vor, die den zweiundzwanzigjährigen jungen Mann bei dieser Gelegenheit als Vorbild der kindlichen Liebe herausstrichen.

Der zweite Besuch zu Ostern 1866 nahm ein schlechtes Ende. Die kranke Frau brach auf der Straße zusammen und wurde ins Krankenhaus geführt. Vater Lorenz machte sich schwer betroffen zu Fuß auf den Heimweg, um das Fahrgeld zu sparen. Der dritte Besuch in Graz war ihr letzter Ausgang. Der Stand der damaligen Medizin war vor den Folgen eines Schlaganfalles noch recht hilflos. Man begnügte sich mit Essigumschlägen oder Hausrezepten, wie zum Beispiel einen Schluck Wein im Mund aufwärmen, ein Tuch damit befeuchten und es auf die Augen auflegen ...

Viel später, nach dem Tod seiner Mutter, wird Peter schreiben: „Der Sohn aber strebte in der fernen Stadt seinem Lernen, seinen Arbeiten, seinem jungen Ruhme nach, bis er eines Tages im Winter 1872 die Nachricht erhielt, daß seine Mutter gestorben sei.“[41]

## Durchbruch zum Dichtertum

Der Ruhm, von dem er hier nicht ohne Bitterkeit spricht, war 1868 noch nicht errungen. Immerhin war Peter damals schon fest davon überzeugt, daß er Dichter sein müsse, auch wenn die Wege zu dieser Laufbahn noch im Dunkel lagen.

„Ja, die Gedichte lobt man mir; man will Poesie und wirklich bedeutendes darin finden. Läßt sichs leben damit, möcht' ich fragen; oder darf ich mich erschießen, wenn ich ausgedichtet haben werde? Oh, besser poetisch zu sterben als prosaisch zu leben."[42]

Noch besser aber schien es Peter, weitere Schritte zur Verwirklichung seiner Dichterexistenz zu unternehmen, wie er es in dem Gedicht *Vermählung* der Göttin Poesie zugeschworen hat. Im Sommer 1868 kam Peter in Wien wieder mit August Silberstein zusammen, der inzwischen im *Volkskalender* einiges von ihm veröffentlicht hatte. Silberstein, der die Vorliebe des Publikums für Volkstümliches kannte, ermunterte ihn zur Zusammenstellung eines den obersteirischen Volkssitten gewidmeten Bandes. Peter schickte daraufhin seinem Förderer eine umfassende Auswahl von Dialektgedichten, Sittenschilderungen und Dorfgeschichten. Als dann endlich auf Roseggers ausgesprochenes Ersuchen die Antwort kam, so enthielt sie mehr Ratschläge als konkrete Vorschläge. Er möge auf alle Fälle die Dorfgeschichte vermeiden, Persönliches – und der Einfluß seines Mentors (!) – seien dort zu sehr spürbar. Die Mundartgedichte – sicherlich das Gelungenste von der Sendung – hatte Silberstein kaum durchgesehen.

Peter dankte höflich für die Ratschläge, aber im Grunde war er enttäuscht – und vorsichtig, indem er eine neue literarische Beziehung, die mit Robert Hamerling, als zufällig und nebensächlich hinstellte. Schon im Februar war Peter an den auf der Höhe seines Ruhmes stehenden Dichter – Verfasser der Epen *Ahasver in Rom* und *Der König von Zion* – herangetreten, und es wurde ihm gestattet, seine bisherigen Schriften zur Begutachtung vorzulegen.

Peter brachte alle seine Mundartgedichte samt seinem „Lieblingskind", *Gabriel Mondfels.* Nachdem Hamerling alles genau geprüft hatte, berief er den jungen Mann zu sich. Was *Gabriel Mondfels* betraf, so wäre Zuwarten besser gewesen; zu viel Emphase, zu wenig Distanz! Die Dialektgedichte fand er hingegen ganz vortrefflich, und er ermutigte Peter, hier weiterzumachen.

Seit dem Schulbeginn des Jahres 1868 hatte es Peter im Internat wieder besser. Franz Dawidowsky, der Direktor, überließ ihm einen winzigen, wohl ungeheizten Raum, der als Vorratskammer gedient hatte. In dem „Speckkammerl" konnte er, fern den lärmenden Schulkameraden, wieder zu sich finden. Dieses letzte Schuljahr – Peter war Gasthörer in der dritten und letzten Schulklasse – sollte auch für seine schriftstellerische Laufbahn ausschlaggebend sein. Alle Berufsangebote, die man ihm machte – zum Beispiel eine Anstellung als Sekretär eines Badearztes in Rohitsch-Sauerbrunn oder in der Firma seines Wohltäters Reininghaus –, erregten seinen ausgesprochenen Abscheu. Er kannte nur einen Wunsch: schreiben, von seiner Kunst und für seine Kunst leben.

Da Peter im März 1869 von August Silberstein noch immer keine konkreten Veröffentlichungsvorschläge hatte, bat er höflichst um die Rücksendung seiner Manuskripte. Zu gleicher Zeit schickte sich seine Beziehung zu Hamerling an, ein konkretes Ergebnis zeitigen zu wollen. Hamerling, der Peters Naturtalent richtig einschätzte, schlug dem Grazer Verleger Josef Pock einen Band Mundartgedichte vor, den er bereit war, mit einem Vorwort zu versehen. Pock war einverstanden, und am 6. Juni schon hielt Peter sein erstes gedrucktes Werk mit dem ansprechenden Titel *Zither und Hackbrett* in den Händen.

Im Vorwort wies Hamerling unter anderem auf die Bedeutung des Bandes für das Aufblühen eines literarischen Lebens in den Städten der österreichischen Provinz hin, denen viel daran gelegen war, sich von den Fesseln des übermächtigen Wien zu befreien. Für Mundartgedichte und Prosa prophezeite Hamerling seinem Schützling eine vielversprechende Zukunft.

Natürlich fand das Buch bei der *Tagespost* und den liberalen Kreisen günstige Aufnahme. Roseggers junger Ruhm sollte sich bald mit jedem neuen Band über diesen ersten Sympathie- und Achtungserfolg steigern und mehren, so daß er binnen kurzem der Steiermark liebstes Kind und deren unermüdlicher Verherrlicher und Propagator wurde. Man zeigte sich übrigens erkenntlich: Der steirische Landeshauptmann Moritz von Kaisersfeld bedachte den Dichter für die nächsten drei Jahre mit einem Stipendium von je dreihundert Gulden.

Am Ende seines letzten Schuljahres konnte Rosegger sicher sein, daß er dem so gefürchteten Joch eines bürgerlichen Berufes entgehen würde; und in einem – verständlichen – Freudentaumel sandte er Widmungsexemplare seines Buches nicht nur an die Freunde, sondern auch an hochgestellte Persönlichkeiten wie den Grafen Meran, Graf von Auersperg alias Anastasius Grün, den steirischen Minister Hasner und ... an Kaiser Franz Joseph. Dieses Exemplar ist heute noch in der Wiener Nationalbibliothek zu sehen.

An Marie richtete er folgende einsichtsvolle Zeilen: „Aber die Zeit hat manches besser gemacht, als ich es mir je zu wünschen getraute, sie hat mich in die Mitte meines Volkes gesetzt, das mir, dem einst so armen, armen Schneiderpeterl, jetzt freundlich die Hand reicht, und mich mit Freude und Aufmerksamkeit überhäuft. Es ist vielleicht noch manches Bauernbüblein in unserm lieben Oberlande, das so gut und würdig ist als ich, aber wenige werden sein, die auch so glücklich sind."[43]

Silberstein, der das Buch etwas lau aufnahm, konnte er am 8. Oktober desselben Jahres das Erscheinen eines weiteren Bandes mundartlicher Werke bei Pock ankündigen. Am 30. November schließt er sein Tagebuch mit der lakonischen, aber schicksalsschweren Bemerkung:

„Heute kam mein *Tannenharz und Fichtennadeln* heraus."[44]

Die Wette ist gewonnen. Seine Förderer haben sich nicht in ihm getäuscht, der „Bengel mit Bauernmanieren" wird bald ein berühmter und beliebter Mann sein! Mit seinen Autoreneinkünften und dem Stipendium steht Peter nun auf eigenen Beinen. Zuerst beeilt er sich, das schöne Zimmer bei Finanzrat Franz Frühauf, in dem sein Grazer Aufenthalt begonnen hat, wieder zu mieten. Aber diesmal mit Heizung und Verpflegung! Dann läßt er natürlich seinen Eltern einen Teil seines Geldes zukommen – fürderhin eine regelmäßige Verpflichtung für ihn. Die „Zähren" seiner Mutter waren nicht für einen Unwürdigen geflossen. Der Halterbub und Schneiderlehrling ist in der Stadt jemand geworden! Wenn er nach Hause kommt, so ist sein Platz am Stammtisch der Honoratioren. Vorbei die üble Nachrede mißgünstiger Nachbarn, vorbei die Schamhaftigkeit und Zaghaftigkeit in seinem Benehmen. Seine Bahn liegt klar vor ihm: Seiner obersteirischen Heimat moralisch auf die Beine helfen, ihre Schönheiten und Besonderheiten preisen und auf diese Weise heimzuzahlen versuchen, was er ihr schuldet. Fortuna lächelt ihm zu, Freude beflügelt sein Herz: Rosegger beginnt ein neues Leben, das Leben eines Dichters!

# *III.*
# *Der Sündenfall – Die Bedingung zum Aufstieg: 1870–1880*

„Strauchelt der Gute
und fällt der Gerechte,
So jubilieren die höllischen Mächte.“[1]

## DER WEG ZUR EHE

Fünf Jahre nach seiner Ankunft in Graz war aus dem armen und unbeholfenen jungen Mann ein Autor geworden, den man kannte, las und liebte. Seine Feuilletons und Reiseberichte erschienen in der Presse des gesamten Habsburgerreiches und sogar über dessen Grenzen hinaus, in Stuttgart, Breslau, Braunschweig usw.

Die lokalen Adelsfamilien und Honoratioren luden ihn auf ihre Schlösser und Hammerhöfe ein, wie zum Beispiel das Landesausschußmitglied Johann von Reicher auf Schloß Wasserberg oder Baron Seßler nach Sachendorf, und auf geselligen Abenden begann man Rosegger als launigen Interpreten seiner Prosa zu schätzen. Er verkehrte im literarischen Salon von Margarete Halm in Graz, und die Gräfin Meran weihte ihn in die näheren Umstände ihrer Brautzeit mit Erzherzog Johann ein. Eines aber fehlte zu seinem Glück: ein weibliches Wesen, das an seiner Seite Leid und Freud mit ihm teilte.

1870 klagt er seinem Freund Brunlechner: „Gestern war ich auf einem Commers academicus (...). Sie sprachen und sangen so schön vom Vaterland, von Liebe, von Freundschaft (...). Und ich war allein mitten in der brausenden Freude (...)."[2]

Peter unterschied sich von den meisten jungen Männern seines Alters durch eine sehr hohe Auffassung der Liebe, die er nur möglich sah, wenn Körper und Herzen vollkommen harmonierten. So kam es, daß er in seinem relativ vorgeschrittenen Alter noch hin- und hergerissen war zwischen den weiblichen Reizen Marias, die ihm zwar ihre Hand verweigert, aber ihre Sympathie und noch mehr angeboten hatte, und der Herzensbruderschaft mit seinem „alter ego", August Brunlechner, der leider den gravierenden Fehler hatte – kein Mädchen zu sein!

Seine Beziehung zu Maria beruhte eigentlich auf einem Mißverständnis – ihre Gefühle bewegten sich nicht auf derselben Ebene, sie liebten sozusagen „aneinander vorbei". Als unkompliziertes, einfaches Bauernmädchen wäre sie einem kleinen – landesüblichen – Abenteuer nicht abhold gewesen; die lyrischen Herzensergießungen ihres Verehrers entlockten ihr jedoch nur ein mitleidiges Schmunzeln, so wie sie den allzu Zauderhaften mit dem wenig schmeichelhaften Spitznamen „Hieronymuserl" bedachte. Er hingegen widmet ihr ein Gedicht, aus dem deutlich die Kränkung über ihr mangelndes Verständnis für seine erhabenen Ansprüche – in der Dichtung wie in der Liebe – hervorgeht:

„Heb' dich weg und küß mich nicht! / ... Blick mich nicht an! / (...) Berühr' mich nicht! / Ich weiß, mein Kind, / Du liebst mich nicht. / Und ist nicht auch die Seele mein, / Den Leib allein, / Den mag ich nicht."[3]

Immerhin hat Rosegger noch lange darauf gehofft, auch das Herz seiner Schönen zu erobern, und ihre Abweisung von 1866 hat ihn viel tiefer getroffen, als er zugeben will. Noch 1904 ist in seinen Erinnerungen die Verletzung spürbar, wenn er behauptet, daß sein Heiratsantrag

1866 nur die konsequente Einhaltung seines verpfändeten Wortes gewesen sei, also eine Sache der Ehre, und nicht eine Sache der Liebe. Die bedeutende Rolle, die Maria im Roman *Gabriel Mondfels* zukommt, und die Tatsache, daß Rosegger einen Augenblick lang mit der Idee gespielt hat, als Freiwilliger in die auf Königgrätz marschierende Armee einzutreten, beweisen sprechend das Gegenteil. 1904 erwähnt er die „Festgeschlossenheit (ihrer ...) Naturen", die kein wahres Verständnis hätten aufkommen lassen, und erklärt sich beeindruckt davon, daß „die gute, brave Maria ... sich von einem poetischen Liebeswoisler nicht aus dem Häusel singen ließ"[4]; aber genau diese Unbeeindruckbarkeit Marias war es, die der Liebe im Wege stand, denn Rosegger konnte nur dort lieben, wo ihm als Künstler Verehrung entgegengebracht wurde. Marias Weigerung, ihr Herz einem Mann zu schenken, bei dem geistige Qualitäten für die fehlenden körperlichen entschädigen sollen[5], wird bei Rosegger zum Entstehen eines Phantasmas beitragen, das wir die „Verdoppelung des Ichs" nennen wollen: Zwei Männer stehen einander gegenüber, meist im Streit um eine Frau. Der eine ist kräftig, robust, aber zur Gewalttätigkeit neigend; der andere zart, verletzlich, aber geistig höherstehend. Diese Doppelgängerkonstellation wird in den Schöpfungen um 1870 ihren Höhepunkt erreichen, um dann in den späten Romanen *Die Försterbuben* und *Die beiden Hänse* noch einmal aufzutauchen.

Vorerst aber, nach Marias Abweisung, bleiben Körper und Seele in ungestillter Erwartung. Ein Gefühlsmanko, das teilweise zumindest von dem jugendlich-leidenschaftlichen Verhältnis zu Brunlechner, dem wahren Herzensfreund, dem Zeugen seiner intimsten Regungen, ausgeglichen wurde. Ihm „in die blauen Augen sehen", war für Peter ein tägliches Bedürfnis, so wie er fast täglich an ihn schrieb, als „Emil" zu Studienzwecken Graz verließ.

„Wenn ich zu Dir, Emil, spreche, kommt es mir immer vor, als rede ich mit mir selbst“[6]; und genau das ist es, was Rosegger in der Freundschaft und in der Liebe braucht, wenn er sich geborgen fühlen soll: Das Gefühl, daß man ihm blind vertraut und daß man ihm – seitens weiblicher Partner vor allem – eine gewisse unterwürfige Bewunderung zollt. In den Zukunftsträumen, die Peter spinnt, malt er sich ein trautes Heim zu dritt aus: Entweder verzichtet er auf Weib und Kind, um sich „dafür inniger an die warme Freundesbrust (zu lehnen)“[7] und sich am Glück des Freundes zu freuen, oder er stellt sich Brunlechner in einer analogen Rolle vor: „... möchte ich ein Häuschen, einen oder zwei Freunde darin, (für Frau und Kind) würde sich auch noch ein Plätzchen finden.“[8]

Kein Zweifel, daß diese Beziehung bei Rosegger homoerotischen Charakter besitzt. Als er sich fünf Jahre später, November 1872, verlobt, steht ihm dieser etwas kindlich-naive Wunsch nach einer resignativen Dreierverbindung noch lebhaft vor Augen; und um sich für den „Verrat“ am Freunde zu entschuldigen, macht er das ehemals genossene Glück für seinen Schritt verantwortlich:

„Du bist schuld an meiner Verlobung. Ich habe ein Jahr an Deiner Seite gelebt; wir zwei haben eine kleine Familie im häuslichen Glück gebildet; es war eine schöne, herzerquickende Zeit. Da gingst Du plötzlich fort, und nie hat mich die Sehnsucht nach einem lieben Herzen, das beständig bei mir sein kann, mächtiger erfaßt.“[9]

In einem Gedicht mit dem aufschlußreichen Titel *Er will mich nicht verstehen* geht Peter sogar so weit, daß er die abweisende Haltung des Freundes seinem Werben gegenüber bedauert und beanstandet: Zuerst schickt ihm der Dichter eine bebänderte Blume, mit der der Freund nichts anzufangen weiß, dann küßt er eine Rose und reicht sie ihm, damit er das gleiche tue – der Freund belächelt diese Grille –, und auch der Traum, in dem die Rede ist von einem Häuschen für die zwei Freunde, trifft auf kein Verständnis; wenn dann gar der Dichter die Arme für ihn ausbreitet und der andere ungerührt bleibt, so wird er endlich böse:

„Ei wäre ich Mädchen, / Des Nachbar's jung' Gretchen, / Er tät nicht so spröd, / Er fragte nicht warum? / Er würde mich verstehen!"[10]

So erstaunlich diese Aufschlüsse sein mögen, sie sind letztlich nichts anderes als etwas verspätete pubertäre Anwandlungen, die umso deutlicher Gestalt annehmen konnten, als Peter seine Gefühle, deren Gegenstand eigentlich Maria gewesen wäre, abgebremst und verdrängt hatte. Der Trieb verlangte nichtsdestoweniger nach Befriedigung.

„Bist doch kein Knab' mehr – am Ende fordert's doch die Gesundheit. So ein kleiner Aderlaß regt und frischt alle Nerven auf ... Not tut dir ein solcher Aderlaß, sonst trifft dich noch der Schlag"[11], zischelte man ihm, nach *Gabriel Mondfels* zu schließen, im Institut ins Ohr. Dem Drängen seiner in dieser Hinsicht erfahreneren Freunde nachgebend, entschließt sich Peter – den Warnungen Svobodas zum Trotz – es aller Welt gleichzutun und dem Bedürfnis nachzugeben. Im Mai 1867 berichtet er „Emil" von seinem Abenteuer, das den Zweck aber letztlich nicht erfüllt, da er sich nicht entschließen konnte, den „Lebenssamen an ein Tier zu vergeuden".

„Nein", gesteht er dem Freund, „diesen Weg kann ich nicht mehr einschlagen, um dem Interesse des Sterblichen zu entsprechen, aber", zieht er die Lehre aus dem Ganzen: „Nächstes Mal – gehe ich – zum Liebchen."[12]

Das Liebchen ist es zwar noch immer nicht, das Peter einweihen sollte, sondern eine junge Frau namens Rosa Hillenbrand, eine Verehrerin des Dichters und selbst der Muse ergeben. Wahrscheinlich haben gerade diese beiden Eigenschaften dem Zögernden geholfen, seine Hemmungen zu überwinden. Nichtsdestoweniger beeilt er sich, „Emil" mitzuteilen, daß er diese Beziehung abgebrochen hat, denn er „liebte das gute Mädchen ja nicht".

Trotz dieser Beteuerungen taucht der Name Fräulein Hillenbrands ein ganzes weiteres Jahr in seinem Tagebuch und seinen Briefen immer wieder auf. Dank der Rolle, die sie in Roseggers Leben gespielt hat, wird sie ihm im Werk zur Verführerin, zur „Buhlerin" in Person, die ihren Namen in verschiedenen Varianten mancher weiblichen Hauptperson leiht. Rosegger hat dieses Erlebnis in *Gabriel Mondfels* ziemlich realistisch geschildert. Fräulein Hillenbrand heißt dort Himmelbrand. Vor dem entscheidenden Schritt hört er alle guten Geister ihn rufen: „Seine Lämmleinschar hörte er blöken, als wollte sie ihn wieder zurückhaben. Das helle Dorfglöcklein mahnte ihn wie die Stimme Gottes, und dazwischen gellte der Mutter Angstruf um den verlorenen Sohn."[13]

Daß Liebe und körperliche Befriedigung sich bei ihm nicht vereinen konnten, scheint in Roseggers Seele ein Trauma verursacht zu haben, das ein älteres Schockerlebnis aus der Kindheit überlagerte und verstärkte. Mit zwölf Jahren, erzählt der Dichter in seinen Erinnerungen, hätten ihn, den noch unschuldigen Knaben, Burschen aus seiner Umgebung, zum „Fensterln" mitgenommen und Zeuge der intimen Ereignisse sein lassen. Eine Welt sei damals eingestürzt – nicht zuletzt deshalb, weil die Prüderie seiner Zeit sie zum Einsturz prädestinierte … Immerhin ist Peter zutiefst davon betroffen, „gesündigt" zu haben, und sogar später noch, wo er selbst schon Vater ist, wird er diesen Ideenkomplex nur sehr langsam verarbeiten können, von dem ihm die ständige Überzeugung bleibt, daß die Erbsünde ausschließlich auf diesem Gebiet anzusiedeln ist.

„Der Mythos vom Sündenfall ist das Einzige im Alten Testament, dem ich eine metaphysische Wahrheit zugestehen kann, ja er ist es allein, was mich mit dem Alten Testament aussöhnt. Nichts anderem nämlich sieht unser Dasein so ähnlich, wie der Folge eines Fehltrittes und eines strafbaren Gelüstens“[14]; aber, fügt Rosegger, der sich inzwischen mit seiner Physis ausgesöhnt hat, hinzu: „Ich denke, daß es besser ist, mit der Natur keine Händel anzufangen, sie bleibt doch unter allen Umständen die Stärkere.“[15]

Diese Gefühlswirren wirken sich auf Roseggers Befinden negativ aus. Er klagt über Schmerzen in der Brust, neurasthenische Zustände – ein Symptomkomplex, der schlagartig behoben wird, als er im Juni 1872 Anna Pichler kennen- und liebenlernt, in der sich endlich alle seine Hoffnungen verwirklichen. Sie ist die Tochter eines Grazer Hutfabrikanten und begeisterte Leserin des jungen Dichters. Ihrem Balldebüt hatte sie eine Reise nach Alpl, zum Geburtshaus ihres Lieblings vorgezogen, wo sie es nicht verabsäumt, einen Reisigkranz auf das Grab seiner vor kurzem verstorbenen Mutter niederzulegen. Rosegger, der von Freunden über die schmeichelhafte Visite unterrichtet war, weigert sich, Anna und ihre Begleiterin nach Alpl hinaufzuführen, ist aber neugierig genug, sich am Weg zu verstecken und die beiden jungen Frauen beim Vorübergehen zu beobachten. Da es ihm die Jüngere angetan hat, verläßt er sein Versteck und stellt sich vor. Nicht lange danach schreibt Rosegger an seine Eroberung:

„Es ist mir in meinem glücklichen Leben schon manche schöne Ehre erzeigt worden, aber keine hat mich so an meinem Herzen gepackt, als wie Sie es durch Ihren Besuch meines Geburtshauses und meiner Mutter Grab verstanden haben.“[16]

Schon im November wird die Verlobung gefeiert, und Peter kann die Freunde an seiner Erleichterung teilhaben lassen: „Nun weiß ich wieder, wofür ich lebe und strebe, nun kenne ich meine Bedeutung, in Annen habe ich mich selbst endlich gefunden."[17]

An Brunlechner wird das noch intimere Geständnis gerichtet: „Mein räthselhaftes Unwohlsein war wie ein Aufschrei der Natur nach einem und dem einzigen, das ich nun besitzen werde."[18]

Die Hochzeit war für den folgenden Mai angesetzt, aber wie peinsam lang schien dem Bräutigam die Wartezeit!

Die Schwiegereltern ließen es dem jungen Paar in ihrer Dreizimmerwohnung an der Mur an nichts fehlen, und Rosegger genoß mit Anna ein vollkommenes Glück. Sie wiederum ließ es an der unabdingbaren Bewunderung für die Arbeiten ihres Gatten nicht fehlen – eine Haltung, die Rosegger mit Nachdruck und etwas autodidaktischer Übertriebenheit in den autobiographischen Roman *Oswald und Anna* übertragen hat. Dort übernimmt er zwar getreulich aus der Realität die „Wallfahrt" des jungen Mädchens an den Geburtsort ihres Lieblingspoeten, verbrämt sie aber mit verschiedenen, symbolträchtigen Details. So entwendet zum Beispiel die Besucherin in der „Heimatshütte" als Souvenir und „Reliquie" einen Strohhalm aus Peters Bettstatt und trinkt mit Andacht aus der alten, verschwitzten Kopfbedeckung ihres Idols, die sie sich von dessen Vater ausgebeten hat und in der ihr der noch unerkannte Begleiter Oswald Quellwasser reicht.

Die Verehrung, die eine Frau für ihren Mann hegt, kann bei Rosegger – im Leben wie im Werk – nie groß genug sein und ist erst jene Eigenschaft, die sie ihm liebenswürdig im wahrsten Sinne des Wortes macht.

„Heute beglückt dich ihrer Liebe zitternde Ergebung, morgen berauscht dich ihrer Liebe Glut, aufs Jahr beseelt dich ihr Mutterglück ... In aller Zukunft bleibt dir ihre Treue: sie lebt für dich, sie duldet für dich, sie stirbt für dich ... Du liebst sie, weil sie deine Lust ist, sie liebt dich, weil sie für dich leiden wird. Welche Schätze, um dich zu beschenken dein Lebtag lang!“[19]

Freunde des Paares berichten, daß Anna ihren häuslichen Pflichten mit einem Buch in der Schürzentasche oblag – meist war es Lessing, und der glückliche Gatte wußte ihre Aufmerksamkeit zu schätzen, mit der sie über die zu seinem Schaffen notwendige Ungestörtheit wachte. Wenn er aber aus dem Arbeitsraum trat und sie ihm strahlenden Blickes entgegenging, ihm ihre Arme auf die Schulter legte und bewundernd und vertrauensvoll zu ihm aufblickte – wer sollte da nicht glücklich sein?

Anna entsprach nicht nur in jeder Hinsicht dem Bild, das sich Rosegger von der Gattin und Hausfrau machte, sondern erfüllte auch alle seine Wünsche als Frau des Künstlers, die diesen als solchen zu würdigen weiß.

Was nun beim ersten Hinsehen als „Sündenfall“ erschienen war, wurde nach und nach durch das Sakrament der Ehe und die Gemeinschaft der Gemüter als geheiligter Akt besiegelt, der durch die Geburt eines Kindes seine letzte und höchste Bestätigung in der gewählten Bahn, der des Lebens, der Generationenfolge, erhielt. *Das Leben siegt* ist auch der Titel einer Novelle aus dem Jahre 1875, die diese Haltung resümiert. Von nun an wird das Zölibat der Priester dem Dichter mehr und mehr als eine der Natur nicht gemäße Forderung erscheinen.

## Gustav Heckenast – Freund und Verleger

Dieser Lebensabschnitt, der in der Eheschließung und der Vaterschaft kulminierte, war auch eine der glücklichsten und fruchtbarsten Schaffensperioden Roseggers. Nach dem Erscheinen seiner ersten Bücher bei den Grazer Verlegern Pock und Leykam trat Rosegger mit jenem Mann in Verbindung, der zu seiner Entfaltung als Mensch und Künstler nicht unwesentlich beitrug. Im Oktober 1869 schon hatte sich Peter an den Verleger Gustav Heckenast in Pest mit der Bitte gewandt, ob es nicht möglich wäre, ihm Stifters Werke zum Selbstkostenpreis zu überlassen. Heckenast, der trotz ausbleibender Erfolge diesen von ihm hochgeschätzten Autor getreulich weiterverlegt hatte, freute sich, die kleine Stiftergemeinde vergrößert zu sehen, und sandte dem jungen Bewunderer nicht nur die verlangten Werke, sondern auch den Briefwechsel zwischen ihm und dem vor kurzem verstorbenen Dichter. In der Atmosphäre gemeinsamer Stifter-Verehrung entstand nun eine freundschaftliche Beziehung, die die Zeitspanne bis zum Tode Heckenasts im Jahre 1878 für Rosegger unter das Zeichen einer doppelten Beeinflussung stellte: die Stifters, was den künstlerischen und ästhetischen Fortschritt betrifft, und die Heckenasts in bezug auf Roseggers politische Einstellung.

Das Ideengut dieses liberalen Achtundvierzigers – Protestant und habsburgerfeindlich – blieb nicht ohne Wirkung auf Roseggers Werk. Es fand unter anderem seinen Niederschlag in den zahlreichen Porträts von jungen Männern, die mehr oder weniger erfolgreich in revolutionäre Ereignisse verstrickt sind. Auch die sozialagitatorische Note der Jugendwerke ist wahrscheinlich zum großen Teil auf diesen Einfluß zurückzuführen.

Heckenast wurde nun für geraume Zeit Roseggers Verleger. Schon 1871 erschienen bei ihm *Geschichten aus der Steiermark* und *Wanderleben;* 1872, als besonders ertragreiches Jahr, brachte *Volkslieder aus Steiermark*[20], *Gestalten aus dem Volke der österreichischen Alpenwelt* und den autobiographischen Roman *In der Einöde;* 1873: *Geschichten aus den Alpen;* 1875: Roseggers meistgelesenes Werk, *Die Schriften des Waldschulmeisters,* und dazu *Sonderlinge aus dem Volke der Alpen.* 1876 folgten die zwei weitgehend autobiographisch inspirierten Novellenbände *Streit und*

*Sieg,* und 1877 beschloß der Band *Waldheimat* die Reihe, die geraume Zeit später, nach Heckenasts Tod, neugruppiert und bearbeitet, die ersten zwölf Bände bei Hartleben in Wien ergeben sollten.

Ganz unzweifelhaft kommt dem Mentor Heckenast das Verdienst zu, Rosegger in seiner Bahn als Dorf- bzw. Hochlandgeschichtenschreiber und Sittenschilderer bestätigt und mit seinem künstlerischen Rat begleitet zu haben. Roseggers Technik bleibt, einmal erarbeitet, wesentlich dieselbe: Von einem als reell geltenden Faktum ausgehend wird die Handlung linear im Ton des oralen Erzählens aufgerollt. Rosegger schlüpft in die Rolle des ländlichen Geschichtenerzählers, der am Winterabend seine Zuhörer zerstreut, belehrt, belustigt und – gruseln macht. Psychologisch eindimensionelle Zeichnung der Figuren, vordringlicher Gebrauch des Präsens oder Perfekts, Verzicht auf Perspektivenwechsel oder Rückblenden charakterisieren das Verfahren. Trotz des glättenden Einflusses der Stifter-Lektüre läßt sich Rosegger noch leicht von seiner „Schneiderphantasie“, wie Latzke das nennt, hinreißen. Auch seine Vorliebe für ländliche Originale ist nicht zu leugnen, und nicht zufällig geraten ihm seine Modelle aus der Alpenwelt immer wieder zu Sonderlingen.

1872 wird ihm eben zum Vorwurf gemacht, daß er in seinen *Gestalten aus dem Volke der österreichischen Alpenwelt* in Übergehung des Landmannes eher Ausnahmetypen gezeichnet hat; aber Rosegger ist hier zu entschuldigen: Diese Auslassung erklärt sich dadurch, daß er schon 1870 in seinen *Sittenbildern aus dem steirischen Oberlande* vom Leben und Wirken des Bauersmannes Rechenschaft gegeben hat, dem Wunsch der steirischen Behörden gemäß, die ihren Stipendiaten mit der Bestandsaufnahme der ethnologisch interessant gewordenen oberländischen Sitten und Gebräuche beauftragt hatten. Diese Sammlung kam dann im Jahre 1875 in erweiterter und neu bearbeiteter Form abermals heraus unter dem seither durch zahlreiche Neuauflagen bekannten und besiegelten Titel *Volksleben in Steiermark, in Charaktern und Sittenbildern dargestellt.*

Wer das altväterliche Leben im steirischen Oberland kennenlernen will, wird in diesem Werk sowie in den *Waldheimat-Geschichten* die meisten Aufschlüsse darüber finden. Im Gegensatz zu seiner späteren Haltung, da Rosegger seine volkserzieherischen Absichten auch auf die Landbevölkerung ausdehnt, beschränkt er sich hier noch darauf, mit den Augen des liebevollen Betrachters eine dem Untergang geweihte Lebensform zu beschreiben, ohne jedoch die Ingredienzen eines Allerweltheilmittels aus ihr herauszudestillieren und anzupreisen. Wenn Rosegger in diesen Schaffensjahren Kritik übt, so nicht in seinen von Fantasie und Laune geprägten ländlichen Schildereien von Land und Leuten, sondern eher in den romanhaften Werken, die stark persönliche Züge aufweisen.

## Zweiter Anlauf zum autobiographischen Roman

Da Rosegger unter Heckenasts Einfluß und Stifters Einwirken schließlich einsah, daß *Gabriel Mondfels* mit seinen pubertär-egozentrischen Anflügen nicht veröffentlichungsreif war, machte er sich daran, seine eigene Epopöe, den Aufstieg vom armen Hirtenknaben zu Glanz und Ehren, ein zweites Mal in die Romanform zu zwingen. Wie der Titel dieses Werkes, *In der Einöde,* besagt, wird diesmal nicht Gabriel alleine im Vordergrund stehen, sondern auch das Land der „Hinterwäldler", ohne Schule, ohne Kirche, wo das geistige und körperliche Dahinvegetieren die Menschen zur schönen Ausformung der christlichen Tugenden des Beharrens und Entsagens bringt ... Die Eltern Gabriels, Klara und Heidepeter, sind solche von der irdischen Mühsal geplagten Dulder- und Büßergestalten. Mit stoischer Ergebung erfüllen sie ihr freudloses Tagwerk – ein Kampf, in dem Klaras Konstitution – ganz der roseggerschen Wirklichkeit entsprechend – letztlich unterliegt. Im Gegensatz zu dieser hat der Autor jedoch seine zahlreichen Geschwister zu einer einzigen Schwesterfigur, Regina, reduziert, der er alle brüderliche Liebe widmet.

Diese armselige Gemeinde stöhnt unter der Willkür des aus der Ferne geführten, aber herzlosen Regiments des Grafen Frohn (!), der seinen einzigen Sohn wegen zu progressistischer Anschauungen enterbt und sich um die Tochter, die ihm ein armes Hirtenmädchen dereinst geschenkt hat, nie gekümmert hat. Natürlich kommt dieser „Duodeztyrann" zum guten Ende und nicht zuletzt durch einen Bauernaufstand zur Einsicht: Er schließt Frieden mit seinem Sohn und läßt seine blinde Tochter, die der Blitz erschlagen hat, im Schloß beerdigen.

Gabriel Heidepeters Geschick hingegen wird von denselben Faktoren bestimmt, wie das von Gabriel Mondfels: ein Gefühl des Andersseins, das zur oppositionellen Haltung anwächst, Verlassen der Heimat in der festen Absicht, alles daranzusetzen, letztere aus ihrer Unmündigkeit zu erlösen. Leider aber weichen die farbigen und so realistischen Details, die *Gabriel Mondfels* ihren Reiz verliehen, hier einem pedantischen Schematisieren. Wohl erscheint wieder der Schulmeister, Michael Bieder, der von Gabriels Eltern aufgenommen wird, aber keine Spur von Gabriels religiösen Ambitionen – eine Auslassung, die wahrscheinlich auf Heckenasts Antiklerikalismus zurückzuführen ist – noch vom pittoresken Internatsleben und von Gabriel Mondfels' schulischen Anstrengungen, das versäumte Bildungsgut aufzuholen. Hier begnügt sich der Autor damit, den Bildungsdrang Gabriels kurz zu skizzieren, um ihn dann relativ bald in die Stadt zu entlassen, wo Gabriel sich schwört, nicht eher zurückzukehren, als bis es ihm möglich sein wird, die sich selbst gestellte Aufgabe der Emanzipierung seiner Landsleute zu erfüllen.

Aus der Beschreibung der Stadt ist schon jene Tendenz herauszuspüren, die von Mißtrauen und Abneigung des adaptionsunfähigen Landbewohners zur radikalen Verwerfung im Weltgiftklischee anwachsen wird, eine Haltung, die schon hier Roseggers Beobachtungs- und Wiedergabefähigkeit diesem Milieu gegenüber zu beeinträchtigen beginnt. Immerhin preist Gabriel hier noch in einem Brief an die Seinen im Walde das Glück, das ihm zuteil wird, in der Stadt lernen und sich bilden zu können. Anstatt aber wie in *Gabriel Mondfels* ein anschauliches Bild von diesen Bemühungen zu geben, werden hier die philosophischen und religiösen Zweifel abgehandelt, von denen auch wesentlich in Gabriels Gesprächen mit Rudolf, dem abtrünnigen Sohn des Grafen Frohn, die Rede ist. Eine doppelte Liebesgeschichte zeichnet sich ab: Gabriel und Rudolf verlieben sich beide in die blonde Hedwig, die blinde Bettelsängerin, die mit ihren Liedern aus der Heimat die Herzen rührt. Bevor wir aber von der wahren Abstammung des Mädchens erfahren, hat sich das Geschick der Einödeleute erfüllt. Der Hof von Heidepeter und Klara wurde versteigert, sie selbst vom neuen Besitzer verjagt, Klara ist erblindet, das Paar irrt nun heimatlos im Gebirge umher. Die Bauern haben sich gegen Frohn erhoben, was Gabriel nach seiner Rückkehr Gelegenheit gibt, als gemäßigter Mittler zwischen der tyrannischen Herrschaft und seinem Milieu zu wirken. Zu guter Letzt finden alle Protagonisten am Sarg der im Schloß aufgebahrten Hedwig zueinander. Gabriel, geläutert und gereift, erbittet vom Grafen das Vorrecht, sich als Schulmeister inmitten der Gemeinde niederzulassen, um dort sein emanzipatorisches Vorhaben zur Durchführung zu bringen.

Der Waldschulmeisterkomplex, der sich schon in einigen früheren Texten wie *Der Dorfkönig* und *Der Dorfschulmeister*[21] angekündigt hat, tritt hier klar zutage, bevor er im Roman von 1875 seine definitive Ausformung erhalten wird. Auch in den *Schriften des Waldschulmeisters* ist der sozial-anklägerische Ton noch sehr spürbar, ebenso wie in jenem dritten Werk, das den Schulmeister als Aufklärungsträger bei den Waldbewohnern in Szene setzt: die Novelle *Der Adel auf dem Dorfe.*

Die Schaffensperiode, von der hier die Rede ist und die sich im großen und ganzen bis zur zweiten Eheschließung Roseggers erstreckt, ist ganz ausgesprochen die der großangelegten, für des Autors Psyche so aufschlußreichen Fiktionen. Später dann wird Rosegger sein Romanwerk, trotz immer zahlreicherer äußerer Bekenntnisse, von der Zufuhr durch sein spontanes Innenleben abschirmen und, anstatt mit authentischen Erlebnissen, mit zu Artefakten geronnenen Erinnerungen speisen. Noch ist dies nicht der Fall, noch wird Roseggers Werk ungehindert von den Quellen des tiefen Bewußtseins genährt, ein Zustrom, der sich in folgendem, immer um dasselbe Anliegen kreisenden Fantasiekomplex kristallisiert: Ein junger Mann, arm und ungebildet, verläßt seine Heimat auf dem Lande – ein Schritt, der als Verrat fungiert –, erlebt die Stadt, erhält dort die Grundlagen der Bildung, die er dann seinerseits in einem resignativen Akt der reuigen Selbsterlösung den in der Unkultur verbliebenen Landsleuten zukommen lassen kann.

Dieses Weggehen von der Heimat kann auch als gefährdend dargestellt werden und den Untergang des Helden nach sich ziehen. *Zenzi der Nachtwächter, Herrschersepp* und *Herrensepp* sowie als späteres Echo die Gestalt des Jackerl im Roman *Jakob der Letzte* illustrieren diese Gefahr und zeugen mit Nachdruck davon, wie lebhaft Roseggers Reue über die Aufgabe der Seinen Jahre nachher noch wirkt.

In einem anderen Komplex von Erzählungen kommt Roseggers Bedauern über die Nichterfüllung der in ihn gesetzten religiösen Erwartungen, über den Verzicht auf die religiöse Laufbahn zum Ausdruck, und hier wird meist der Schluß gezogen, daß das Priestertum mit der Forderung des Zölibats dem Sinn des Lebens widerspricht, ja sogar eine wesentliche Beeinträchtigung des Seins darstellt.

Eine letzte Werkkategorie, von der schon die Rede war, soll hier nochmals erwähnt werden. Es handelt sich um Erzählungen, in denen Rosegger zur besseren Darstellung der verschiedenen Facetten seines Ichs den Schwerpunkt der Handlung auf zwei Hauptfiguren verteilt. Wenn in *Lex von Gutenhag* aus dem Jahre 1871 die zwei Burschen – der schüchterne Bauernsohn und der freisinnige Kosmopolit – einander die Waage halten, so fallen die meisten anderen Geschichten dieser Bauart zum Vorteil des körperlich Schwachen, aber fein und künstlerisch Veranlagten aus, dem ein Herkules mit triebhaften Anlagen gegenübersteht.

## Hohe Zeit für Freundschaft und Arbeit

Diese so fruchtbaren Schaffensjahre waren noch ganz unbeschwert von den Verpflichtungen, die etwas später als einem Mann der Öffentlichkeit und des Literaturbetriebs auf ihm lasten werden.

„Freund, ich lebe eine glückliche Zeit; es ist ein Hochgenuß, arbeiten und nichts als arbeiten zu können. Ich bin fast Tag und Nacht am Schreibtisch, verhaßt ist mir die Schlafenszeit, ich ruhe aus im Schaffen“[22], gesteht er dem Wiener Schauspieler Rudolf Tyrolt im November 1870; die reiche, wesentlich von Heckenast eingebrachte künstlerische Ernte bezeugt es. Fruchtbar war diese Zeit auch im Bezug auf neue Freundschaften. Während ihm Hamerling,

Heckenast und Svoboda unentwegt treu zugetan blieben, schloß sich Rosegger in Wien dem soeben auf den Volksbühnen debütierenden Rudolf Tyrolt freundschaftlich an. In Wien, wo er in der Familie seiner blinden Freundin aus Krieglach und Tante des berühmten Schauspielers Otto von Sommerstorff, Julie von Wampl-Sommerstorff, verkehrte, wurde er in die literarischen und künstlerischen Kreise der Stadt eingeführt. Die Burgtheaterautoren Mosenthal und Bauernfeld waren für ihn keine unbekannten Größen.

Zu Beginn des Jahres 1871 stand er wie ganz Wien unter dem Eindruck des Stückes eines Unbekannten: *Der Pfarrer von Kirchfeld,* in dem die Probleme des Kulturkampfes zum Zeitpunkt der Aufhebung des Konkordats und des päpstlichen Unfehlbarkeitsdogmas so frappant zusammengefaßt waren. Wer war wohl dieser Gruber, den man als Autor nannte? Bevor Rosegger ihn kennenlernte, erlebte er einige Unannehmlichkeiten mit dem im ganzen Habsburgerreich gespielten Drama. Da die weibliche Hauptfigur an einer markanten Stelle des Stückes sein Gedicht *Darf i'hs Diandl liabn?* sang, war das Publikum felsenfest überzeugt, daß sich hinter dem Pseudonym Gruber der Name Rosegger verbarg! Tatsächlich war auch Rosegger ungefähr zu dieser Zeit damit beschäftigt, eine seiner Novellen, die ebenfalls von der Versuchung eines jungen Pfarrers durch die Liebe handelte, für die Bühne zu bearbeiten. Die strikte Ablehnung, die das Elaborat aber seitens seines literarischen Gewissensrates Svoboda erfuhr, und der tiefe Eindruck des *Pfarrers von Kirchfeld* überzeugten Rosegger, das Manuskript zu verwerfen. Er konnte also mit bestem Gewissen die Glückwünsche der Bewunderer als unangebracht zurückweisen. Das etwas peinliche Mißverständnis klärte sich erst auf, als der Autor, Ludwig Anzengruber, sein Inkognito lüftete. Rosegger hatte sich das Drama schon dreizehnmal angesehen, und als Anzengruber zur zwanzigsten Vorstellung nach Graz kam, entstand zwischen den beiden Volksdichtern eine spontane Freundschaft.

„Wir zwei müssen alleweg zusammenhalten ... Wir verstehen uns ja so hübsch, und die Leut' mögen uns auch"[23], schreibt Rosegger an den neuen Freund, dessen ländliche Inspiration kurioserweise ausschließlich in der Großstadt Wien Nahrung fand. Jedoch sollte sich die Beziehung zwischen den beiden Männern später lockern. Der Antiklerikalismus, ja Atheismus des Wieners paßten immer weniger zum religiös und national angehauchten Liberalismus Roseggers. Anzengruber sagte von Rosegger: „Er ist eben der schreibende Bauer."

Mit Anzengrubers Sympathie gewann der Dichter auch sehr bald die des bärbeißigen Wiener Feuilletonisten Friedrich Schlögl, Freund Anzengrubers und unermüdlicher Sittenrichter der Wiener. Die drei Männer schlossen die „Tripel-Allianz", die regelmäßig bei Roseggers damals relativ häufigen Wienreisen feuchtfröhlich besiegelt wurde; was Schlögl betrifft, so kam es auch zu Besuchen und Ausflügen in die Steiermark, im Gegensatz zum Dorfdramenautor Anzengruber, der für das Land so gar nichts übrig hatte.

Die Wienaufenthalte gaben Rosegger auch die Gelegenheit, mit zwei Schriftstellern aus dem antiklerikalen Lager in Beziehung zu treten: dem Altkatholiken Julius Pederzani und Emil Vacano, dem Autor des Romans *Gottesmörder,* die beide Rosegger in seiner liberal inspirierten romfeindlichen Haltung bestätigten.

Schlögl verdankt er auch die Erweiterung seines literarischen Horizonts, so zum Beispiel den Hinweis auf zwei Werke, die Rosegger nicht ohne Bezug auf sein eigenes Schicksal lesen konnte: die Lebensbeschreibung der Autodidakten Ulrich Bräker und Jung-Stilling: *Der arme Mann aus Toggenburg* und *Heinrich Stillings Jugend.* Auch Jeremias

Gotthelf trat in seinen Gesichtskreis, zuerst mit dem Roman *Geld und Geist*, während er seiner Auerbach-Lektüre zwar treu blieb, diesen Autor aber plötzlich „schaler" fand. Nicht genügen konnte er jedoch einer Forderung der Allgemeinbildung: Cervantes' *Don Quichote* stieß ihn als wesensfremd ab, und er legte das Buch schnell beiseite.

## REISEN

Aus all dem geht hervor, daß sich Rosegger mit verbissener Beharrlichkeit darauf beschränkte, nur das zu lesen, was ihn in seiner eigenen Bahn bestätigte; und wenn er sich äußeren Einflüssen – Liberalismus, Antiklerikalismus – öffnete, so nur dann, wenn sie einem eigenen inneren Entgegenkommen entsprachen. Was seine Reisen betrifft, so war es ähnlich. Niemals wird er müde, seine engere Heimat, die Steiermark, zu durchwandern oder sich andere Alpengegenden, zum Beispiel Tirol, wo sein Freund, der Tiroler Maler Franz Defregger, den Sommer verbringt, zu erschließen. Aber er war nur schwer dazu zu bringen, eine Reise außerhalb des Alpengebietes zu unternehmen und auch zu Ende zu führen. Ohne den Anziehungspol, den Heckenast in Ungarn bedeutete, hätte Rosegger das heiße pannonische Klima nie ertragen, das ihn seinen geliebten Harzgeruch bitter vermissen ließ. Nach dem Tod seines Verlegers hat sich Rosegger auch nicht mehr nach Ungarn begeben, dessen Bewohnern er später, mit zunehmender Radikalisierung seiner politischen Einstellung, immer abweisender gegenüberstand. Was ihm hingegen Kraft und Ausdauer für seine lange Reise in die deutschen Länder im Sommer 1870 kurz vor Ausbruch des Krieges gab, war die ausgesprochene Sympathie, die ihn dort beflügelte und alle Mühsal ertragen half. In Weimar, dem „deutschen Jerusalem, ... deutschen

Mekka"[24], begab er sich an die Gräber seiner Idole, Goethe und Schiller, in Stralsund konnte er sich – vom Turm der Marienkirche aus – am Meer – das er auch behauptet, vom Mailänder Dom aus erblickt zu haben – nicht sattsehen. Er stieß bis Amsterdam und Basel vor und setzte in Straßburg den Fuß auf französischen Boden, knapp bevor dieser wieder deutsch wurde. Nach dieser außerordentlichen Anstrengung fühlte er jedoch das dringende Bedürfnis, sich mittels einer Fußwanderung durch die Steiermark wiederherzustellen.

Was diese sechswöchige Rundreise außerhalb seines Heimatgebietes möglich gemacht hat, war das brüderliche Gefühl, das er für die deutschen Lande hegte. Die Italienreise, die er Ende August 1872 mit Svoboda und einem Mitarbeiter der *Tagespost,* Hubert Janitschek, antrat, überstieg hingegen seine Kräfte und wurde vor der Zeit abgebrochen. Der Trubel auf den Straßen, die Hitze und das südliche Temperament der Italiener waren ihm unerträglich und machten ihn regelrecht krank. Nachdem er immerhin über Rom bis Neapel gekommen war, kehrte er nach knapp vier Wochen wieder um, nicht ohne sich von seinen Reisekameraden schon in Oberitalien distanziert zu haben. Die gelehrten Kommentare und Weisungen der beiden feingebildeten Männer waren ihm bald unerträglich; er zog es vor, sich von seiner Laune und seinem eigenen Geschmack treiben zu lassen, auch auf die Gefahr hin, Meisterwerke zu versäumen oder sie nicht zu verstehen. So steht er zum Beispiel fassungslos vor Michelangelos *Nacht* in San Lorenzo und fragt sich, „ob dergleichen Kunstwerke heute Würdigung fänden, wenn ihnen nicht zum Glück der Weltruf vorausginge".[25]

Das italienische Leben und Treiben inspiriert ihn zu folgendem impulsiven Gedicht, aus dem die Inkompatibilität zwischen seinem eigenen Charakter und der „welschen Art" klar hervorgeht:

„Deine heißen Terrassen / Und staubigen Straßen, / Deine gekochten Lüfte / Deine einschläfernden Düfte / … Deiner schmutzigen Gassen / Lautes Sichgehenlassen, / Deiner Wirte Kniffe und Künste – / All das zusammen / Macht mich erlahmen. / Wie soll im weltfremden Wesen / Der Sohn des stillen Waldes genesen? / … Doch bin ich Germane, / Die sonnige Glut, / Der süße, südliche Seim / Zersetzt mir das Blut."[26]

Die Zugehörigkeit zur „Rasse der Germanen", zum Land der kühlen Wälder, wird ebenso spontan wie unumstößlich festgestellt. Rosegger schließt sich damit in selbstgezogene Grenzen ein, die im Verlauf der Jahre eine zunehmende Abkapselung und Ausschließung bedeuten. Vorerst jedoch werden die Grenzen abgesteckt rund um ein Territorium, das Roseggers ureigensten Schaffensgrund darstellt, einen Boden, der dem Entkeimen der Lehr- und Gründungsfantasien des jungen Dichters, der Fantasien um den zu seiner grünen Heimat zurückkehrenden verlorenen Sohn, günstigste Nahrung bietet.

## Der Waldschulmeister – Dichtung und Wahrheit

Dieser Fantasienkomplex gelangt im Roman *Die Schriften des Waldschulmeisters* zu seiner vollkommensten Ausformung. Die Grundidee schwebte Rosegger schon geraume Zeit vor. Der Gedanke an den seligen Patterer, der Umgang mit Eustach Haselgraber, der in einem steirischen Hochtal Hilfslehrer geworden war, das Vorbild Schenners, alle diese Bewußtseinsstränge hatten sich im Motiv des Waldschulmeisters zusammengebündelt, der seinerseits die Assoziationsnetze des „Waldsohnes", des Erziehers und des Priesters vereinigte und die Schilderung des Lebens einer Dorfgemeinschaft tief im Walde gestattete, von ihren rudimentären Anfängen bis zur geistigen und moralischen Erhebung und Selbständigkeit.

Winkelsteg, jene andere „Einöde“, bezeichnet zu Beginn des Romans lediglich ein von verstreut lebenden, halbwilden Gestalten bewohntes Waldgebiet, auf dessen Hintergrund sich die erzieherische Tätigkeit Andreas Erdmanns umso leuchtender abhebt. Erdmann, der sich trotz seiner Jugend, vom Leben schwer enttäuscht, zurückziehen will, ersucht seinen Wohltäter, den Baron von Schrankenheim, um die Erlaubnis, sich als Schulmeister in den Winkelwäldern niederlassen zu dürfen, um die völlig roh dahinlebenden Holzfäller, Wurzelsammler und Jäger aus ihrem unbeholfenen Naturzustand zu ziehen und der Kultur zu gewinnen. Dabei wird ihm unerwartete Hilfe zuteil von einem anderen abgeklärten Einzelgänger, dem abtrünnigen Jesuiten Einspänig, der sich unter Roseggers Feder in einen „liberalen Priester“ verwandelt und in dieser Rolle das brachliegende Seelenleben der „Waldteufel“ zu aktivieren und zu heben sucht. Am Ende des Romans steht die Gemeinde auf eigenen Füßen, Kirche und Schulgebäude sind errichtet, aus den einsamen Waldbewohnern sind weitgehend solidarische Dorfbewohner geworden. Erdmanns Werk ist beendet, er kann seine Weiterführung den Jüngeren überlassen. Eines Tages wird der alte Mann auf dem höchsten Gipfel der Winkelwälder tot aufgefunden. Er ist erfroren da oben, am 24. Dezember, wie das letzte Tagebuchblatt bezeugt, nicht ohne vorher seinen Traum verwirklicht zu haben – er hat in der Ferne das Meer erblickt.

Rosegger mutet dem Leser viel zu, wenn er von ihm verlangt, der Fiktion, auf der der Roman beruht, Glauben zu schenken: Es soll sich um Erdmanns Tagebuch handeln, das der Autor auf einer Wanderung nach Winkelsteg gefunden haben will. Rosegger schreibt diesbezüglich an Heckenast: „Aber das muß ich gleich sagen, die Täuschung, dem Leser glauben zu machen, er habe wirklich alte gefundene Schriften vor sich, ist mir nicht gelungen. Ich kann aus mir nicht mehr heraus."[27] Auch die geographische Karte, auf deren Beifügung zum Roman er bestand, hat zur größeren Glaubwürdigkeit kaum beigetragen. Nichtsdestoweniger verfielen zahlreiche Leser dem Irrtum zu glauben, Rosegger sei tatsächlich Volksschullehrer gewesen: ein angesichts der pädagogischen Investitionen des Autors verständlicher Irrtum!

Wenn Rosegger diesen Beruf auch nie ausgeübt hat, so war er immerhin nahe daran gewesen, dem Schulwesen anzugehören, und zwar zu einem Zeitpunkt, wo es sich von der Bevormundung durch die Kirche befreite. Rosegger hatte den Roman dem Minister Stremayr, Steirer und Mitredakteur der neuen Schulgesetze, gewidmet. 1873 wurde ihm tatsächlich von Dr. Rozek, dem Landesschulinspektor für die Steiermark, die Stelle eines Volksschulinspektors angeboten. Rosegger zögerte. Natürlich wäre die damit verbundene materielle Sicherheit ein bestechendes Argument zur Annahme gewesen, aber die Bedingung, einige Hochschulsemester – diesmal mit Prüfungsabschluß – zu absolvieren, schreckte ihn ab. Vielleicht hat auch der Gedanke an Stifters unerquickliche Erfahrung auf diesem Gebiet bei der Ablehnung mitgespielt. Und so kommt es, daß sich Rosegger im Jahre 1903, als die Heidelberger Universität Rupert Carola ihm den Titel Doktor honoris causa verleiht, damit brüsten kann, nie und nirgendwo regelrechte Studien betrieben zu haben, ausgenommen auf seiner „Hochschule" als Störschneider, wo er auf den Bauernhöfen Typen und Sitten studieren konnte.

# Eine schwere Prüfung und ihre Spiegelung im Werk

Das Schicksal bestätigte Rosegger in seiner Entscheidung. Seine literarische Produktion konnte den Bedürfnissen des Haushalts genügen, und letztlich waren diese, so groß sie auch sein mochten, nicht so drückend wie die Pflichten, die als Beamter auf ihm gelastet hätten.

In diesen Jahren, die für Rosegger schöpferisch so ergiebig waren, erlebte er eine glückliche Zeit, glücklich vor allem durch die Liebe und die Hingabe seiner Frau:

„Anna war echte Weiblichkeit und Sanftmut, und ihre weiche heitere Seele regte mich zu den besten poetischen Schöpfungen an“[28], erinnert er sich 1882. Am 20. Februar 1874 schenkte sie einem Sohn, Josef[29], das Leben. Der Vater, der mitten in der Abfassung des *Waldschulmeisters* steckte, fühlte sich göttlich beglückt und gehoben: „Er fühlte sich unsterblich, er fühlte sich Arm in Arm mit Gott.“[30]

Während ihrer zweiten Schwangerschaft war Anna in schlechter Verfassung. Rosegger beunruhigte sich und wallfahrtete sogar nach Mariazell. „Ist dieses überstanden, dann soll Ännchen auf lange, lange Zeit Ruhe haben, so hab ich ihr's versprochen“[31], vertraut er Freund Brunlechner an.

Am 4. März 1875 kam ein Mädchen zur Welt, das auf den Namen Anna getauft wurde.[32] Am 9. März traten bei der Wöchnerin Komplikationen auf, und am 15. starb sie an Kindbettfieber. Eine unübersehbare Menschenmenge begleitete die Gattin des „Lieblings und Schützlings seines Heimatlandes“[33] zur letzten Ruhe. Unter dem Schmerz zusammengebrochen war Rosegger außerstande, sich den Blicken der Menschen auszusetzen; er wartete, bis alles vorüber war, und begab sich dann von Freunden gestützt zum Grab.

„Was ihren bitteren Tod betrifft, den hat Gott zu verantworten; Gott möge mich hüten, daß mich ihre letzte Träne nicht wahnsinnig macht!"[34]

Brunlechner erwies sich wieder als echter Freund; er nahm Peter in den ersten Tagen nach der Katastrophe zu sich in seine Familie. Nichts half jedoch, und der Wahnsinn, den er in seinem Brief fürchtete, schien ihn tatsächlich zu bedrohen. Was ihn aus seiner seelischen Lähmung riß, war – wie schon öfter in schweren Krisen – das Schreiben. So wie er sich mit vierundzwanzig Jahren die erstaunliche Wandlung, die mit ihm vorgegangen war, durch einen Verarbeitungsprozeß – die Abfassung seiner Lebensgeschichte *Gabriel Mondfels* – angeeignet hatte, so schreibt er sich den Roman seiner Liebe ohne abzuwarten von der Seele. Das Resultat betitelt er *Oswald und Anna.* Auch hier ist die Wirkung mehr therapeutisch als künstlerisch. Mit den Aufzeichnungen seiner intimsten Regungen hat er sich zwar seinen Seelenfrieden weitgehend wieder erschrieben, aber seinem Leser vor allem damit zuviel zugemutet, daß er die Geheimnisse zweier Herzen mit den schlimmsten Klischees des Liebesromans verquickt und die Details seines Alltags und seines Aufstiegs zu oft unerträglichen Wunschgebilden der Fantasie aufbauscht. Heckenasts Kunstsinn ließ das Manuskript auch nicht gelten, er wies es zurück, was Rosegger nicht daran hinderte, die Liebesgeschichte in einem Wiener Magazin zu veröffentlichen. Immer darum bemüht, seine Arbeit aufs beste zu nutzen, wird Rosegger etwas später den Roman seiner Ehe als zweiten Teil an die neu bearbeitete romanhafte Autobiographie *In der Einöde* anschließen und das Ganze unter dem definitiven Titel *Heidepeters Gabriel* herausbringen.

1876 kommt er auf ziemlich makabre Art nochmals auf den Tod seiner Anna zurück. In der kurzen Erzählung *Scheintod* beschreibt er, wie eine junge Frau auf ihrem

Totenbett durch die Elektroschocks ins Leben zurückgeholt wird, die ihr ihre Kinder im Spiel mit den wissenschaftlichen Geräten des Vaters, der Physikprofessor an der Universität ist, verabreichen. Sie erzählt nun, wie sie ohnmächtig den Vorbereitungen zu ihrer Beerdigung beiwohnen mußte. Aber die Bemühungen waren vergebens, einige Stunden später weilt sie endgültig nicht mehr unter den Lebenden.

## DIE WALDHEIMAT – FANTASTISCHE WIRKLICHKEIT

Das Trauma des brutalen Verlustes seiner jungen Frau hat sich also in keiner Weise hemmend auf Roseggers Schaffen ausgewirkt. Er fühlte sich Anna näher denn je, und in den zwei Jahren, die auf ihren Tod folgten, entstand eine relativ große Anzahl von Werken, darunter auch *Waldheimat-Geschichten*, die mit älteren Arbeiten vereint 1877 die Reihe der *Waldheimat-Bände* eröffneten. Diese zwischen Traum und Fiktion angesiedelten „Erinnerungen", deren Realismus sich lediglich auf die Darstellung des Stimmungsbildes von Land und Leuten erstreckt, gehören sicherlich zu jenen Schöpfungen, die mit den *Schriften des Waldschulmeisters* Roseggers Ruhm auch über die Grenzen der deutschen Länder hinaus begründet haben. Was an den „Erinnerungen" authentisch ist, muß dahingestellt bleiben. Natürlich sind Vater und Mutter, das Haus und die Umgebung da, aber schon was die Geschwister betrifft, so beginnt die Erfindung die Realität zu überwuchern (Rosegger schreckt zum Beispiel nicht davor zurück, seine Schwester Apollonia mit einem jungen Hüterbuben zu verheiraten, obwohl sie in Wirklichkeit die Frau eines Metallarbeiters war), und die nähere und weitere Umgebung des kleinen Peter – Mägde, Nachbarn,

Verwandte – löst sich erst gar im künstlichen Nebel der Dichtung auf. Auch wenn man alle Bände *Waldheimat* gelesen hat, wird man sich von diesen, Peter täglich umgebenden Personen, keine bestimmte Idee machen können. Es handelt sich dabei um sporadische Versatzfiguren, Komparsen im Dienste der Hauptfigur und deren pikarisch gereihten Erlebnissen.

Rosegger hat es nicht unterlassen, seine Leser davor zu warnen, diese Geschichten für bare Münze zu nehmen, aber dadurch, daß er auf Streich- und Schwankepisoden, die auf dem reellen Hintergrund der Waldheimat angesiedelt sind, einige echte Erinnerungen folgen läßt, zum Beispiel die Porträts seiner Eltern oder die zumindest innerlich authentische Erzählung seines Fortgehens von 1865, wird der Leser unweigerlich dazu verleitet, alles für unverfälschtes Erinnerungsgut zu halten. So kommt es, daß alle Biographen Roseggers bis zu Rudolf Latzke die Darstellung des jungen Dichters – sei es aus Unwissenheit, sei es aus Gefälligkeit – auf diesen unsicheren Grund angesiedelt haben. Rosegger wäre sicherlich der letzte gewesen, der sie daran gehindert hätte ... Er hat trotz ständiger Bekenntnisse nie viel dazu beigetragen, den um seine Existenz entstandenen Legendenschleier zu zerreißen. Wenn er dann in dem Artikel *Unsere Nachbarschaft* beteuert, er müsse dem Drängen seiner Leser endlich nachgeben und die „Wahrheit" über die Umgebung seiner Kindheit auftischen, wenn er die Lage der Nachbarhöfe und deren Insassen beschreibt, so entsteht nur eine verwirrende Inventaraufnahme von blassen Schemen, die man unmöglich mit den pittoresken Handlungsträgern der Waldheimat-Kulisse in Beziehung bringen kann.

Roseggers Fabulierlust und Erfindungsfreudigkeit machen, daß sich der Leser lächelnd oder schmunzelnd leicht und gern in seine so reich ausgestattete Romanwelt entführen läßt. Wenn man aber feststellen muß, daß diese beiden Eigenschaften ganz ungeniert auch auf persönlichste Bereiche angewendet werden, deren Fakten auf dem Weg zur Überhöhung und Verklärung die seltsamsten Verzerrungen erfahren, so kann man sich einer bestimmten Perplexität und Beschämung nicht erwehren. Da, wo der schulisch gebildete und kultivierte Autor die Selbstzensur ansetzt, herrscht bei Rosegger die ungezügelte Willkür des Autodidakten.

Mit Heckenasts Tod verlor der Dichter einen Freund und Mentor, der ihm auf diese Weise nie mehr ersetzt werden sollte. 1879 gab Rosegger bei Manz in Wien den *Mann und Weib* betitelten Band heraus, in dem natürlich von der Beziehung zwischen den beiden Geschlechtern die Rede ist. Es sind die letzten Geschichten, in denen Rosegger direkt greifbar ist, der junge Mann, der den Phantasmen um seinen sozialen Aufstieg und der Selbstbestätigung durch die Liebe freien Lauf läßt.

Wenn er in der Novelle *Der Herrensepp* das Thema von *Oswald und Anna* – die steile Karriere vom armen Hüterjungen zum bewunderten Künstler – wiederaufnimmt, so sind *Maria im Elend* und *Die Braut von Kain und Abel* der Ausfluß von Selbstbestrafungsphantasmen, die die sündhaft empfundene körperliche Liebe und das Nichterfüllen der geistlichen Berufung zum Ursprung haben.

Doch dies ist sozusagen die Kehrseite von Roseggers Psyche; die Novellette *Felix der Begehrte* zeigt die „Schauseite" seiner Tagträume. Hier wird der begehrenswerte junge Mann, dem zugleich zwei Frauen nachseufzen – ein junges, unschuldiges Mädchen und deren Stiefmutter, die so böse ist, wie es sich im Märchen gehört –, als Held besungen und verklärt. Die Stiefmutter liefert dem Autor die Gelegenheit, seinem Abscheu vor erotischen Gelüsten seitens einer nicht mehr ganz jugendlichen Frau Ausdruck zu geben. Rosegger vergleicht sie mit einer „Pfingstrose im Juli ...".[35] (Seine Abneigung gipfelt in einer grotesken

Fabel, wo er sich eine in ferner Zukunft angesiedelte totale Umkehrung der Rollen vorstellt: der Mann ist zum liebenswürdigen Anhängsel einer energischen Matrone herabgesunken.) Natürlich bekommt die Junge Felix zum Mann, und die Stiefmutter wird gehörig bestraft für ihre Feindseligkeit dem Liebespaar gegenüber und für ihr „unzeitgemäßes" Begehren.

Andere Erzählungen des Bandes haben die oft bösen Folgen der Liebesleidenschaft – Mord, Selbstmord oder beides – zum Thema und enthalten manch krasse Szene, so daß der ausgesprochenste Tadel der kirchlichen Behörden nicht ausblieb.

## AUSGLEICH DURCH ERZIEHUNG – DER HEIMGARTEN

Die Besänftigung des Schmerzes nach dem Tode seiner Frau geht wahrscheinlich auf das Konto einer weiteren Tatsache: den Beschluß, selbst eine Monatsschrift herauszubringen, in der er einerseits eine ständige Tribüne für seine Meinungen und Überlegungen und andererseits eine finanzielle Basis finden würde, die ihn der Notwendigkeit enthöbe, seine Geschichten und Feuilletons bei den verschiedensten Zeitungsredaktionen unterbringen zu müssen. Im Oktober erscheint bei Leykam in Graz die erste Nummer des *Heimgarten.* Rosegger soll als Titel auch an „Sommerfrische" oder „Spinnstube" gedacht haben. Es handelte sich jedenfalls darum, auf einen Moment der instruktiven Entspannung anzuspielen, wo im Freundes- oder Familienkreis Zerstreuung und Belehrung geübt werden.

1882 denkt Rosegger an diese Gründungszeit zurück: „Nun fiel mir damals ein alter Lieblingsplan ein, eine Monatsschrift für das Volk herauszugeben mit der Tendenz, den Sinn für Häuslichkeit, die Liebe zur Natur, das Interesse an dem Ursprünglichen und Volkstümlichen wieder zu wecken."[36]

In einem Rückblick anläßlich des 25jährigen Bestehens im Jahre 1901 scheinen die ursprünglichen Ziele des *Heimgarten* sich etwas verschoben zu haben: „Als ich vor fünfundzwanzig Jahren das Blatt gründete, dachte ich weiter nichts, als daß es ein Hort deutscher Wahrhaftigkeit und Treue sein sollte, daß es aus dem Volkstum heraus und in die Familie hinein ein freimütiges Bekenntnis deutscher Tugend werden müsse."[37]

Überflüssig hinzuzufügen, daß dieses Abgleiten der Tendenzen bei Rosegger nicht nur in bezug auf die Erinnerung stattgefunden hat ...

Immerhin erlaubte es ihm diese Zeitschrift, deren Auflagenhöhe zwischen vier- und fünftausend schwankte – zeitweise erschien eine englische Nummer in San Francisco –, den alten Jugendtraum vom Kalendermachen endlich selbständig zu verwirklichen. Schon Heckenast hatte ihm dazu mit dem zwischen 1873 und 1880 erscheinenden Kalender *Das neue Jahr* Gelegenheit gegeben. Das Magazin hatte jedoch keinen Erfolg, und die ständige Suche nach passenden Illustrationen, die bei den damaligen Vervielfältigungsmethoden teuer kamen, schien Rosegger immer unersprießlicher.

Hier nun bei seiner eigenen Veröffentlichung scheute Rosegger vor keiner Anstrengung zurück, und er ließ nicht locker, sich trotz der lächerlichen Honorare, auf die er sich beschränken mußte, Mitarbeiter von Qualität zu gewinnen. Seine sicherste Stütze blieb trotz seines schlechten Gesundheitszustandes der getreue Hamerling. Anzengruber und Schlögl sagten auch nicht nein, obwohl Rosegger sie oft mahnen mußte, ihre Versprechen einzuhalten. Für die Volkslieder aus Krain, die ihm Anastasius Grün alias Graf Auersperg noch versprochen hatte, war es hingegen zu spät. Der Dichter verstarb am 12. September 1876.

Gottfried Keller lehnte höflich und geschickt ab – er habe keine nennenswerten Werke zur Verfügung und wolle Rosegger nicht mit „beiläufigen (...) oder sporadischen (...) Hervorbringungen“[38] abspeisen. Der damals noch ganz unbekannte Karl May sandte *Die Rose von Kahira* ein, und Rosegger war überzeugt, der Autor besitze eine profunde Kenntnis der beschriebenen Gegenden.

Die meisten Mitarbeiter des *Heimgarten* kamen natürlich aus der Steiermark selbst: die Mundartautoren Hans Grasberger und Peter Macherl, später dann die Romanschriftsteller Emil Ertl und Rudolf Hans Bartsch, unter anderen. Nichtsdestoweniger steht fest, daß das Magazin seinen Erfolg und seine lange Lebensdauer ausschließlich dem Namen seines unermüdlichen Chefredakteurs verdankt, der manchmal auch, um nicht gar zu oft aufzuscheinen, zu den Pseudonymen H. Hirtner, J. Richter und dem berühmtesten darunter, Hans Malser, griff. Manchmal verfaßte er sogar unter einem seiner Pseudonyme eine Besprechung seiner Romane – eine positive Besprechung natürlich.

In diesem Sinne und durch die Absicht, ein eigenes Preßorgan zur Verbreitung seiner Ideen zu gründen, könnte man den *Heimgarten* mit *Der Fackel* vergleichen und Rosegger den „Karl Kraus der Steiermark“ nennen – obwohl natürlich die jeweils verkündete Botschaft grundverschieden, wenn nicht diametral entgegengesetzt war.

Durch den *Heimgarten* wird auch die Aufgabe der Biographen Roseggers erleichtert. Anstatt, um einer Erstveröffentlichung auf die Spur zu kommen, in der Presse Deutschlands und Österreichs suchen zu müssen, genügt es von nun an, den *Heimgarten* aufzuschlagen, dem Rosegger mit ganz geringen Ausnahmen alle seine Schriften anvertraute, bevor er sie dann zum großen Teil, den Themen entsprechend, als Buch zusammenfaßte. Der Leser konnte sogar von Nummer zu Nummer die Romane Roseggers im *Heimgarten* in ihrer ersten Fassung verfolgen und die Veränderungen konstatieren, denen sie für die Buchform unterzogen wurden.

*Der Heimgarten* erschien bis zum Jahre 1935 – in gleicher Aufmachung und zum selben Preis bis zum Tode seines Gründers. 1910 übergab Rosegger die Leitung seinem Sohn Hans-Ludwig, der seinen Vater in der Radikalität seiner Ideen noch weit übertraf, vor allem, was deren letzte Ausformung in ihrem dreifachen Zugehörigkeitsbekenntnis betrifft: zum Volk des Hochlands, zur Steiermark und zum Germanentum.

## Ein eigenes Heim am Fusse der Waldheimat

Ausgestattet mit diesem neu errungenen materiellen Rückhalt, zu dem eine hübsche Sparsumme kam, konnte Rosegger daran denken, sich zum geistigen Heim ein effektives zu schaffen. Im Mai 1877 erstand er einen Baugrund in Krieglach; im September desselben Jahres bezog er das Haus, in dem die Handwerker noch beschäftigt waren. Vorbei die langen Wanderungen im Sommer, vorbei die Aufenthalte in den Schlössern und Herrensitzen seiner Wohltäter und Freunde. Rosegger war nun Herr in seinem Haus, am Fuße des Bergrückens, auf dem sein Heimathof stand. Man kann natürlich nur schwer die Frage umgehen, warum es Rosegger nicht vorgezogen hat, letzteren wieder an sich zu bringen, dem er vor ungefähr zehn Jahren geschworen hatte: „So lange ich und die Meinen leben, soll die Heimatshütte nicht in Verfall geraten, und müßte ich mit meinen eigenen Achseln den Bau stützen!“[39]

Tatsächlich stand das „Kluppenegg“ 1876, also acht Jahre nach seiner Versteigerung, wieder zum Verkauf. Roseggers Biographen sind bisher pietätvoll der Frage aus dem Weg gegangen, warum der Dichter seinen Heimathof trotz dahingehender Schwüre nicht wieder angekauft hat. Verständlicherweise ist eine moderne Villa im Tal angenehmer und weniger kostspielig als der restaurierungsbedürftige Hof und Grund, mit dem der Dichter nichts anzufangen gewußt hätte. Immerhin ist es bemerkenswert, daß er auch später, als seine finanziellen Mittel bedeutend größer waren, davon abstand, den Besitz, den er nicht müde wurde, zu besingen und zu beweinen, wieder an sich zu bringen. Der Mann, der den Besitz erstand, war der Wiener Architekt Wenzel Knaur, Herr der Hammerhöfe Feistritz und Rainhof. Schon im September 1875 hatte er den jungen Witwer auf den Spuren seiner Hochzeitsreise mit Anna Pichler begleitet. Bei den häufigen Aufenthalten im Hause Knaurs wurden Wanderungen in den Alpen mit den Söhnen unternommen. Natürlich hat der Architekt seine Kompetenzen beim Hausbau Roseggers in Krieglach zur Verfügung gestellt. 1876 erwarb er die ehemalige Heimatstätte der Rosegger, Gebäude und Liegenschaften. Der „Sohn des Waldes“ widmet ihm als Einleitung zu dem Buch *Waldheimat* folgende Zeilen:

„Die Auen aber, auf denen der Waldbauernbub die Schafe geweidet ..., die Gründe all, die durchdrungen sind von dem Schweiße des Vaters und der Thräne der Mutter – sie werden in wenigen Jahren überwoben sein mit dem grünen, heiligen Schleier des Waldes. Der liebe, lachende Friede wird sein, Eichhörnchen, Rehe und Hirsche werden wohnen in der Waldheimat. Finken und Amseln ... und allerlei fröhliche Vögel werden das Gewipfel beleben (...).“[40]

Diese explizite Ehrenbezeugung vor dem „grünen heiligen Wald“ ist sehr wahrscheinlich den Absichten Knaurs, den Grund als Waldland zu bewirtschaften, zuzuschreiben. In dem immer baufälliger werdenden Wohnhaus der Roseggers wurde ein Förster untergebracht. Als Knaur im Jahre 1888 den Besitz wieder abstieß – vermutlich als nicht genügend ertragreich –, macht der Wald in Roseggers Werk eine Rückverwandlung durch zum Feind, zur Bedrohung des Landmanns, dessen Felder und Weiden er zu überwuchern droht – genau das Thema, das er dann in seinem Roman *Jakob der Letzte* abhandeln wird!

Daß sich Rosegger, Verfechter einer patriarchalischen Vergangenheit, unermüdlicher Dichter seines Heimatfleckens, gerade unten im Tal, auf einem Grundstück an der Landstraße, in einem funkelnagelneuen Haus niedergelassen hat, war mehr als einem als verwunderlich aufgefallen. Nicht sofort, beim Erbauen des Hauses – denn damals hat der Dichter die Verherrlichung der Waldheimat noch nicht zum Rang einer Universalheilsbotschaft erhoben –, aber später, als er sich der verwunderten Ungehaltenheit gewisser Kritiker sehr wohl zu stellen hatte, die sich über diesen Punkt aufklärungsbedürftig zeigten:

„Es ist die gleiche Geschichte: Rosegger fordert zur Rückkehr zum Bauerntum auf; warum nimmt er selbst nicht den Pflug in die Hand? Weil er zu schwach ist. Gut! Aber seine Kinder? Sie wollen nicht. Ach so!“[41] polemisiert Ansgar Pöllmann im Jahre 1903, was Rosegger zur Antwort veranlaßt: „Weil ich für einen Bauer zu dumm war, darum bin ich ein Herr geworden“, oder, verbessert er sich, weil ihn seine „schwächliche Körperanlage ... veranlaßt hat, vom Bauernstande abzugehen“.[42]

Sicherlich, damals, als das Haus soeben erst fertig war, dachte noch niemand daran, Rosegger diesbezüglich zur Rede zu stellen. Er konnte sich ganz ruhig an der soliden, dem bürgerlichen Zeitgeschmack entsprechenden Konstruktion erfreuen. Um sich die heimatliche Illusion des Hochwaldes zu verschaffen, ließ er Fichtenstämmlinge vom Grund der Roseggers anpflanzen. Was jetzt fehlte, war nur noch eine Seele für sein Heim in Graz und sein Heim in Krieglach, eine Mutter für seine Kinder. Die Pichler-Großeltern hatten diese zwar zu sich genommen, obwohl ihre Gefühle für den Schwiegersohn eine verständliche, wenn auch unwillkommene Abkühlung erfahren hatten. Was ihn selbst betrifft, so ließ Rosegger seine Schwester Maria kommen, um ihm den Haushalt zu führen – ein bei Dichterschwestern recht verbreitetes Schicksal …

Ein Jahr nach Annas Verlust vertraut der Witwer Heckenast an: „Allmählich sehe ich es mit Angst, daß es doch nur einen Ausweg gibt, den Kindern ein Heim und eine Erziehung zu geben: eine zweite Frau und Mutter."[43]

Seine alte Neurasthenie war wieder da, und der Umgang mit den Menschen stieß ihn ab – ein Zustand, der wenig dazu angetan ist, einem Mann auf Brautschau aus der Klemme zu helfen. Die Notwendigkeit einer neuen Gefährtin, Hausfrau und Mutter machte sich jedoch von Tag zu Tag mehr spürbar, und Rosegger beschließt: „Aber ich will suchen unter den Millionen nach dem Kleinode, das mich wieder zum echten, lebendigen Menschen machen soll."[44]

Eine Mutter für seine Kinder, einen Vorstand für seinen Haushalt, die Muse seiner Dichtung – die Ichbezogenheit im Hinblick auf die Erwartungen, die Rosegger in die Gattin und Gefährtin setzt, hat sich in keiner Weise gebessert, ja ganz im Gegenteil; bei dieser bewußten Suche fehlt nun der gewisse idealistische Höhenflug, der ihn das erste Mal beseelte. Über Roseggers Einstellung der Frau gegenüber wäre sicherlich sehr viel zu sagen – wir wollen hier die Lage mit zwei sprechenden Zitaten umreißen: „Je intelligenter sind sie, um so abstoßender und schädlicher werden sie"[45], bemerkt Rosegger lapidar und apodiktisch im Jahre 1904, und mit der üblichen launigen Unverfrorenheit: Man muß die Frauen ernst nehmen, „genauso ernst, wie man einen frischen Trunk Wassers nimmt, wenn man Durst hat".[46]

Es seien noch einige weitere Fakten zu dem Thema genannt. 1891 zum Beispiel erboste sich der Dichter über die Errichtung einer höheren Töchterschule in Graz, er hätte ihr eine Haushaltungsschule vorgezogen, denn die wahre Berufung der Frau sind natürlich Pflegen und Dienen – zwei Eigenschaften, die am besten als Mutter und Hausfrau zur Entfaltung gelangen. Nur in ganz wenigen Ausnahmefällen sei es angebracht, einem jungen Mädchen eine andere Ausbildung als die zu ihrer „natürlichen Berufung" angedeihen zu lassen. In einem *Heimgarten*-Artikel schlüpft Rosegger pikanterweise in die Rolle einer Hausfrau, die nach zehnjähriger Unterrichtstätigkeit mit einem Glücksgefühl sondergleichen zu ihren häuslichen Beschäftigungen zurückfindet ...

Nach einer vergeblichen Suche in Graz, Wien und anderswo – es war sogar von der Verbindung mit einer Tochter aus der Familie Reininghaus die Rede – fand Rosegger die „Perle" in nächster Nähe, zu seinen Füßen sozusagen, wo sie ihm 1877 in Krieglach beim Korrigieren von Druckfahnen geholfen hatte. Es war eine der Töchter Wenzel Knaurs, die ganz junge Anna, soeben aus dem Wiener Erziehungsinstitut für höhere Töchter entlassen.[47] Im Februar 1879 stellte Rosegger an sie die Frage, ob sie eine zweite Mutter für seine Kinder und Gattin eines schon in seinen Gewohnheiten festgefahrenen Poeten werden wolle. Anna sagte „ja", und im Mai wurde Hochzeit gefeiert. Brunlechner gab seinem Staunen darüber Ausdruck, daß der Freund plötzlich zum Schloßbesitzer avancieren wollte, aber Peter renkte die Sache schlagfertig ein, indem er darauf hinwies, daß sein Schwiegervater wohl acht Kinder, aber nur zwei Schlösser habe.

Es steht jedoch außer Zweifel, daß Rosegger mit dieser Verbindung nicht nur eine solide materielle Basis gewonnen hat – im Haushaltungsbuch der Roseggers sind als fixer Posten die „Revenuen meiner Frau" verzeichnet –, sondern auch den Zutritt zu und den Umgang mit der besten Gesellschaft in Wien und Graz.

Ernest Seillière stellt dazu 1902 fest: „Durch seine zweite Ehe hievte sich Rosegger in eine noch höhere Gesellschaftsschicht. Er hat es also sehr wohl verstanden, sein ländlich-primitiv ausgestattetes Schifflein auf den trügerischen Wogen der modernen Gesellschaft mit Geschick zu steuern."[48]

Anna Knaur hegte für den nun schon berühmten Dichter ohne Zweifel eine aufrichtige Bewunderung; im Gegensatz zu Anna Pichler und durch ihre Herkunft aus einem kultivierten Milieu war ihre Hingabe jedoch nicht so rückhaltlos unkritisch. Das Eheleben des jungen Paares gestaltete sich anfänglich nicht immer rosig, „Frühjahrsgewitter" brachen los, bei denen Rosegger von seiner sonstigen Gewohnheit, die Öffentlichkeit weitgehend an seinem Privatleben teilhaben zu lassen, absah und sich nur einigen intimen Freunden anvertraute. Es ist anzunehmen, daß die Zwistigkeiten ihn nicht immer im günstigsten Licht erscheinen ließen, so daß er diese Verletzungen seiner Eigenliebe vorerst verdrängte. Fünfundzwanzig Jahre später gesteht er einem Freund:

„In den ersten Jahren unserer Ehe haben wir beide schwere Zeiten durchzumachen gehabt. Anna, aus ziemlich glänzenden Verhältnissen, noch gar jung und beseelt von hohen, kaum erfüllbaren Glücksidealen, kam in das schlichte Haus des armen Poeten von ernster Gemütsart, hatte die Sorge für zwei Kinder zu übernehmen, sie, die Lebensdurstige sollte sich einem sehr kleinbürgerlichen Kreise und der Weltanschauung eines 36jährigen vielgeprüften Mannes anbequemen. Da gabs bitteres Leid, dessen Spuren sich auch manchmal in meine damaligen Dichtungen drängen wollten."[49]

Diese Trübung des jungen Ehehimmels zeitigte negative Auswirkungen auf Roseggers Körperzustand: Schon bald nach der Hochzeit wurde er von bösen Asthmaanfällen geplagt, die ihn zu einer Kur in Gleichenberg veranlaßten. Heute weiß man, daß diese Krankheit stark von psychischen Faktoren bestimmt ist, und es ist auffallend, daß sie bei Rosegger mit seiner zweiten Eheschließung auftrat und ihn von nun an nicht mehr verließ. Rosegger mußte sich an sie gewöhnen, mit ihr umgehen lernen, erlernen, sie durch eine adäquate Lebensform und die damals geläufigen Naturheilmittel in Schach zu halten. Seinen zahlreichen Aussagen nach zu schließen, ist auch anzunehmen, daß sein Asthma allergischer Natur war. In der Stadt war er davon frei – auch wenn er sich in den ersten Sommertagen über Staub und Trubel dort beklagte. Kaum der Stadt entronnen und in Krieglach angekommen, stellten sich die ärgsten Beschwerden ein, vor allem im Frühling und Sommer. Daher Roseggers Vorliebe für kühles, regnerisches Wetter, und daher auch seine Angst vor Gebirgswanderungen, auf denen Anfälle oft nicht zu vermeiden waren. Welch seltsames Paradox: Der Verkünder der Rückkehr zur Natur ist auf letztere allergisch!

Um die Wolken vom Ehehimmel des ungleichen Paares zu verscheuchen, bedurfte es nicht nur der Geburt der Kinder, die aus der Stiefmutter eine Mutter machten, sondern einer Prüfung in Form der schweren Krankheit, der Rosegger Ende 1892 zu erliegen drohte. Seine nun reifer gewordene Gattin konnte hier ihre Qualitäten als hingebende Pflegerin ausgiebig unter Beweis stellen. Nach seiner Gesundung beeilte sich der Dichter, seine zweite Anna als Vorbild hinzustellen, an dem sich „feingebildete Damen ... ein Beispiel nehmen könnten, wie ein rechtes Weib, eine deutsche Gattin und Mutter sein müsse".[50]

Bevor aber dieser Perfektionszustand erreicht wurde, konnte Rosegger nicht umhin, seiner Gattin in verschiedenen Werken für ihr zu autoritär empfundenes Verhalten einige subtile Lektionen zu erteilen. Dies aber erst, nachdem sich die Gewitter schon verzogen hatten, im Augenblick ihres Niedergehens mußte der Zwist vor den gesellschaftlichen Forderungen zurücktreten.

Äußerlich verlief nun Roseggers Leben in den Gleisen der Ordnung und der Gewohnheit. Den Sommer verbrachte man in Krieglach, den Winter in Graz in der Wohnung in der Burggasse, nahe am Stadtpark, wo Rosegger seinen täglichen Spaziergang machte. Man blieb dieser Wohnung bis zum Tode des Dichters treu mit einer Unterbrechung, als man 1893, zum fünfzigsten Geburtstag, in ein eleganteres Haus an der Parkstraße zog. Rosegger gefiel es dort nicht, und man kehrte in die Burggasse zurück.

Für ihre ersten gemeinsamen Weihnachten legte ihm Anna mit zarter Aufmerksamkeit seine ersten Schriften aus der Schneiderzeit, die „prähistorischen Schriften", hübsch gebunden unter den Weihnachtsbaum. Im August 1880 wurde Hans-Ludwig geboren.[51]

Rosegger, der gern wieder eine ständige Bleibe für sein Werk gefunden hätte, war damals mit dem Wiener Verleger Hartleben im Gespräch, der ihm die Herausgabe von *Gesammelten Werken* in zwölf Bänden auf zwei Jahre verteilt vorschlug. Das war nun für Rosegger die Gelegenheit, sein bisher Geleistetes zu überprüfen und neu zu sichten, Gelegenheit auch zu einer Schaffenspause, zur Bilanz überhaupt, bevor ein neuer Lebensabschnitt sich eröffnete:

„Eine Periode ist dann abgeschlossen, gibt Gott eine zweite, um so besser."[52]

# IV.
# Der „Waldsohn“ im Weltgeschehen: 1881–1893

„Würde ich ruhig bleiben können
und die Welt, die man doch
nicht ändert, gehen lassen, wie sie geht,
es könnte für mich
ein recht behagliches Leben sein.“[1]

## Der Autodidakt als Weltverbesserer

Innerhalb der hier behandelten Zeitspanne von zwölf Jahren sind nicht nur die dreißig Bände der Hartleben-Ausgabe erschienen, es ist auch die Periode, in der Rosegger im Kreis der Grazer Honoratioren, über alles jugendliche Schwanken und Zögern hinausgewachsen, sich zum Sittenrichter und Lehrer seiner Mitwelt aufwarf und als solcher an sein Erziehungswerk ging, das Jung und Alt, Arm und Reich, Stadt und Land miteinbezieht – eine Haltung, die ihm unvermeidlich den Tadel und die Feindschaft so mancher Kreise einbrachte. Latzke spricht im Hinblick auf diese Jahre von der „Angriffslust des arrivierten Autodidacten“.[2]

Wollte man diese Epoche der militanten Selbstverwirklichung in einem Titel von Rosegger resümieren, so müßte man das umstrittene Werk des „Weltenrichters“, *Berg-*

*predigten*, aus dem Jahre 1885 nennen. Alles im öffentlichen Leben war ihm Herausforderung geworden; kein Problem, das ihm gleichgültig wäre, kein Lebensbereich, den er ausgeklammert hätte: Er nahm Stellung, beanstandete, verurteilte, verwarf und verdammte.

Was war es nun, das es ihm gestattete, die Rolle des Weltverbesserers so ungefragt zu übernehmen? Genau das, was ihn seiner Meinung nach von den durch die Scheuklappen der „Überkultur" behinderten Gebildeten und Berufenen unterschied: der „unverbildete", gesunde und frische Menschenverstand des Landbewohners, seine angeborene, unwiderlegbare Urteilsfähigkeit. Hier verwechselt Rosegger ohne Zweifel den naiven Blick des „guten Wilden", dem in der Zivilisation so manches gesellschaftliche Übel ins Auge springen mag, mit dem geübten Verstand des Kritikers, durch Wissen und Schulung zum Beurteilen befähigt. Beim genauen Hinsehen entpuppt sich diese Haltung Roseggers als ein Produkt des Assoziationsnetzes, das er um die tiefsitzenden und gegensätzlichen Motive des Waldes und des „Weltgifts" gesponnen hat, die im Laufe der Zeit in den verschiedenen Werken zu ihrer vollen Ausformung gelangten.

Natürlich ist „der Wald" mit seinem semantischen Umfeld die ergiebigste Phantasievorstellung seines Werkes. Sie fehlt in keinem seiner Romane, nicht einmal in der Bibelnacherzählung *INRI! Jakob der Letzte* und *Erdsegen* stellen in der hier behandelten Reifezeit jeweils die begrenzenden Meilensteine für dieses Thema dar; parallel dazu entwickelt sich mit immer größerer Eindringlichkeit das Klischee vom „Weltgift", das im gleichnamigen Roman sowie im Alterswerk *Die beiden Hänse* Handlungsträger wird.

Die religiöse Problematik, von der Rosegger nie ganz abläßt, ohne daß sie jedoch zur fixen Idee geriete, ist immer wieder in seinem Werk präsent, um Ende der neunziger

Jahre, wenn Roseggers Wunsch nach Rückzug aus der politischen Arena akut wird, zu erstrangiger Bedeutung zu gelangen.

Diese Hauptthemen, deren Entwicklung in den Romanen wir soeben zu skizzieren versuchten, prägen natürlich auch Roseggers journalistisches Werk im *Heimgarten.* Eine erste Ausbeute von Artikeln, in denen Rosegger sich veranlaßt sieht, verschiedene „Auswüchse" der Zeit zu geißeln, faßt er 1885 unter dem Titel *Bergpredigten* zusammen. *Höhenfeuer* aus dem Jahre 1887 fährt in dieser eingeschlagenen Richtung der moralischen Belehrung fort. Und auch später im kommenden Alter hat Rosegger nichts von seiner ethischen Besserwisserei eingebüßt: Die Titel *Sünderglöckel* (1904) und *Volksreden über die Fragen und Klagen, das Zagen und Wagen der Zeit* (1908) geben davon beredtes Zeugnis.

Die beiden Bände *Heimgärtners Tagebuch,* eine Auswahl aus der gleichnamigen Rubrik, in die er sich seit der Übergabe des *Heimgarten* an seinen Sohn zurückgezogen hat, sind von der gleichen allerweltserzieherischen Idee getragen, die nicht ohne irritierende Wirkung ist – so man es nicht vorzieht, darüber zu lächeln ...

Bei Roseggers Abonnenten war natürlich weder das eine noch das andere der Fall. Seine treue Leserschar, die meist der Mittelschicht entstammte und ebenfalls erst vor kurzem vom Land in die Stadt gezogen war, erhielt durch Rosegger eine freudig angenommene Bestätigung ihrer Denk- und Fühlungsart; dies umso mehr, als sein Beispiel der freimütigen öffentlichen Stellungnahme sie offensichtlich der kulturellen und geistigen Grundlagen, die die gebildete Welt normalerweise als dazu unerläßlich erachtet, enthob.

Ansgar Pöllmann äußert sich zu Roseggers geistiger Führerrolle folgendermaßen: „(...) Unangefochtenes, autodidaktisches Grübeln ... eines reich veranlagten Kopfes, das von längst Gegebenem und Erprobtem nicht geleitet wurde, und das seinen Träger zum geistigen Beherrscher einer tief unter ihm stehenden Mitwelt machte, war aber auch der Herd seines irrigen Denkens."[3]

Gerade durch diese Einflußnahme wird Roseggers Werk ganz speziell interessant für das Studium der Tendenzen in den breiten Volksmassen seiner Zeit.

Diese Jahre waren also, dem Titel des Kapitels gemäß, Jahre des Kampfes, Kämpfe, in die sich Rosegger mit der festen Überzeugung einließ, nun über die zur Führung der Menschheit nötige Reife zu verfügen:

„Mich bewegt jede auftauchende Zeitfrage, bei jeder möchte ich mittun, sie in gute Geleise zu bringen, und so der Menschheit Weg machen helfen nach glücklicheren Zeiten ... Wenn meine Vorschläge ... zu hoch greifen sollten, so werden sie ja einstweilen Ideale bleiben."[4]

## Der Familienvater

Nicht immer kam der Dichter unversehrt aus dem Kampfgetümmel. Man darf sich wohl fragen, woher dieser zartgebaute, kränkelnde Mann die Kraft für seine Tätigkeit als Gerechtigkeitsapostel und Lehrer der Menschheit nahm. Zwei Quellen scheinen sich zu erweisen: der rasche und große Erfolg, der ihn ermutigte, sowie sein endlich geklärtes und gefestigtes Privatleben. Anna leitete mit Hilfe von einigen Bediensteten den Haushalt und überwachte die Erziehung der Kinder – ihrer eigenen[5] und die der ersten Frau. Rosegger konnte sich nun endlich als geachteter und gehegter Pater familiae den Freuden einer friedlichen Häuslichkeit hingeben. Er führte ein bürgerliches, zurückgezogenes Leben. Seine angegriffene Gesundheit trug dazu bei, daß er sich im Reisen beschränkte und dazu mehr die Eisenbahn benutzte als seine eigenen

Beine wie früher. Manchmal, aber sehr selten, wurden die Reisen in Gesellschaft seiner Gattin unternommen, später dann auch mit den Kindern, vor allem den Buben.

Es kam vor, daß der von so viel Zärtlichkeit umgebene Familienvater auch die Notwendigkeit einer kleinen Eskapade empfand und zu einer Morgenfahrt in den Zug stieg – er genoß freie Fahrt auf der gesamten Südbahn: Zu Mittag wäre er wieder zurück! Wenn er dann erst am nächsten Morgen wieder eintraf, fand er die Seinen natürlich in höchster Bestürzung.

Übrigens behauptete Rosegger, daß das Zugabteil für ihn ein zum Schaffen besonders günstiger Ort sei: Die ständige Bewegung der Räder bringe seine Ideen in Schuß, die er dann nur niederzuschreiben brauche. Andere Möglichkeiten zum Dichten fände er, wie er nicht ohne Augenzwinkern behauptet, beim An- und Auskleiden, beim Empfang von Besuch oder beim Anhören von Vorträgen über Kunst und Literatur.

„Ich ruhe aus im Schaffen“[6] – eine womöglich etwas übertriebene Behauptung, wenn man an die wiederholt ausgedrückte Besorgnis denkt, sein Schaffen könne zur Deckung der Familienbedürfnisse nicht ausreichen, vor allem dann nicht, falls er plötzlich dahingerafft werden sollte.

## Neue Beziehungen – Öffentliche Lesungen

Zu Beginn der achtziger Jahre gab seine Gesundheit tatsächlich Anlaß zur Besorgnis. Rosegger befürchtete, frühzeitig von dieser Welt zu müssen. Damals stellte er sich auf einen ganz einfachen und regelmäßigen Lebensstil ein. Arbeit, Schlaf, Spazierengehen, wenig Ausgänge am Abend, wenig Besuch; Alkohol und Tabak nur mit der größten Mäßigkeit – zu seinem Bedauern, was die

Zigarren betrifft. Ab 1881 begann er jedoch an der Grazer Stammtischrunde im „Krug zum grünen Kranz“ teilzunehmen, bei der sich allwöchentlich Persönlichkeiten aus der lokalen Kunst- und Kulturszene trafen, wie zum Beispiel der Chefredakteur der *Tagespost* Wilhelm Rullmann, der Bildhauer Hans Brandstetter, der Architekt Friedrich Hoffmann, der Komponist Wilhelm Kienzl und andere. Später kamen auch der Bibliothekar Anton Schlossar, der Beamte Franz Goldhann und der Dichter Emil Ertl dazu. Die Ideen, mit denen Rosegger dort in Berührung kam, stimmten nicht immer mit den seinen überein, aber was eine stramm alldeutsche, nationale Gesinnung betraf, war man sich im großen und ganzen einig. Diese Abende waren oft recht bewegt und die Diskussionen lebhaft. Es kam vor, daß Rosegger so erregt nach Hause kam, daß er trotz der vorgeschrittenen Stunde noch zur Feder griff, um irgendein schlagendes Argument gegen seinen Diskussionspartner von vorhin zu Papier zu bringen. Hier konnte Rosegger seine Meinung bilden und seine Argumente ausfeilen, um sie dann gegen die Verirrungen und Verkehrtheiten, die er bei seinen Zeitgenossen wahrzunehmen meinte, ins Treffen zu führen. Fast scheint es, als ob Roseggers sonst so friedliche Muse durch die neuen Einflüsse zur Erinnye geworden wäre – eine Verwandlung, die seiner Seelenruhe nicht sehr zuträglich war. Und dabei war er doch im Grunde ein so vorsichtiger, maßvoller Mann!

Vorsicht ließ er auch bei der Verwahrung seiner finanziellen Rücklagen walten. Sosehr er darum besorgt war, diese zum Vorteil seiner Nachkommen zu vergrößern, konnte für ihn nur ein sicherer Ort in Frage kommen: die Sparkasse. Nichts und niemand hätte ihn dazu bewegen können, seine Ersparnisse an der Börse zu veranlagen; sein geistiges Bauernerbe und der Gedanke an den Krach von 1873 ließen ihm die Börsengeschäfte als das leibhaftige Symbol der modernen Verruchtheit erscheinen.

Die Einkünfte des Familienvaters erfuhren im Laufe der achtziger Jahre eine erkleckliche Aufbesserung durch die zahlreichen Vorlesereisen, die er zu unternehmen begann. Schon 1878 war er zu einem ersten Abend nach Wien eingeladen worden. Wenn auch einige Stimmen gegen das Wiener Auftreten des „über alle Gebühr emporgehobenen Bauernschreibers“[7] laut wurden, so war am zweiten Vortragsabend die gesamte steirische Kolonie mit Dr. Rechbauer, dem Vorsitzenden des Unterhauses, vertreten, und studentische Huldigungen gaben dem Abend einen gehobenen Abschluß.

Zwischen 1880 und 1910 trat Rosegger nicht weniger als 358mal auf, mit Schwerpunkten in den Jahren 1882, 1885 und 1887, wo er die großen Tourneen im Deutschen Reich unternahm und an den Tisch der Herzöge von Sachsen-Weimar und Sachsen-Meiningen geladen wurde, wobei er mit Männern aus Kunst und Öffentlichkeit, wie zum Beispiel 1887 mit Berthold Auerbach, dem berühmten schwäbisch-jüdischen Dorfgeschichtenautor, bekannt wurde.

Seine vor allem nervlich angegriffene Gesundheit machte, daß diese Reisen nicht gerade zu Vergnügungsreisen wurden. Hamerling und Anzengruber gaben ihm übrigens klar zu verstehen, daß sie diese Selbstverausgabung mißbilligten. Nichtsdestoweniger unterzog sich Rosegger den Strapazen dieser Tourneen mit großer Gefälligkeit, ja mit Freude – nicht unbedingt wegen des finanziellen Gewinns, der größtenteils an wohltätige Zwecke abging –, sondern aus Stolz über die Tatsache, seine steirische Muttersprache im „Reich“ bekannt zu machen, wenn er sich manchmal auch gezwungen sah, den Dialekt etwas „einzudeutschen“, um überhaupt verstanden zu werden. Immerhin gab es Fanatiker des Hochdeutschen, die ihm vorwarfen, der Reinheit der Sprache Abbruch zu tun. Roseggers Programm bestand natürlich durchgehend aus

Mundartstücken, die einzige Sprache, in der er sich als Vorleser zuständig fühlte.

In einem Brief aus dem Jahre 1884 gesteht er: „So oft ich den Wienern was Hochdeutsches vorgelesen, haben sie mich ausgelacht.“[8]

Auf diese Weise wurde Rosegger zu einer Art „Handlungsreisenden in Stoasteirisch“, dem es gelang, das Publikum aus so verschiedenen Städten wie Hamburg und Dresden, Leipzig und Prag, Breslau und Weimar zum Lachen zu bringen. Das zweimal an ihn herangetragene Angebot einer Amerikatournee lehnte er jedoch trotz bester finanzieller Bedingungen ab, da ihm eine so radikale Trennung vom Heimatboden undenkbar war.

## UNTER DEN HONORATIOREN

Rosegger war also nicht nur auf lokaler Ebene ein berühmter Mann geworden. Gekrönte Häupter luden ihn zu Tisch. Erzherzog Rudolf und sein königliches Gespons 1887; das Kaiserhaus ein Jahr darauf bei einem Besuch in Graz. Am Vorabend des Empfangs hatte man den von Rosegger für diese Gelegenheit aus einer Erzählung adaptierten Einakter *Valiabte Leut'* aufgeführt. Auch Carmen Sylva, die poetisch veranlagte Königin Rumäniens, erwies Rosegger die Ehre mehrerer Audienzen.

Die ersten Rosegger-Biographien erschienen: die von Adalbert Svoboda: *Roseggerstudien,* im Jahre 1886. In der Beziehung zwischen Rosegger und Svoboda war es zu einer unvermeidlichen Entfremdung gekommen, nachdem Svoboda die Leitung der *Grazer Tagespost* niedergelegt und nach München übersiedelt war. Im Jahre 1890 kam die erste französische Studie heraus: *Pierre Rosegger, pâtre, tailleur et poète*[9], von Rodolphe Reuß. Der Autor, der Rosegger wärmstens anempfiehlt, bleibt jedoch ein wenig skeptisch, was die Fähigkeit der Franzosen und vor allem der Pariser betrifft, sich in die grüne Welt des Steirers hineinversetzen zu können. 1888 stellt ihn die Pariser Tageszeitung *Le Figaro* als „ein mageres Bäuerlein" vor.

Als weiteres Zeichen des Ruhmes schmückt seit 1885 die vom Bildhauer Hans Brandstetter geschaffene Statue der „Waldlilie" aus dem *Waldschulmeister* lebensgroß den Grazer Stadtpark. Als Rosegger im Jahre 1880 an seinen Freund Hamerling mit der Bitte herantritt, die bei Hartleben vorgesehene Reihe der zwölfbändigen *Werkausgabe* mit einem Vorwort zu versehen, wies der ehemalige Mentor das Ansinnen zurück: Sein Schüler hat ihn weit überflügelt! Immerhin war Hamerling bereit, sich Hartleben gegenüber zu verpflichten, im Falle eines plötzlichen Ablebens Roseggers die Ausgabe der zwölf Bände zu Ende zu führen – eine Sorge, die sich als überflüssig erwies. Rosegger sollte nicht nur die zwölf Bände bei Hartleben versorgen, sondern über vierzig weitere hervorbringen, was insgesamt vierundfünfzig Bände allein bei seinen Hauptverlegern Hartleben und Staackmann ergibt. Dazu kommen noch die zahlreichen Titel, die in anderen Verlagshäusern erschienen. Ein äußerst umfangreiches Werk, das von einer flinken Feder zeugt und einer stets rührigen Einbildungskraft, immer darum bemüht, die grundlegenden Ideenkomplexe, Stadt und Land, Waldeinsamkeit und Gesellschaft, Religion und ethische Richterschaft zu illustrieren.

## Die zwölfbändige Werkausgabe

Diese zwischen 1881 und 1882 erschienenen Bände enthalten fast ausnahmslos die vorher in Buchform vor allem bei Heckenast veröffentlichten Titel. Rosegger, der nicht gerne etwas unbenutzt ließ, sonderte sehr wenig aus. Was in der zwölfbändigen Ausgabe neu war, ist der Zusammenschluß von *In der Einöde* und *Oswald und Anna* zu dem Roman *Heidepeters Gabriel.* Natürlich mußte in dieser Umarbeitung die Figur der blinden Hedwig der Dichtersgattin Anna weichen, die jedoch erst im zweiten Teil des Buches in Szene tritt. Auch die Umdeutung der unheimlichen, kulturabgewandten Wälder aus dem ersten Roman in einen idyllischen Hintergrund für die Liebesgeschichte geht nicht nahtlos ab; ebensowenig wie die Wandlung des bildungshungrigen kleinen Hinterwäldlers in einen glücklichen, reich verheirateten Dichter. Immerhin bleibt eine gewisse sozialkritische Note, wenn auch Graf Frohn und sein abtrünniger Sohn zugunsten einer weniger krassen Handlung umgedeutet werden. Gabriels Irrwege in der Stadt, deren Darstellung schon von Heckenast beanstandet wurde, ist nun ausgeschieden: Wir sehen, wie Gabriel zu den Seinen zurückkehrt, als ihm schon der Ruhm winkt; die verschlungenen Wege bis dorthin werden nur kurz als „schweres, läuterndes Schicksal" erwähnt.[10] Sein Schicksal ist es auch, Anna, die junge Verehrerin, in den Heimatwäldern kennenzulernen und sich als Ehegatte dank ihrer Wohlhabenheit in aller Ruhe der Dichtkunst widmen zu können. Was den Tod der geliebten Frau betrifft, so beschreibt er natürlich nicht die Realität des Kindbettfiebers, sondern er läßt sie nach einem gemeinsamen Bad im Alpensee in der blühenden Natur ruhig entschlummern. Der verzweifelte Gatte findet einigen Trost in einem Brief Annas, in dem sie ihn auffordert, weiterzuleben und glücklich zu sein, sowie in der Verpflichtung dem Sohn gegenüber, der zu seiner Erziehung des Vaters bedarf.

Die zwölf Bände brachten also außer dieser Umarbeitung nichts eigentlich Neues. Hingegen stellt der im Jahre 1881 erschienene Band *Vom Kreuzweg des Lebens* insoweit eine echte Neuerung dar, als Rosegger dort jenes Terrain verläßt, das ihm Leserschaft und eigene Veranlagung als sein ureigenes zuwies, und anstatt des dörflichen Bereichs die Stadt als Ort der Handlung seiner Geschichten wählt.

Rosegger kündigt den Schritt folgendermaßen an: „Anstatt Waldgeschichten sollen Sie einen Band Weltgeschichten haben. Oder auch solche, die nicht äußerlich erlebt, vielmehr innerlich geschaut sind … Ich werde Ihnen ein Buch geben, das ich nicht hätte schreiben sollen. Von der Kritik mir untersagte Gebiete."[11]

Vorsichtshalber, um sich gegen einen möglichen Mißerfolg zu wappnen, wählt Rosegger hier das Pseudonym Hans Malser. Seltsamerweise hält er an der Täuschung auch dann noch fest, als die Hans Malser gezeichneten Geschichten schon längst in die Rosegger-Bände bei Hartleben und Staackmann aufgenommen wurden. Obwohl er zweiundfünfzig Jahre lang mehr als sechs Monate jährlich Stadtbewohner war, hat das Stadtleben Roseggers Phantasie nie sehr günstig beflügelt. Fast scheint es, sein Abscheu vor der Stadt, den er mit dem „Weltgift" gleichsetzt, habe seine Beobachtungsgabe verdunkelt und ihn in einen imaginären, von perversen und verdammten Existenzen bevölkerten Kosmos abtreiben lassen, wo seltsam verknüpfte Schicksale unter dem Stern des Außergewöhnlichen und Zufälligen walten.

Hans Malser wird also zum richtigen Vater der „Weltgift"-Geschichten und dient Rosegger sozusagen auch als Ventil für seine immer noch heimlich wuchernde „Schneiderphantasie", die er aus seinem Werk ansonst zu verbannen suchte.

Bei Roseggers Publikum, das in ihm vor allem den Besinger des frischen Waldes sah, fiel diese Parallelerscheinung nicht sehr ins Gewicht. Sie ist immerhin bemerkenswert: Hans Malser zeichnet über hundert Geschichten, die ein wahres Kuriositätenkabinett darstellen.

## Der Gottsucher

Während der Zeit, als Rosegger mit der Bearbeitung der zwölfbändigen Ausgabe beschäftigt war, spann seine schöpferische Kraft die Fäden für den Roman *Der Gottsucher,* eine Art Bilanz seines religiösen Denkens am Ende des Liberalismus. Es ist auch das letzte große Werk, in dem Rosegger seiner noch nicht klischeehaft festgefahrenen Inspiration durchaus freien Lauf läßt. Das Resultat ist ein historisches Fresko in den phantastischsten Farben.

Bei seiner Ankunft als junger Mann in Graz war Roseggers fest etablierter urväterlicher Glaube ins Wanken geraten. Ist wirklich alles zum Besten in der besten aller Welten? Kann der Mensch tatsächlich als Abbild Gottes gelten? Und die Unsterblichkeit, ist sie so sicher? Fragen, die sich in Roseggers Seele aufgetan haben und so schnell keine Antwort erhalten sollten. Erst im Laufe der Zeit mit Hilfe von Spitzfindigkeiten und Trugschlüssen – vor allem hinsichtlich der Unsterblichkeit, über die er sich eine ganz eigene Doktrin ersinnt – kam es auf diesem Gebiet zu einer Beruhigung. Eine Überzeugung aber konnte ihm niemand rauben: den Glauben an die Existenz Gottes! Sehr aufschlußreich ist hier der Versuch des eingeschworenen Atheisten Svoboda im Jahre 1865, ihm folgende Offenbarung zu machen:

„‚Ich will Ihnen etwas anvertrauen, Rosegger! ... Wissen Sie, daß es gar keinen Gott gibt?‘ ... ‚Das habe ich schon als Kind in den Büchern gelesen‘, wehrt sich der junge Mann. ‚So – und glauben doch immer an Gott?' bohrt Svoboda weiter. ‚Nein, glauben nicht, wissen. Gewiß wissen, daß Er ist, weil es nicht anders sein kann.'"[12]

Was nun das Vertrauen in die katholische Kirche und ihre Dogmen betrifft, sind Roseggers Überzeugungen bei weitem nicht von einer so unumstößlichen Sicherheit; hier entstand eine Kluft, die sich im Laufe der Jahre mehr und mehr vergrößern sollte.

Jahre waren seit seiner Ankunft in Graz vergangen, und der Dichter hatte sich geändert. Inzwischen verkehrte er schon lange nicht mehr ausschließlich in liberalen Kreisen, ja er hatte sich sogar von Anzengruber und Schlögl distanziert. Der Zeitpunkt war nun gekommen, wo er das Bedürfnis nach einer Klärung seiner religiösen Auffassungen verspürte, und so schafft Rosegger die Gestalt Wahnfreds, des Gottsuchers, der sich durch tragische Umstände veranlaßt sieht, eine neue Metaphysik, eine neue Religion für seine von der katholischen Kirche geächtete Gemeinde zu finden. Um einen glaubwürdigen Rahmen für eine derartige Konstellation zu schaffen, verlegt Rosegger die Handlung des Romans in eine unbestimmte historische Zeit und einen von der Welt abgeschnittenen Raum. (Auch für *Die Schriften des Waldschulmeisters* waren derartige Vorsichtsmaßnahmen im Dienste der Glaubwürdigkeit nötig gewesen. Religions- und Gemeindegründer sind natürlich beides Projektionen seines Ichs. Auch in der sehr ähnlich angelegten Novelle *Der Höllbart* verfährt Rosegger in gleicher Weise.)

Anknüpfungspunkte sind für Rosegger die historischen Ereignisse, die sich Ende des 15. Jahrhunderts in dem am Fuße des Hochschwabs gelegenen Ort Tragöß abgespielt haben. Der Pfarrer, dem man zu große Strenge und übermäßige Hörigkeit dem landesherrlichen Stift gegenüber vorwarf, wurde von einem Angehörigen der

Pfarrgemeinde ermordet. Rosegger hatte von diesen legendär gewordenen Vorkommnissen 1876 bei seinem Aufenthalt in Tragöß gehört und benutzt sie nun, in eine etwas nähere Zeit verlegt, für sein Romanvorhaben.

Nach der Ermordung des Pfarrers – Symbol der herrschaftlichen Willkür – werden die Bewohner des weltabgelegenen Ortes – er heißt hier Trawies – exkommuniziert und kollektiv der Verdammnis preisgegeben. Für diesen simplen Menschenschlag hat der Verlust der kirchlichen Tröstungen die fatalsten Folgen. Allgemeine Wirren und moralisches Absinken greifen um sich. Wahnfred, der vom Los zum Mörder ausersehen worden war, trägt schwer an dieser Schuld und will als Sühnetat für sein Verbrechen seine Mitbürger vor der Verderbnis erretten. Nach langen Überlegungen, die er in seinem Hochgebirgsversteck anstellt, glaubt er, eine „neue Offenbarung" gefunden zu haben. Nach verschiedenen Irrwegen – Manichäismus, Gnostizismus – kommt er im Anschluß an den germanischen Kult des Feuers zur Überzeugung, Gott würde sich ihm im Flammenring offenbaren. Er versucht nun, die in Auflösung begriffene Gemeinde dank dieses reichlich heterogenen Glaubens auf den Weg des Heils zurückzuleiten, muß sich aber eingestehen, daß der von ihm gewählte Weg nicht der rechte ist. Die Menschen sind zur Besserung nicht bereit, und die Gemeinde der Erneuerung unfähig. So kommt Wahnfred zum letzten Schluß: Es gibt nur einen Gott, einen Gott, den niemand geben noch nehmen kann. Als Sühne für seine häretischen Irrwege bringt er sich gemeinsam mit den verkommenen Trawiesern in dem riesigen Opferfeuer, das er im neu erbauten Tempel anfacht, der Rache Gottes dar.

Anscheinend wollte Rosegger in diesem Feuer auch seine eigenen Anwandlungen, Gott außerhalb des Christentums zu suchen, einem Sühnegericht überantworten.

„Das Christentum ist die Religion, die am ehesten zur Vervollkommnung und Beharrung im Guten bewegt“[13], ist das Fazit.

Hier, am Ende der liberalen Ära schien er auch die Streitaxt begraben zu wollen, die er ehedem so gerne gegen die Jesuiten und andere Symbole des religiösen Fanatismus geschwungen hatte. Immerhin nicht endgültig: Der Priester nach seinem Herzen wird immer ein „liberaler Priester“ bleiben, zum mindesten einer, der es mit den kirchlichen Dogmen nicht zu genau nimmt; „schlechte“ Pfarrer, die zum Beispiel einem Selbstmörder oder einem unehelichen Kind ein christliches Begräbnis verweigern, wird es in Roseggers Werk auch nach dieser Glaubensbilanz geben.

Zwei Leitgedanken gehen klar aus diesem Roman hervor: die Überzeugung, daß dem Menschen das religiöse Bedürfnis angeboren ist, und der Glaube an die christliche Religion als den besten Führer auf dem Weg zum Guten.[14]

## Der Sittenrichter

Nach dieser profunden Ideenklärung wird Rosegger das Thema der Religion erst wieder etwa zehn Jahre später aufnehmen, es dann aber unentwegt in Herz und Sinn präsent behalten.

Inzwischen aber schlüpfte der Dichter, den alles im Gesellschaftsleben verletzte und verärgerte, nach und nach in die Richterrolle, in der er sich veranlaßt fühlte, Welt und Umgebung mit Ermahnungen und düsteren Drohungen zu überhäufen.

„Nächstens müssen sich die Herren Rezensenten einen Band Bergpredigten gefallen lassen“, erklärt er Svoboda, „in denen ich alles ausschütte, was mir an Zorn und Bitterkeit gegen die Welteinrichtung in den Gliedern steckt. Die

Welt wird dadurch nicht besser, das weiß ich, aber mir wird besser, weil ich so sehr die Notwendigkeit habe, alles, was ich denke und empfinde, hinauszuschreiben."[15]

Durch die nicht bewältigte Beförderung vom Autodidakten zur öffentlichen Persönlichkeit mußte sich in Rosegger eine große Quantität von verdrängten Aggressionen aufgestaut haben, denn mit Ausnahme der Religion bleibt in den *Bergpredigten* keine Institution, kein Berufszweig, kein Milieu von seinen Invektiven verschont. Wissenschaft und Kunst, Adel und Besitz, Arbeiter und Bauern – ja auch sie! –, Tourismus, Alpinismus, Alkohol und Karneval, die Industrie und das Duell, ja sogar die Kindertheatertruppen – sie alle werden mit erhobenem Zeigefinger streng zurechtgewiesen. Der anbiedernde Ton, der in diesen Strafpredigten à la Abraham a Sancta Clara herrscht, kann über die anmaßende Ungehaltenheit des Autors nicht hinwegtäuschen.

Den Reichen und den Adeligen wird ihre Leichtfertigkeit und Überheblichkeit vorgeworfen, ihr Mangel an Wohltätigkeit und Verständnis für die Armen. Letztere verdächtigt er – besonders was die städtischen Proletarier betrifft –, sich mit Gewalt das aneignen zu wollen, was sie als ihnen zukommend erachten. Er beschuldigt sie, nicht sparen zu können, den Verlockungen nicht nur des Alkohols, sondern auch der „neuen Spitzbubenphilosophie"[16] nachzugeben, derzufolge der Glaube an das moralische Gesetz in der Menschenbrust eine lachhafte Illusion sein soll.

„Der Bauer hält noch an seinem Rechtsbewußtsein, der Gebildete übt Billigkeit, aber der rohe Fabriksarbeiter kennt in der Regel keines von beiden"[17], lautet sein Verdikt.

Der Landmann, der in den Augen des Weltverbesserers zwar noch echte Werte aufweisen kann: „Arbeitsamkeit, Ehrlichkeit, Pflichttreue und Opferwilligkeit"[18], begeht den unentschuldbaren Irrtum, von seiner angestammten Scholle ins städtische Proletariat abzuwandern. Ein Vorwurf, der sozusagen in Bälde zu Roseggers Hauptthema avancieren wird. Immerhin wird in diesem Buch auch der Bauer von dem Strafgericht nicht verschont. Ist er nicht herzlos und ungerecht mit den alten Dienstboten, denen man als „Einleger" unwillig das Gnadenbrot vorsetzt? Oder mit den Kindern der letzteren, die mangels erteilter Heiratserlaubnis unehelich geboren und vom Bauern im frühesten Alter als kostenlose Arbeitskraft ausgebeutet werden? Dazu kommt der alte Groll gegen den in der Bauernschaft verbreiteten Aber- und Wunderglauben, die Vorliebe für eine höchst zweifelhafte Literatur der Heil- und Traumbücher, die vor Unsinn und Abscheulichkeiten strotzen. Auch die vom Landvolk mit Flitter und Talmigold überladenen Altäre in den Kirchen gehen nicht ohne Tadel aus. Aber das sind hier die absolut letzten Nachwehen von Roseggers Verbitterung gegen die bildungsfeindlichen Hinterwäldler seiner Jugend. Einige Jahre später sind alle diese Vorwürfe vergessen, und der einfache Landmann wird sich unter Roseggers Feder zum absoluten Bezugspunkt der Menschheit wandeln, sogar was die ästhetische Urteilskraft betrifft.

Den Städtern wird, wie bekannt, ihr oberflächliches, „hohles" Treiben inmitten von unnützem Zierat und Plüschwerk vorgeworfen, das gerade nur dazu dient, die Leere ihres Daseins zu verdecken. Wenn für sie die Kunst so hohen Stellenwert besitzt, so deshalb, meint Rosegger, weil sie die Natur entbehren müssen, und er empfiehlt ihnen mit Nachdruck, auf alle von der Industrie ersonnenen Überflüssigkeiten zu verzichten: auf ihr verschnörkeltes und pompöses Möbelwerk, auf ihre frivolen Zerstreuungen, ihre nur durch die Nervosität, die „Fahrigkeit", bedingte Reisesucht, und er ermahnt sie, ernstlich in sich zu gehen – mit einem Wort, sich an den von Rosegger schon 1875 gewählten Leitspruch zu halten: „Unser Ziel sei der Friede des Herzens."[19]

Noch sagt er nicht explizit, daß das Landleben der Durchführung dieser Devise günstiger ist als die Stadt, man kann jedoch schon die Grundlage seiner zukünftigen Bekehrungsarbeit zwischen den Zeilen herauslesen.

„Der erste, weitaus größte Teil der Menschheit taumelt in halber Betäubung oder in leidenschaftlicher Selbstvergötterung dahin; der andere, beobachtende Teil, gießt das Kind mit dem Bade aus."[20]

Wenn mit dem ersten Teil des Zitats der Städter gemeint ist, so zielt der zweite auf die Akademiker, die Wissenschaftler ab, alle jene, denen Rosegger vorwirft, sich im Besitz der Wahrheit zu glauben, während sie doch nur „hohle", abstrakte Konzepte manipulieren.

(In der seltsamen Geschichte *Der falsche Ritter* verbringt der Schloßkaplan seine Zeit damit, über das Problem nachzugrübeln, ob der Gottessohn die Welt erlöst hätte, wenn er sich in einer Kohlrübe inkarniert hätte! „Solch possierliche Blasen hat damals die Scholastik geworfen"[21], kommentiert Rosegger.)

Der Titel *Vom Hochmut der Kathederweisheit* zeigt ziemlich deutlich, wie Rosegger es denen zu vergelten suchte, die ihn nicht spontan als einen der Ihren anerkennen wollten: „Diesen Herren mit der ‚concreten' Vernunft ist nichts greulicher als ein phantastisches, träumerisch-dämmerndes Gemüt", ereifert sich der verschmäht geglaubte Waldsohn. Wo doch seiner Meinung nach „die Quelle alles künstlerischen Könnens und das Hauptmerkmal des Künstlers die Naivetät (ist)." – „Ob sich all die eingelernten Dinge in einem und demselben Kopf und Herzen gut vertragen mit der Schöpferkraft?"[22] polemisiert er mit der Überheblichkeit des arrivierten Autodidakten in einem vage verstandenen Schillerschen Idealismus.

Als die folgenreichste Polemik erweist sich jedoch jene, in die Rosegger sich gegen die Grazer Korpsstudenten eingelassen hat. Letztere hatten ihm zu geringen nationalen Sinn und eine zu laue Verurteilung der Juden vorgeworfen. Rosegger antwortet in einem offenen Schreiben, das in den *Bergpredigten* unter dem Titel *Vom Judenhasse unserer verjudeten Jugend* erschien:

„Bursche!" schreibt er, „Ihr habt uns Vorwürfe darüber gemacht, daß wir das Judentum protegieren. Wir wollen zu eurem Troste öffentlich sagen, daß auch wir Antisemiten sind – nur auf unsere Weise, die den Menschen schont, aber seine Laster verfolgt."[23]

Natürlich sei der Jude mit seinen rasseeigenen Fehlern behaftet, argumentiert Rosegger: Hochmut, Herzlosigkeit, Prunksucht, „Überkultur", Eigennutz und Geldgier – aber was zwingt euch, fährt er fort, diese „jüdischen Laster" nachzuahmen? Laßt doch die „schlechten" Juden – Rosegger schließt die Existenz von „guten" Juden nicht aus – in ihrem moralischen Sumpf versinken, ihr aber, ruft er sie auf, besinnt euch auf die „deutschen Tugenden" und seid „wahr, treu, sparsam, häuslich, rechtlich, arbeitsam". „Seid Ihr liebreich, sanftmütig, bescheiden?" fragt er und erinnert sie daran, daß „Gott Sodom und Gomorrha nicht zerstört hat, so lange noch zehn Gerechte darin lebten".[24]

Das nationale Problem und der Antisemitismus scheinen hier zum ersten Mal in aller Deutlichkeit bei Rosegger auf. Er besitzt damals schon die tiefe Überzeugung, daß das deutsche Volk dazu auserkoren ist, für die Menschheit in ihrem Weg zum Guten die Führerrolle zu übernehmen: „Ich weiß kein Volk, das so sehr den Menschen stellte, als das deutsche in seiner Herzensanlage."[25]

Und da ihm diese universelle Mission zukommt, wird Rosegger es nicht müde, sein Volk zu beschwören, von all dem abzulassen, was es von seinem Weg abbringen könnte. Das „jüdische Laster" ist hier ebenso gemeint wie die „welschen" Eigenheiten, der Naturalismus und die „undeutsche" Lateinschrift.

Mit diesem temperamentvollen und haßerfüllten Buch hat sich Rosegger mehr als ein Milieu zum Feinde gemacht, wenn man es nicht vorzog, dieses sittenrichterliche Strafgericht zu ignorieren. Sogar Roseggers Getreue zeigten sich etwas betreten und fühlten das Bedürfnis, ihren ehemaligen Schützling zurechtzuweisen, dessen plötzliche Aggressivität sie zu seiner Entlastung einer „Entwicklungskrankheit" zuschrieben.

Ernest Seillière, der Autor einer klugen Rosegger-Studie, schreibt 1902 über das Buch, das er mit einer „Ladung von Bannflüchen" vergleicht, es sei „das frappierende Monument jener angeborenen Unvereinbarkeit zwischen dem Waldsohn und dem Städtebewohner, die auch ein langes Zusammenleben nicht überwinden konnte".[26] Aus lauter Eifer habe der Kritiker meist über sein Ziel hinausgeschossen. Außerdem bemerkt Seillière sehr richtig, daß es sich in der biblischen Bergpredigt um Segenssprüche, nicht aber um Verdammungen handelt.

## DER „ANTISEMITISMUSPROZESS"

Auf gewisse Weise sollte sich Roseggers weltverbesserliche Gehässigkeit rächen. 1885, gerade als das Buch herauskam, wurde er heftig vom Organ der lokalen Schönerer-Partei, dem *Brucker Obersteirerblatt,* angegriffen. Man warf Rosegger seine Kritik an den korporatistischen Studenten vor sowie seine – sporadische – Mitarbeit an dem in jüdischen Händen befindlichen *Neuen Wiener Tagblatt,* und er mußte sich den Schimpfnamen „Judenknecht" und Schlimmeres gefallen lassen. Er möge doch endlich „den

Rassenstandpunkt über den allgemeinen, menschlichen stellen"[27], heißt es dort. Dabei sollte es nicht bleiben; weitere Schmähungen gegen den Dichter wurden laut, und dieser beging den Fehler, öffentlich auf eine anonyme Karte zu antworten, die er noch dazu einer bestimmten Person zuschrieb. Es kam zu einer Duellforderung. Rosegger berichtet davon betont launig im *Heimgarten*: Eines Tages sei ein kriegerischer Recke, Freund der genannten Person, bei ihm erschienen und habe ihm die Forderung überbracht. Ob er sich nicht schäme, einen friedlichen, nicht sehr gesunden Dichter angreifen zu wollen, nur weil er seinen Parteigenossen einen „Säbelraßler in Zivil" genannt hat, fragte Rosegger erbost. Der Gegner blies nun erst recht zur Attacke. Man brachte die Sache vor Gericht, und Rosegger wurde in Krieglach zur Zahlung einer Strafe von fünf Gulden verurteilt. Tief erbost legte er Berufung ein und wurde schließlich vom Gericht in Leoben freigesprochen. Seiner Gewohnheit entgegen ließ er die Öffentlichkeit an dieser Affäre nicht teilhaben. Nur die engsten Freunde wußten, wie sehr er darunter litt.

„Dem Kampf mit den Antisemiten bin ich allerdings nicht gewachsen, dafür bin ich zu rücksichtsvoll, zu weichmütig, zu wenig Jude."[28] Welch sprechendes Paradox! Rosegger glaubte nämlich, im Gegensatz zu den virulenten Antisemiten der Partei Schönerers, das „jüdische Laster" vom Juden trennen und ersterem zu Leibe rücken zu können, ohne letzterem zu schaden.

„Lieber Freund!" vertraut er seinem radikal antisemitischen Freund Friedrich von Hausegger an, „wenn einmal unsere Besten so sprechen wie Sie, dann wird es zum Judenschlachten kommen!"[29]

Ein prophetisches Wort; wenn es sich leider verwirklichen konnte, so nicht zuletzt wegen der Inkonsequenz von Menschen wie Rosegger, die – als Schluß einer defekten Logik – ein wahnhaftes „jüdisches Laster" beseitigen wollten, ohne ihren Trägern ein Haar zu krümmen.

Wenig geübt im Umgang mit abstrakten Begriffen und dem Druck des Zeitgeistes erliegend, war Rosegger überzeugt – wie so viele andere auch –, daß Nationalismus und Antisemitismus mit den christlichen Tugenden in Einklang zu bringen wären. Das Ergebnis dieser frommnaiven Vermengung war eine gutgläubige Blindheit den Gefahrenmomenten gegenüber, die die neuen Strömungen in sich bargen und die dank der Verharmlosung, wie sie auch bei Rosegger vorkommt – der als geistiger Führer von nicht unwesentlichem Einfluß auf eine gewisse Mittelschicht war –, ihre fatalen extremen Wirkungen zeitigen konnten.

## Einschwenken zum nationalen Lager

1891 umreißt Rosegger seine Ideale:

„Förderung des christlichen Lebens, der sittlich freien Entwicklung des Menschen, Treue zum eigenen Volk, Versöhnlichkeit gegen andere ..., deutsches Gemüth auf unserem geistigen, deutsche Rechtlichkeit auf unserem wirtschaftlichen Gebiet."[30]

Dieses Abgleiten von einem liberalen Kosmopolitismus zum konservativen Nationalismus geht zu einem großen Teil auf das Konto seiner neuen Bekanntschaften. Die Mitglieder der Stammtischrunde standen ausnahmslos auf der deutschnationalen Seite, mit ihnen an der Spitze Friedrich von Hausegger, wohl Hauptverantwortlicher für Roseggers Wandlung. Fanatischer Wagner-Verehrer und Gründer eines Vereins der Wagnerfreunde in Graz, zeichnete er zwischen 1885 und 1886 für das radikal-nationale Blatt *Deutsche Presse* verantwortlich. Seit dem Jahre 1883 stand Rosegger mit ihm in Briefwechsel – eine Schule, in der er seine praktische politische Lehre absolvierte, wenn er auch vor gewissen extremen Forderungen, wie zum Beispiel die Juden wegen ihres schädlichen Einflusses auf den deutschen Volkskörper zu „vertilgen“[31], zurückschreckte.

Das jüdische Problem, das Rosegger in seiner jugendlichen Waldeinsamkeit völlig unbekannt gewesen war – „I bin tiaf in Wold / In a Kuhlbrenna Hüttn, / Do siach ih koan Judn / Und koan Antisemitn /“[32], reminisziert Rosegger diese glückliche Vergangenheit –, begann ihn seit dem Umgang mit seinen neuen Freunden zu beschäftigen. Im Jahre 1881 hatte er schon im *Heimgarten* einen Hans Malser gezeichneten grundlegenden Artikel veröffentlicht: *Vom Judenthume, die Ursachen seiner Macht und seiner Verfolgungen.* Dort erfährt man, daß schon die Juden der biblischen Zeit verglichen mit den Römern, Galliern und Germanen körperlich sehr benachteiligt gewesen wären und daß Bar Kochba mit seinen aufständischen Truppen über eine halbe Million Menschen in Mesopotamien, Ägypten und Zypern niedergemetzelt habe (!). Die Unterdrückung der Juden, die später erfolgte, sei eine Folge der Mißhandlungen, denen die ersten Christen unter den Juden ausgesetzt gewesen wären. Eine Geschichtsschreibung, die den schon sehr freien Umgang mit den Fakten ahnen läßt, den sich Rosegger etwas später mit seiner persönlichen Version des Neuen Testaments gestatten wird.

1884 konnte man im *Heimgarten* eine bei Personen der literarischen Szene veranstaltete Umfrage über das Judentum lesen. 1886 faßt Rosegger seiner Gewohnheit des öffentlichen Bekenntnisses gemäß seine dahingehenden Auffassungen nochmals zusammen in einem *Mein Antisemitismus* betitelten Artikel und greift hier abermals die verderbliche Unterscheidung zwischen Jude und „jüdischem Laster“ auf. Seiner Meinung nach gäbe es einen „philosophischen Antisemitismus“, den er verurteilt, und einen „wirtschaftlichen", für den er voll und ganz einsteht. Alle diese Spitzfindigkeiten, in denen natürlich nur die verschiedenen Anschauungen seiner Zeitgenossen unreflektiert wiedergegeben werden, fegt letztlich aber das spontane Geständnis: „In mir ist seit jeher eine natürliche Abneigung gegen semitisches Blut vorhanden gewesen", radikal hinweg. Im *Heimgarten* heißt es auch: „Ich habe wahrlich zu den Juden keine Neigung, ihre durchschnittliche Artung ist gerade der meinen empfindlich scharf entgegengesetzt und ihre nationalen oder Rassentugenden sind nicht die unseren."[33]

## Die Christvesper

Um sein Herz endgültig zu erleichtern, fühlt sich Rosegger veranlaßt, seinen angesammelten dahingehenden Erfahrungen in einer Dichtung Ausdruck zu verleihen. Um sich die gewünschte erzählerische Freiheit zu verschaffen, verlegt er abermals die Ereignisse in eine unbestimmte Vorzeit, wo er seiner erhitzten Phantasie die Zügel schießen lassen kann. Die historische Tatsache, auf der *Die Christvesper* beruht, ist ein Pogrom, das in der Christnacht des Jahres 1312 in Judenburg stattgefunden hat. Für das erzählerische Ambiente stand wohl Hamerlings *Ahasver in Rom* Pate. Seiner Überzeugung gemäß, daß die Juden – zumindest in vergangener, düsterer Zeit – rachsüchtig und blutrünstig wären, postuliert er als Prämisse, daß die jüdische Bevölkerung der Stadt – hier Idunburg – ein Komplott zur Ausrottung (!) der Christen in der Weihnachtsnacht geschmiedet hätten. Die Liebe zwischen einer Jüdin und einem Christenjüngling läßt die Verschwörung auffliegen. Es kommt nun in den Straßen der Stadt zu einem Gemetzel zwischen Juden und Christen, bei dem auf beiden Seiten Blut in Strömen fließt.

Als Fazit kommentiert Rosegger über dem dampfenden Schlachtfeld:

„Das ist die Geschichte vom großen Judenschlachten zu Idunburg. Die Geschichte eines Geißelhiebes, wie ihn der zornige Himmel von Zeit zu Zeit niedersausen läßt auf ein entartetes Geschlecht, das an nichts so leidenschaftlich zu bauen pflegt, als an seinem Verderben."[34]

„Entartet" sind in Roseggers Augen beide Parteien: Die einen aus Anlage, die anderen durch ihre Sucht, sich die „jüdischen Laster" anzueignen; und Gottes Gericht trifft beide. Es ist nicht so sehr Roseggers Gerechtigkeitssinn, der hier in Frage steht, als sein totaler Mangel an historischen Kenntnissen, ein Boden, auf dem die antisemitische Doktrin unbehindert wuchern konnte.

Trotz Roseggers wiederholter Berufung auf christliche Nächstenliebe und Menschlichkeit ist eine sehr ernstliche Kontamination durch die Ideen seiner Umgebung nicht von der Hand zu weisen. Sein französischer Biograph Amédée Vulliod bemerkt hier sehr richtig:

„Die Deutschen in Österreich waren im August 1884 beinahe alle öffentlich oder geheim Anhänger des Antisemitismus."[35]

Wie sollte Rosegger von dieser Strömung ausgenommen bleiben? Tatsächlich hatte er sich nach seinem Prozeß von der Partei Schönerers wegen ihrer brutalen, perfiden Methoden abgewandt. Nach dessen Ausscheiden aus dem politischen Leben im Jahre 1888, wonach die politischen Antisemiten weitgehend in das Lager des christlich-sozialen Wiener Bürgermeisters Karl Lueger abschwenkten, stellte sich Rosegger für ein freimütiges Bekenntnis zur alldeutschen Partei nichts mehr in den Weg.

Die antisemitische Affäre, die den Dichter sehr mitgenommen hatte, aber von seinen älteren Biographen wohlweislich übergangen wird, stellte sozusagen nur den Kristallisationspunkt in dieser bewegten Periode dar. Hand in Hand damit ging bei Rosegger das Erwachen eines Volksbewußtseins, dessen Virulenz weit über den guten alten Patriotismus des Waldsohnes hinausreichte.

Kein Zweifel, „das Deutschtum sitzt unserem Alpenbauer so elementar tief im Blute, daß er sich dessen ebenso wenig bewußt wird, als etwa der Eisenstoffe, die ihm ebenfalls im Blut sitzen"[36]; aber, fährt Rosegger fort, man maß dem nicht mehr Bedeutung zu als eben einer etablierten Tatsache. Nun aber, einmal von seinen Bergeshöhen herabgestiegen, fühlte sich der Dichter-Seher veranlaßt, entschlossen für jenes Deutschtum Partei zu ergreifen, das sich allseits slawischen und „welschen" Gefahren ausgesetzt sah.

Tatsächlich war die österreichisch-ungarische Monarchie nach 1866 und nach dem Ausschluß aus dem Deutschen Bund in eine Sackgasse geraten, aus der es zur Vermeidung des Zerfalls nur einen Ausweg gegeben hätte: den Zusammenschluß der verschiedenen unter dem habsburgischen Zepter vereinten Völkerschaften zu einem Bund von Gleichberechtigten. Angesichts der allseits um sich greifenden Nationalismen lag aber diese Möglichkeit, die einige unvoreingenommene, weitblickende Persönlichkeiten tatsächlich ins Auge faßten, schon 1880 außerhalb jeder Verwirklichungsmöglichkeit. Im Lager der steirischen Alldeutschen um Rosegger wurde die Situation mit paranoider Radikalität aufgefaßt. Man fühlte sich im Osten und Süden schwer bedroht durch das slawische Volk „von minderem Schlag"; im Westen dräute hingegen die „wälsche Tücke"[37], Erbe eines viel älteren Feindbildes.

1890 legte Rosegger seinen Lesern im *Heimgarten* eine gewisse Literatur – *Trost- und Trutzbüchlein der Deutschen im Osten* – warm ans Herz als Mutspender für seine Volksgenossen, denn „eine Überzahl von Gegnern ist aufgestanden und rüstet sich mächtig, in Österreich die Deutschen zu überwinden".[38]

1880 wurde der *Deutsche Schulverein* in Österreich gegründet mit der Zielsetzung, die deutsche Kultur in allen Grenzprovinzen zu stützen und zu verstärken. Rosegger wird sich rückhaltlos dieser Aufgabe verschreiben. 1886 fühlt er sich vorerst abermals veranlaßt, das Zeitgeschehen mit einer Erzählung zu glossieren. Verärgert über die Teilnahme zahlreicher slawischer Elemente am Kabinett Taaffe[39] sowie über die Einführung des Tschechischen in der Verwaltung Böhmens und Mährens, macht er sich mit der historischen Skizze *Die Königssucher* Luft.

Es handelt sich bei letzteren um die Würdenträger eines kleinen Alpenlandes, das in einer historisch nicht bestimmten Zeit seine Geschicke in die Hände des Böhmenkönigs gelegt hatte. Da sich dieser aber der Ehre unwürdig erwiesen hat, machen sich die Männer auf die Suche nach einem neuen Oberhaupt und bereisen zu diesem Zwecke die Höfe aller in Frage kommenden Herren des Landes. Als sie sich endlich nach langem Zögern für einen ihrer Gastgeber entschließen – ein besonders entgegenkommender und freundlicher Feudalherr –, stellt sich heraus, daß sie den König ... von Ungarn auserwählt haben! Doch keine Sorge: Der Retter harrt schon seiner Stunde; ein blonder, kühner Recke, der sich mit seinen Truppen im Bergversteck bereit hält.

Muß man aus dieser durchsichtigen Parabel herauslesen, daß Rosegger sein Land schon an die Feinde „verkauft" sah? Tatsächlich trat seit Heckenasts Tod Roseggers Abneigung gegen die Ungarn offen zutage, und die, die er gegen die Slawen hegte, war nur noch gewachsen, vor allem, seit sie massiv in der Regierung vertreten waren. Angesichts der realen oder imaginären Gefahren hatte Rosegger, voll überzeugt, im Dienste einer Mission zu stehen, beschlossen, seine Volksgenossen als einzigen Weg der Rettung eindringlichst auf ihre „deutschen Tugenden" zu verweisen.

## Peter Mayr

1891 unternahm der Dichter eine Reise nach Südtirol, vor allem nach Bozen, wo er von den legendenumwobenen Ereignissen erfuhr, in denen sich Peter Mayr, der Tiroler Held, in den Aufständen gegen die napoleonische Herrschaft ausgezeichnet hatte. Rosegger war fasziniert. Er besichtigte die Orte, wo sich die verschiedenen Ereignisse abgespielt hatten, und ließ sich alles ganz genau erzählen. Drei Tage später begann er seinen Roman *Peter Mayr, der Wirt an der Mahr* zu schreiben. Hätte er längere Studien betrieben, wäre das „heilige Feuer" erloschen, behauptet er.

Dieser Tiroler Held entsprach haargenau dem Bild des völkischen Führers, den Rosegger für das Erwachen der Deutschen in Österreich erträumte. Obwohl durch Mayrs Initiative Tausende unter den feindlichen Truppen den Tod fanden, verschüttet unter einem eigens dazu losgebrochenen Bergrutsch, zögert der Dichter nicht, den Helden seines Romans als skrupelhaft und fromm zu zeichnen. Das fällt nicht sehr schwer, dank Mayrs – und Roseggers – Überzeugung, daß Gott im Kampf mit den Tirolern ist. (Die Franzosen plündern die Kirchen und verkaufen die Kultgegenstände an die Juden.) Auch nach der Unterzeichnung des Waffenstillstandes hat Mayr keine allzu große Mühe, sein christliches Gewissen zum Schweigen zu bringen und den Kampf, der in die tragische Schlußepisode mündet, wiederaufzunehmen.

„Unser Heiliges Land ist Tirol", erinnert ihn der fanatische Mitstreiter Kulber, in einem Augenblick, wo Mayr zögert und sich ins Heilige Land zurückziehen will.

Mayrs Bruder, der Franziskanerpater, hat eigens seine klösterliche Abgeschiedenheit aufgegeben, um seinem Volk im Kampf Mut zuzusprechen: „Aufg'schaut Tiroler. In Himmel kembt's! Für Gott, Kaiser und Vaterland frisch voran! Der Heid' ist's, auf den es losgeht! Wer in diesem heiligen Kampfe fällt, dem wird zuteil die Märtyrerkrone im ewigen Leben!"[40]

Immerhin kommt er dann auf dem Schlachtfeld in die Lage, einen verwundeten protestantischen Gegner leiblich und seelisch zu versorgen. Er muß einsehen, daß vor dem Tod alle Rassen und Religionen gleich sind.

Dieser Roman, in dem Rosegger mit Vehemenz seiner nationalen Gesinnung Ausdruck verliehen hat, bringt einen Widerspruch an den Tag, demgegenüber nicht nur Rosegger, sondern viele seiner Zeitgenossen jedoch blind bleiben: die Unvereinbarkeit eines aggressiven Nationalismus mit echtem Christentum. Die Tatsache, daß Peter Mayr seine Greueltat durch seine Hinrichtung sühnt: ein Schicksal, das er durch eine Lüge hätte abwenden können – es hätte genügt zu behaupten, daß er zur Zeit seines Wiedereingreifens in die Kämpfe vom Waffenstillstand nichts gewußt habe –, kann über den blutrünstigen Aspekt dieses Romans nicht hinwegtäuschen, der dem Dichter von der Kritik, vor allem den *Tiroler Stimmen,* zum Vorwurf gemacht wurde.

## Das Waldheimat-Motiv auf drei Gleisen

Die Radikalisierung im politischen Denken Roseggers ging Hand in Hand mit der endgültigen Verankerung der seinem ganzen Werk zugrundeliegenden Fantasievorstellung der Waldheimat. Diese wird letztlich drei wesentliche Ausformungen erfahren: als erzählerisches Grundelement, als Ort der Idylle und als Waffe im ideologischen Kampf.

Die erste Verwendung ist die offensichtlichste und mechanischste: Als Hochlandagrargebiet liefert die Waldheimat den Hintergrund für Roseggers gesamtes dichterisches Werk – so es nicht aus der Feder des städtischen Hans Malser stammt. Zwar ist die Anzahl der Erzählungen im ländlichen Milieu immer noch im Steigen begriffen, aber man kann nicht umhin, festzustellen, daß ihr Autor, innerlich abwesend, mehr und mehr nach dem Klischee schreibt. Wie so oft in dieser Art von Literatur kreist die Intrige um eine Frau: Einheirat auf einen Hof, wobei Vater und Sohn sich als Rivalen gegenüberstehen, verlassene Bräute, Paare, die einander nicht finden können, Heirat aus Eigennutz, Dorfschöne mit männermordender Wirkung, Laster und Verbrechen ... Und immer wieder die Darstellung von Sonderlingen in allen Altersstufen. Motive, die Rosegger sozusagen am laufenden Band benutzt, in denen der Selbstaussagewert jedoch auf Null gesunken ist. Ab nun muß man anderswo suchen, wenn man Roseggers Innenleben abhorchen will: im politischen Streit, wo er sich voll und ganz investiert, und in der welterzieherischen Aufgabe, zu der er sich berufen fühlt.

Die zweite Ausformung dieses Roseggerschen Grundphantasmas wird in seinen „Erinnerungen" an die Waldheimat deutlich. Hier nimmt die ländliche Umgebung, die er darstellt, mehr und mehr die Züge der Idylle an, wenn sie nicht einfach nur als vager Hintergrund für irgendeinen Lehrlings- oder Studentenstreich bemüht wird. Im Laufe der Jahre wird das Bild, das Rosegger von der Waldheimat gibt, immer nostalgischer und verklärter, ein Bild, das letztlich in Opposition gerät zum Wald- und Hochlandbauern, der sich im harten Kampf einer korrupten, städtisch orientierten Gesellschaft gegenüber durchsetzen und bewähren muß. Der idyllische Wald und der Wald der Bewährung erscheinen als zwei gegensätzliche Motive, trotz ihres gemeinsamen Ursprungsortes in Roseggers Psyche: die Ambivalenz der väterlichen Heimat.

Während der Wald als Idylle bei Rosegger die Rolle des Refugiums übernimmt, in die sich das müde „Weltkind" gerne flüchtet, geht aus dem „Wald der Bewährung" die Gestalt des trotzig-mutigen Gebirgsbauern hervor, der von Rosegger nach und nach zum vorbildlichen Menschen überhaupt erhoben wird.

## JAKOB DER LETZTE

„Der rechte, echte, feste und treue Mensch muß irgendwo wurzeln, nicht anders wie ein Baum, ein Kornhalm."[41]

Dieser aufschlußreiche Satz, der auf einem Wegkreuz nahe Alpl zu lesen ist, stammt aus dem Roman *Jakob der Letzte* und hat für Rosegger wahrhaft emblematische Bedeutung als apodiktisches Pendant zur unwiderruflichen Verdammung des städtischen Lebens – eine Denkgewohnheit, die bei dem wesentlich im urbanen Milieu verkehrenden und von ihm stimulierten Dichter zum paranoiden Artefakt gerät.

Im Roman *Jakob der Letzte,* den Rosegger im Sommer 1886 schreibt, gibt er diesem Ideenkomplex endgültige Form. Der Anstoß soll von der Rosegger sehr irritierenden Bemerkung eines Försters ausgegangen sein, derzufolge es die Bauern nicht besser verdienten, als zur Aufgabe ihrer Höfe gezwungen zu werden. Tatsächlich war damals die Zahl der landwirtschaftlichen Betriebe in Höhenlage rapid im Sinken begriffen. Von den fünfundzwanzig Anwesen in Alpl blieben nur noch acht. Es ist wohl müßig, die Schuld an diesem Tatbestand der Konkurrenz durch ungarischen oder amerikanischen Getreideimport zuzuschreiben oder den ungünstigen Auswirkungen der neuen Erbgesetze, die entweder zur unergiebigen Kleinparzellenwirtschaft führten oder zur Verschuldung des Hofes durch Auszahlung der Miterben: in einer Höhe von über tausend Meter ist das bäuerliche Leben eben hart und unerbittlich, und der einzige rentable Bewirtschaftungszweig, die Viehzucht, erforderte nicht unbedingt eine Niederlassung so hoch oben. Rosegger wußte das – zumindest wußte er es noch 1860, als er seinen Landsleuten ans Herz legte, sich nur auf diesen Erwerbszweig zu beschränken. 1886 scheint er hingegen diese Tatsache vergessen zu haben. Außerdem steht zu bedenken, daß Roseggers Schwiegervater 1888 das Kluppenegg, das seinen finanziellen Erwartungen anscheinend nicht entsprochen hatte, wieder verkaufte. Zum Besingen der Wälder war nun kein Anlaß mehr gegeben.

Der trotzige Kampf, in den sich der ländliche Patriarch Jakob Steinreuter für den Fortbestand seines Gebirgsanwesens einläßt, wird nun bei Rosegger zum Symbol des standhaften Beharrens gegenüber einer vom städtischen Einfluß „vergifteten" feindlichen Welt.

„Steinreuter zieht seine Kraft und seine Sorge und seine Liebe aus dem Boden ..., auf dem er steht, und spendet sie von seinem Haupte wieder nieder ... auf diesen Boden und auf alles, was darauf wächst und ihn umgibt."[42]

Der Landmann, von dem es in *Gabriel Mondfels* schon hieß, er sei „das große Sinnbild Gottes"[43], ist nun der Verwahrer der echten Werte schlechthin geworden: „Die Bauern sind nicht bloß die Statisten hinter den großen Helden. Hier ist das ursprünglich Geniale, der himmelanstürmende Idealismus, der heldenmütige Opfermut, die welterschütternde Leidenschaft, die Schaffensfreude, die Kraft und Gewalt."[44]

Er ist auch der Hort des wahren Glaubens: „Ich sehe den Schaden für die Religion, die nur in dem festgeschlossenen Bauerntum ihren sicheren Ort hat. Wenn im

Volke das Patriarchentum zugrunde gerichtet wird, wie soll es im Staate sich halten?“[45] fragt sich Rosegger besorgt. Für ihn handelt es sich nun darum, zu beweisen, daß dieses Bauerntum um jeden Preis erhalten werden muß, nicht zuletzt, um eines Tages die „weltgiftzerfressenen“ Stadtleute im Kontakt mit ihm wieder zu sich und damit zu den wahren Werten zu bringen. 1895 schlägt der Dichter sogar vor, der Staat könnte aufgelassene Bauerngüter aufkaufen und sie drei Jahre lang den jungen Männern nach der Absolvierung ihres Militärdienstes zur Verfügung stellen. Einige von ihnen, hofft er, würden sicherlich bei diesem Leben bleiben.

Seltsamerweise hat sich in diesem Roman der Wald, dem der Dichter noch 1876 lyrische Huldigungen darbrachte, all seiner positiven Attribute begeben: keine Rede mehr von seiner Bedeutung als Klimaregler, als Lebensquell und Garant für die Zukunft. Nun ist er der bedrohliche Feind der Saaten und Weiden, ein Instrument in den Händen des Großgrundbesitzers, das dieser rücksichtslos zu seinen Zwecken – die der Jagd – benutzt. Wenn es diesem reichen Mann gelingt, die Bauern durch den Ankauf ihres Besitzes zu vertreiben, um sein Jagdgebiet noch zu vergrößern, so deshalb, weil sie sich, ermüdet vom täglichen Lebenskampf, in dem die Wildschäden nicht das geringste Übel darstellen, mit der runden Geldsumme in der Hand im Tal unten eine leichtere Existenz erträumen. Natürlich haben diese weltfremden Hinterwäldler die Lage in jeder Weise falsch eingeschätzt und gehen, nachdem ihnen das Geld wie Schnee in den Händen zerronnen ist, ihrem Ruin entgegen. Auch Guldeisner, der reiche Bergbauer, dem die Sonne am Morgen in die Kaffeeschüssel scheint, kann sich nicht umstellen und verkommt.

In dem skrupellosen Oberförster Ladislaus hat Rosegger dem Großgrundbesitzer und „Bauernleger“ einen gewitzten Helfer bei der Ausführung seiner Pläne zur Seite gestellt. Auf dem rothaarigen Mann mit der Hakennase nimmt sich die gute steirische Tracht wie eine üble Verkleidung aus, vermerkt Rosegger, noch dazu, da er bei ländlichen Festen den einheimischen Melodien die süßlichen Schlager aus der letzten Operette in Wien vorzieht. Wenn Rosegger von ihm behauptet, er sei Pole, so muß man lesen: Jude.

Der innig mit seiner Scholle verbundene Steinreuter bleibt also als einziger da oben auf seinem mehr und mehr vom Wald bedrängten Hof. Er verschmäht das grundherrliche Geld und verschließt allem guten und weniger guten Zureden sein Ohr. Sein „Tausender" ist die Scholle, belehrt er seinen Sohn Jackerl; eine Scholle, die letztlich durch die Abwanderung seiner Nachbarn und die Auflösung der dörflichen Strukturen so unergiebig wird, daß auch dieser mutige Streiter verzweifelt. Von seinem Erzfeind Ladislaus zum Äußersten getrieben – er macht sich über ihn lustig, als die Rehe die letzten Kohlköpfe verwüsten –, kommt es zum Kampf zwischen den beiden Männern, in dem Ladislaus von Steinreuter getötet wird. Konsequent in seinem Scheitern macht dieser im Gebirgssee „Zum Gottesfrieden" seinem Leben ein Ende. Immerhin gelingt es Jackerl, der mit zwölf Jahren von zu Hause fortgelaufen ist, in Amerika das väterliche Werk der Urbarmachung und Bewirtschaftung mit seiner Familie fortzusetzen.

Der Roman fand geteilte Aufnahme. Vielleicht ist die Stellungnahme Mettenleiters: „Wo ein paar Höfe weichen mußten, sah der Mystagoge die Existenz des Alpenlandes gefährdet, das Dasein der Menschheit bedroht"[46], etwas extrem formuliert. Rosegger selbst bekam Schwierigkeiten mit dem Österreichischen Jagdschutzverein. Da die Jagd in Österreich wesentlich in den Händen der oft adeligen Großgrundbesitzer lag, sah dessen Vorsitzender, Baron Frank, in dem Werk ein „krankhaftes Phantasiegemälde, (das man dorthin) verweisen (müsse), wohin es längst gehört, nämlich in die Romanbibliothek".[47] Er erinnert außerdem daran, daß die Gebirgsbauern von niemand vertrieben würden und sie ihre schwer zu bewirtschaftenden Güter aus freien Stücken aufgäben. Eine Meinung, von der Rosegger kurz nach seinem Abwandern aus der Waldheimat gar nicht so weit entfernt war!

Interessant für die soziale Frontenstellung ist, daß Engelbert Pernerstorfer Rosegger um das Nachdruckrecht des Romans in seiner Zeitung *Deutsche Worte* ersuchte. Auch er machte das Vorgehen der Großgrundbesitzer verantwortlich für das Sterben der ländlichen Kleinbetriebe.

## Martin der Mann – Eine Lektion für die Ehefrau

Nur ein Jahr danach, im Jahre 1887, entstand Roseggers nächstes Werk *Martin der Mann,* das für Kritiker und Biographen ein ständiges Rätsel geblieben ist. In der genauen Mitte von Roseggers Romanproduktion gelegen – sieben Romane vorher, sieben nachher –, fällt dieses Werk aus dem Rahmen, weil es nicht von seinen Grundanliegen beherrscht ist. Man wollte darin zuerst einen politischen Roman sehen. Da die Handlung aber nicht in das sonst von Rosegger bevorzugte historische Dunkel getaucht ist, hat man zu Recht den Realitätsgehalt der vorgeführten, diesmal zeitgenössischen Ereignisse beanstandet. Rudolf Latzke behilft sich damit, daß er als Ausgangspunkt des Romans die Feiern zum fünfzigsten Regierungsjubiläum der Königin Viktoria im Jahre 1887 ansetzt. Es ist auf alle Fälle richtig, trotz des Titels, das Schicksal einer Frau als ausschlaggebend in den Vordergrund zu stellen.

Worum handelt es sich nun? Bei einer höfischen Jagd wird der regierende Herzog des Landes von unbekannter Hand getötet. Die Thronfolge bestimmt seine Nichte Juliana, ein frisches junges Mädchen, das in ländlich-feudaler Abgeschiedenheit heranwuchs, zur Übernahme der Macht. Trotz ihrer Überraschung ist sie bereit, die schwere Aufgabe auf sich zu nehmen, und scheint sogar in Bälde durch ihre Ausstrahlung die republikanisch-revolutionären Strömungen, denen ihr Onkel ohne Zweifel zum Opfer gefallen war, einzudämmen und zum Versiegen zu bringen. Immerhin muß sie das Todesurteil des herzöglichen Büchsenspanners, den man als vermutlichen Mörder verurteilt, unterzeichnen.

Vom Leben und Treiben am Hof erschöpft und angeekelt – Rosegger findet hier ausgiebig Gelegenheit, ein Milieu anzuprangern, das er eigentlich gar nicht selbst kannte, in dem man ihm aber immer sehr freundlich entgegenkam –, beschließt Juliana, sich zu ihrer Gefährtin aus Jugendtagen, Maria, die Förstersgattin, in die Wälder zurückzuziehen. In Maria verkörpert Rosegger den gesunden Menschenverstand und das aufrechte Volksempfinden im Gegensatz zur affektierten Welt des Hofes. Juliana erfährt bei ihrem Aufenthalt von der Existenz eines riesigen „Urwaldes", des „Schatts", und sie versteift sich darauf, dieses sich selbst überlassene Stück Natur aus eigener Anschauung zu erleben. Dort wird sich ihr Schicksal in der Begegnung mit Martin, dem schönen, starken Mann, der sie aus vielfacher Gefahr rettet, erfüllen. Maria hat es an dieser heiklen Stelle vorgezogen, nach Hause zurückzukehren, nachdem sie in Martin jenen Forstgehilfen erkannt hat, der vor einigen Monaten ihre eheliche Treue fast ins Wanken gebracht hätte.

Um Juliana aber ist es geschehen. Sie, die die Hand so manches Prinzen verschmäht hat, verliebt sich sterblich in diesen seltsamen Einzelgänger, der sich mit Hilfe einiger Getreuen die Errichtung eines landwirtschaftlichen Gutes mitten im tiefsten Wald zum Ziel gesetzt hat. Von ihrer lang brachgelegenen Leidenschaft getrieben, gesteht ihm Juliana ihre Gefühle. Martin, der Juliana erkannt hat, und nur eine dauerhafte Beziehung ins Auge faßt, stellt seine Bedingungen: Er fordert den Thronverzicht als Pfand für die Heirat. Juliana willigt ein, kehrt an den Hof zurück, um die Macht in die Hände des Volkes zu legen und dann den geliebten Mann im Walde wiederzufinden. In einem wahren Glückstaumel verfolgt Juliana die Vorbereitungen zur fürstlichen Hochzeit. Der Tag naht heran, als Martin der Braut eine unerhörte Eröffnung macht: Er ist der Mörder ihres Onkels, von den Verschwörern durch das Los dazu bestimmt! Juliana, von Entsetzen gepackt, stürzt sich aus dem Fenster, und Martin verschwindet wieder ebenso mysteriös, wie er aufgetaucht war, in den Tiefen der Wälder.

Tatsächlich hat dieser Roman eindeutig politische, ja zeitgenössische Bezüge; er enthält vor allem die 1889 der endgültigen Version beigefügte „Parabel des Starken", das politische Vermächtnis von Julianas Erzieher, dem Mönch Abraham. Es handelt sich um eine Art von Anweisungen für den aufgeklärten Herrscher eines musterhaften Volkes; ein Text, der unzweifelhaft Züge der Bismarck-Rede vom 8. Februar 1888 trägt.

Wenn man sich zu einer politischen Interpretation des Romans entschließen will, wie kann man sich dann mit der kalten, ja fast gleichgültigen Darstellung eines Königsmordes abfinden? Eines doppelten Königsmordes eigentlich, da sich Martin in eine Beziehung einläßt, von der er annehmen muß, sie würde fatal enden, und dies, nachdem er durch die Liebe erreicht hat, was der Mord nicht bezwecken konnte: die Errichtung eines demokratischen Regimes. Die Kritik machte Rosegger aus diesem Tatbestand heftige Vorwürfe.

Nun ist es interessant festzustellen, daß Rosegger in der ersten Version des Romans vor einem Happy-End nicht zurückgeschreckt war: Juliana willigt in die Heirat mit dem Mann, dem ihr Onkel zum Opfer gefallen war, ein, und das Paar lebt glücklich und zufrieden. Erst auf die empörte Reaktion seiner Umgebung hin änderte Rosegger diesen Schluß in sein Gegenteil. Gerade dieses Umschlagen, das wie Unentschlossenheit wirkt, verweist auf eine psychologische Tiefenschicht, die es vielleicht gestattet, die innere Kohärenz des Werkes aufzuzeigen. Kann man diese Geschichte nicht wie eine Verwarnung an die Frau lesen? An die Frau im allgemeinen sowie an Roseggers eigene Gattin, die für seinen Geschmack zu große Unabhängigkeits- und Autoritätsbestrebungen an den Tag legte? Sagte er nicht von ihr, sie wäre dazu geeignet, ein „Rittergut" zu verwalten? Für Rosegger ist der Platz der Frau an der Seite des Mannes, ihm kommt in jedem Fall die häusliche Herrschaft zu. An welchem Ort auch immer das Schicksal sie gestellt haben mag, ohne die feste Hand des Mannes ist sie nur ein schwankendes Rohr im Winde: „Das Leben eines Weibes ohne leitenden Mann ist eine Wahnfahrt zwischen Irrlichtern"[48], besinnt sich die abgedankte Herrscherin Juliana.

Auf dem Lande, belehrt uns Rosegger, ist der Bauer, wenn er heiratet, „Herr im Hause", nicht Prinzgemahl: „dann mußt du wissen", schreibt Juliana an Maria, „daß, wenn ich als regierende Fürstin heirate, mein Mann nicht etwa regierender Fürst wird, so wie bei Euch, wo der, den die Bäuerin heiratet, Herr im Haus wird".[49] Haben wir damit nicht den Schlüssel zum Verständnis des Romans in der Hand? Die Frau muß „abzudanken" wissen, sich mit ihrem Platz als Gattin und Mutter bescheiden, denn nur hier könne sie die ihr gemäße Verwirklichung erhoffen; jeder andere Weg sei Irr- oder Ausweg, für Juliana genauso wie für die Frau im allgemeinen! Es ist vielleicht nicht uninteressant zu wissen, was Rosegger über das Frauenstimmrecht dachte: Es sei eine Ehre, für die sich die deutsche Frau bedankt! In dem Band *Die Älpler* stellt Rosegger die „Emanzipation" der Frau folgendermaßen dar: Die Bäuerin ist lange vor dem Bauern aufgestanden, hat ihm die Suppe gekocht, eingeheizt und die Stiefel gewichst, aber mit *ihren* Mitteln! fügt Rosegger hinzu ...

Auch die erste Lösung des Romanknotens, auf die Rosegger spontan verfallen war, gewinnt in diesem Lichte an Logik. Martin darf den Onkel Julianas töten, wenn wir im Onkel ein Vater-Substitut sehen und mit Freud sagen wollen, daß er sozusagen zum Mord des Vaters jener Frau gezwungen ist, die er erobern will. Jedoch ist Rosegger zur Änderung des Romanausganges bereit. Er läßt Juliana, entsetzt über ihre Schuldverstrickung (sie hat das Todesurteil eines Unschuldigen unterzeichnet!) zugrunde gehen. Verrät Rosegger mit dieser überraschenden Bereitwilligkeit zu einer so radikalen Änderung nicht seine geheimen Gefühle, sein Unterbewußtsein, in dem Juliana zum Tode verurteilt ist, ebenso wie die sanfte Anna im ersten Liebesroman? Gefährlich und triebhaft ist das Weib die Verführerin, die für den Sündenfall Verantwortliche. „Fast schwelgte sie in der Empfindung, daß sie hier im Walde ganz das schlaue, neugierige, lüsterne, vor allem zitternde und alles wagende natürliche Weib sein konnte"[50], heißt es von der ihren Trieben preisgegebenen Juliana im Walde. Ein von der damals herrschenden Sexualmoral genährter Gefühlskomplex, der auch Rosegger im Tiefinnersten in Angst und Schrecken versetzte.

Das Umschlagen vom Happy-End zum letalen Ausgang für Juliana, die den sträflichen Fehler beging, nicht nur zu Hause regieren zu wollen, sondern sogar im Staat, ist also keineswegs als erstaunlich, vielmehr als charakteristisch für die Ambivalenz von Roseggers Gefühlen zu erachten. *Martin der Mann* ist natürlich nicht das einzige Werk, in dem Rosegger dem „Weib" eine Lektion erteilt, man könnte *Hauptmann Fortner und seine Frau, Der falsche*

*Ritter, Der Gutsherr auf Zurkow, Das Mädchen unter dem Fichtenbaum* usw. nennen. Aber hier gerade war es den Schwierigkeiten seines Ehelebens, trotz Roseggers Bemühungen um ihre Unterdrückung, doch gelungen, auf verdeckten Wegen an die Oberfläche zu gelangen, und es ist nicht auszuschließen, daß die besondere Aggressivität des Dichters in diesen Jahren auf das Konto einer etwas bestrittenen Herrschaft im Hause zu bringen ist.

Wir wissen, daß dieser Periode durch eine plötzliche Wende ein Ende gesetzt wird: die schwere Erkrankung im Jahre 1892, die Rosegger diesmal tatsächlich in Todesgefahr brachte. Zu Weihnachten 1892 lag der Dichter mit einer durch eine Venen- und Bauchfellentzündung verschlimmerten Lungenentzündung darnieder, und man gab ihn für verloren. Während der langen Stunden zwischen Leben und Tod verflog natürlich Roseggers Kampfgeist, um in seinem Herzen jenem Platz zu machen, der ihm damals begegnete: Jesus, seinem Herrn.

# V.
# Der Prophet: 1893–1918

„Und nun ist der Waldbauernbub ein alter Herr, den ich manchmal schon etwas mühselig mit mir herumschleppen muß.“[1]

Nachdem Rosegger von schwerer Krankheit wieder genesen war, standen ihm zwei weitere Prüfungen, diesmal moralischer Art, bevor. Zuerst der lang sich hinziehende Streit mit seinem Verleger Hartleben, der nicht ohne Beiziehung der Gerichte abgegangen war, bevor es zum endgültigen Bruch kam; dann die noch unangenehmere Affäre der Polemik um Heinrich Heine, in der unser Dichter keine sehr gute Figur machte. Beide Probleme wurden übrigens von Rosegger selbst und von seinen älteren Biographen mit äußerster Diskretion behandelt, um nicht zu sagen totgeschwiegen.

## Der Bruch mit Hartleben

Seit 1880 war Rosegger durch einen Vertrag an den Wiener Verleger Hartleben gebunden, in dem er sich verpflichtete, diesem alle hochdeutschen Werke zum Erstdruck zu überlassen. Dreißig Bände waren dort aufgrund dieser Zusammenarbeit erschienen, wovon die zwölf ersten Wiederaufnahmen älterer Werke sind. Die erste Auflage betrug immer zumindest fünftausend Exemplare, und gewisse Titel hatten 1893 schon eine beachtliche Anzahl von Neuauflagen erreicht: *Das Buch der Novellen* (drei Bände 1881–1882) sowie *Waldheimat* waren bei der achten Auflage angelangt, *Der Gottsucher* bei der sechsten. *Die Schriften des Waldschulmeisters* gar schon bei der sechzehnten! Daneben hatte Hartleben die Werke seines so fruchtbaren Autors in immer wieder neuen Zusammenstellungen und Aufmachungen herausgebracht; aber Rosegger klagt, das Ganze habe dem Autor nur 30.000 Gulden in dreizehn Jahren eingebracht: „Ein sehr mäßiges Beamtengehalt, ohne Garantie für die Zukunft."[2]

Damals begann sich der Leipziger Verleger Ludwig Staackmann für Rosegger zu interessieren. Letzterer, mit gewissen Geschäftspraktiken des Hauses Hartleben unzufrieden – ein Kapitel, über das er sich zweimal im *Heimgarten* rechtfertigt –, versuchte, von Staackmanns Gegenangebot gestützt, sich bessere finanzielle Bedingungen auszuhandeln. Ohne Erfolg. Hartleben bedauerte, nicht mehr geben zu können, und so trachtete Rosegger nun von seinem alten Verleger loszukommen, was ihm dank der Hilfe seines Freundes, des Rechtsanwaltes Friedrich von Hausegger, der ihn vor Gericht verteidigte, und dank der Tatsache, daß der Vertrag auf „zu vereinbarenden Bedingungen" beruhte, nach aufreibenden Monaten auch gelang. 1894 konnte Rosegger endlich zu Staackmann übergehen. Dieser hatte ihm „auf solider Grundlage ein Anerbieten gemacht, das für ihn schon im ersten Jahr gerade ums Viermalige günstiger war"[3] als sein Übereinkommen mit Hartleben.

Der Zwist hatte noch ein Nachspiel, als Hartleben eine Volksausgabe von Roseggers Werken in Angriff nahm, wobei er dem Autor weder Honorar noch das übliche Korrekturrecht einräumte. Hier endete die Sache mit einem doppelten Verzicht Roseggers, der aber damit entschädigt wurde, daß der generöse Staackmann 1898

Roseggers gesamtes Werk bei Hartleben aufkaufte und gleichzeitig das Verfügungsrecht über alle alten und neuen Werke des Dichters erstand. Acht Güterwaggons mit jeweils zehn Tonnen Rosegger-Bänden langten so per Bahn in Leipzig ein. Staackmann, der sich schon der modernen Reklame- und Marktmethoden bediente, machte Rosegger erst zum wohlhabenden Mann, und dieser konnte sich von nun an damit begnügen, einen Band pro Jahr zu produzieren. Es wurden daraus zwischen 1895 und 1919 fünfundzwanzig weitere Bände.

Die Beziehung zwischen Rosegger und Staackmann gestaltete sich bald freundschaftlich und erinnert an das gute Einvernehmen, das früher mit Heckenast geherrscht hatte, wenn man von der positiven, kulturbildenden Wirkung absehen will, die jener auf den jungen Autor ausgeübt hatte. Auch die politische Einstellung unterschied radikal die beiden Verleger: Heckenast war ein Liberaler aus der Donaumonarchie gewesen, Staackmann – und vor allem Adolf, der 1896 nach dem Tod seines Vaters den Verlag übernahm – ein überzeugter Deutschnationaler.

## Die Heine-Affäre

1893 war das Jahr einer weiteren Polemik, die, wenn auch kürzer, nicht weniger heftig ausfiel. Im Sommer trat man an Rosegger mit einer Umfrage heran, in der es sich darüber auszusprechen galt, ob die Stadt Mainz Heinrich Heine ein Denkmal errichten sollte oder nicht. Rosegger gab zuerst keine Antwort, erklärte aber dann bei einer abermaligen Anfrage, er könne darüber kein Urteil abgeben, weil er Heine „nicht gut genug kenne, um darüber seine Meinung zu sagen“.[4] Die Presse gab sich mit dieser Ausflucht nicht zufrieden und verwunderte sich über diese seltsame Bildungslücke. „Eine Unzahl von Zeitungen, durchgehends jüdischer Abstammung (sic!), bemächtigte sich meines bescheidenen Bekenntnisses, bauschten sie (sic!) zu einer demonstrativen Kundgebung auf, erklärten mich rundweg für einen Antisemiten und begannen sofort, mich als solchen in allen Tonarten zu verhöhnen, zu beschimpfen, zu verdächtigen und als den Unbedeutendsten aller Dillettanten mir den Garaus zu machen"[5], erboste sich der Dichter.

Konnte aber der aufmerksame Rosegger-Leser, vor allem der Leser des *Heimgarten* nur einen Augenblick über Roseggers wahre Einstellung zum Judentum im Zweifel sein? Die haarspalterische Unterscheidung zwischen „jüdischem Laster" und dem Juden selbst – sie ist sicher nicht einer besonderen Flexibilität von Roseggers Intellekt, sondern eher dessen Defizienz zuzuschreiben – ließ kaum vermuten, daß er dem jüdischen Poeten das Wort reden würde. 1888 hatte er schon im *Heimgarten* einen sehr unerfreulichen Heine-Artikel, der aus der *Deutschen Post* stammen sollte, abgedruckt, in dem der Dichter „Heringsjüngling, Dichter der Halbgebildeten und sittlich verwahrlost" geschimpft wurde. „Sein trostloser Spott gegen Christus, gegen die Religion, gegen viele deutsche Fürsten, gegen alles edle Empfinden der Menschenbrust" wurde den traditionellen Schmähungen dieses Lagers gemäß angeprangert. Man ereiferte sich gegen „die faulen Früchte seines Geistes" und seinen „geifernden Spott".[6] Natürlich blieb auch der alte Vorwurf, in Frankreich von König Louis Philippe Subsidien erhalten zu haben, nicht unerwähnt. In seiner abschließenden Zusammenfassung der Affäre gibt Rosegger ganz offen zu, daß ihm „außer einigen Liedern (...) dieser menschliche und literarische Charakter widerlich war und blieb, und er immer noch lieber der kleine angefeindete Waldpoet als der große Dichter Heine sei, dessen ohnehin zweifelhaftes Andenken durch diese seltsame Denkmalschnorrerei aufs Tiefste entwürdigt wurde".[7]

Die „jüdische Presse", wie Rosegger sie nennt, ließ es dabei nicht bewenden. Der über so viel Unverantwortlichkeit – soll man sagen: Unverfrorenheit – empörte *Berliner Börsen-Curier* erinnerte daran, daß Heine nicht der einzige Empfänger von offiziellen Zuwendungen war. Hatte Rosegger selbst nicht jahrelang vom Land Steiermark Förderungssummen erhalten? Hatte er nicht trotz ausreichender Einkünfte und einer vorteilhaften Heirat von der Schiller-Stiftung zu seinem 50. Geburtstag 600 Reichsmark angenommen? Rosegger, außer sich, verlangte darauf von den Verantwortlichen dieser Institution eine Klarstellung und Rehabilitierung. Da keinerlei Reaktion erfolgte, schlug er vor, die erhaltene Summe für zwei verdienstvolle steirische Autoren zur Verfügung zu stellen. Da die Schiller-Stiftung immer noch schwieg, sandte Rosegger die 600 Reichsmark ohne weitere Bedingungen zurück. Damit wollte er diese unliebsame Angelegenheit beigelegt wissen und dem Vergessen anheimgestellt sehen.

Diese im prallen Licht der Öffentlichkeit abgehandelte Affäre hinterließ bei Rosegger einen bitteren Nachgeschmack und eine fühlbare Erschöpfung. Freunden gesteht er, er möchte sich am liebsten aus dem Trubel zurückziehen, sich „für nichts mehr exponieren".[8] Er beklagt sich über die ständige Aufmerksamkeit, die ihm die Presse widmet, weiß aber gleichzeitig, daß ihm die Schuld daran zum großen Teil wegen seines ständigen Mitredenwollens bei öffentlichen Dingen zukommt, und auch weil er nur zu oft und gerne von sich spricht. Aber war er nicht zu entschuldigen? Hatte er nicht jedesmal gemeint, es geschehe zum Wohle der Allgemeinheit? Nun, Ende der neunziger Jahre fühlt er sich müde, die Schöpferkraft erlahmen, „die Purzelbäume, die man macht", schreibt er an Freund Kienzl, „vermögen über die Erschöpfung nicht hinwegzutäuschen. Ich bin den Menschen gegenüber zwar treu gesinnt, aber nicht liebevoll, nicht opferfähig genug"[9], klagt er sich an.

## Ruhm und Ermüdung

Dabei war der Ruhm des Dichters immer noch im Wachsen. Sein 50. Geburtstag war Anlaß zu zahlreichen Ehrungen und Freundschaftsbeweisen. Leykam in Graz brachte mit etwas Verspätung eine *Gedenkschrift an den 50. Geburtstag des Dichters Peter Rosegger* heraus, in der alte und neue Freunde dem Jubilar gratulieren; Marie von Ebner-Eschenbach steht in der Tabula gratulatoria neben Carmen Sylva, der Königin von Rumänien. In Krieglach veranstaltete man einen Fackelzug, und Roseggers Verehrer zogen sogar den Rückkauf des Kluppenegger-Hofes in Betracht, was letztlich aber wegen unzureichender Finanzmittel nicht verwirklicht werden konnte. Immerhin erhielt das Geburtstagskind eine Ehrengabe von 15.000 Gulden, und seine Freunde „entdeckten" beim Maler Alois Schönn das „Porträt" des Waldbauernbuben, der in Wien den Kaiser Joseph suchen gegangen war. Das fiktive Konterfei hatte sogar die Ehre, den ersten, bei Staackmann erschienenen Band *Als ich jung noch war* zu schmücken. Die Veranstaltung eines Würdigungsfestes in Mürzzuschlag wurde von Rosegger abgelehnt, ebenso wie die Gründung einer *Rosegger-Gesellschaft;* letztere wurde dann im Jahr 1898 unter dem Namen *Waldheimat-Gesellschaft* ins Leben gerufen.

Trotz all dieser Gaben, mit denen Fortuna ihn überhäufte, konnte der Dichter das Gefühl eines gewissen Leergeschriebenseins nicht unterdrücken. „Jetzt schreibe ich schon 30 Jahre lang – wenn es nicht größtenteils Naturtrieb wäre, es wäre nicht zu verantworten –, und der Stein ist ungehoben (...) Ich habe so viel wie nichts gesagt, gestaltet"[10], bekennt er, und Freund Kienzl macht er folgendes Geständnis: „30 Jahre lang habe ich in der Absicht, wahr zu sein, aus mir heraus geschrieben und nun muß ich mir sagen, der Abstand zwischen mir und den Zeitgenossen ist größer denn je. Ich bin ganz unzulänglich für das gegenwärtige geistige Leben, ich führe eine ganz andere Existenz, eine, die mir selbst immer dunkler wird, je mehr Geselligkeit, je größer die Vereinsamung."[11]

Aus all dem geht klar der Eindruck einer gewissen Desorientierung hervor, die sich mit zunehmendem Ruhm nur noch vertiefte. Je mehr er sich in der Öffentlichkeit engagierte, desto mehr schlich sich die innere Entfremdung ein. In sich gehen können, sich wiederfinden, fern dem „Weltgift"! Wenn sich Rosegger unter dem Einfluß seiner städtischen Umgebung in die verschiedensten Kämpfe einließ, die den Strömungen der Zeit entsprachen, so gab es dahinter einen anderen Rosegger, der inmitten des Treibens nur einen Wunsch hatte: sich zurückziehen, Atem holen in seiner geliebten Waldidylle oder – auf einer höheren Ebene – in den Armen Jesu, die sich ihm erst seit kurzem geöffnet hatten.

## Zum Heiland zurückgefunden

Im *Gottsucher* war Rosegger zu dem Schluß gekommen, daß das religiöse Bedürfnis dem Menschen angeboren sei und das Christentum unter allen Religionen diesem Bedürfnis am ehesten entgegenkomme. Damit waren endgültig die Zweifel zum Schweigen gebracht, die im Umgang mit den liberalen, oft monistischen Kreisen seiner ersten Grazer Zeit in ihm aufgekommen waren. In den Jahren nach der Niederschrift dieses Romans war die Beschäftigung mit Religiösem einer resoluten Hinwendung zum Zeitgeschehen gewichen, aus der Rosegger nach und nach erschöpft und entmutigt hervorging. Er vermeinte zu spüren, wie sein Charakter unerfreuliche Züge annahm, seine Liebe zur Menschheit nachließ, der Ton seiner Schriften härter klang. In *Martin der Mann* und *Peter Mayr, der Wirt an der Mahr,* den beiden Romanen, die er kurz vor seiner Krankheit verfaßt hatte, war die Aggressivität zu ihrem Höhepunkt gelangt. Aber während der Krankheit trat eine Wende ein: In den langen Stunden zwischen Leben und Tod hatte seine Religiosität Gelegenheit, sich zu fixieren; nicht auf ein abstraktes, allgemeines Prinzip, wie zum Beispiel Gott oder katholischer Glaube, sondern auf die Person Christi selbst. „Damals aber, als ich in schwerer Krankheit lag, erschien er mir in leuchtendem Glanze mit den Wunden und mit dem Kreuze“[12] – und er hat ihn seither nicht mehr verlassen. Tröster in der Not, Anreger seiner Laienpredigten, wird er ihm zum Anlaß der Selbstverwirklichung: „Christus sagte mir: Kümmre dich nicht um Leute und ihre Sitten, sei du selbst. Christus erlaubt mir alles. Wenn man nur der Liebe sich bestrebt.“[13]

Damals begann Rosegger die Evangelien zu lesen und immer wieder zu lesen – übrigens der einzige Teil der Bibel, den er kannte und akzeptierte, denn mit dem Alten Testament und seinen „düsteren Drohungen“ hat sich Rosegger nie anfreunden können. Hier fand er wieder zum beruhigenden Glauben seiner Vorfahren, fühlte sich „in ihrem Kreise, in ihrem Himmelreiche wohlgeborgen und selig schon auf Erden“.[14] „Seitdem ich versuche, das Christentum zu verstehen – nicht mit dem Kopfe, sondern mit dem Herzen – erfreue ich mich wieder an der Welt.“[15] Denn der Christus, den er in den Stunden seiner Krankheit wiedergefunden hat, ist nicht die mittelalterliche Figur, die Dogmen und Scholastik in seinen Augen dem Menschen entfremdet hatten. Es ist „der starke, weltrettende, der weltheiligende Christus … Er bringt Mut, er bringt nicht

Trauer, sondern Freude … Das ist der des Evangeliums".[16] Und nur des Evangeliums, muß man hinzufügen, denn Rosegger hatte sich einen aus jedem Bezug herausgelösten Fantasieheiland geschaffen, einen Christus ganz ausschließlich der Liebe und des Verzeihens.

## Das ewige Licht – Eine Botschaft der Liebe

Diese brüderliche Figur des Vertrauens, die sich Rosegger ersonnen hat, entsprach voll und ganz seinem Bedürfnis nach einer Religion, deren erste Aufgabe es ist, den Menschen Trost und Freude zu spenden. Die Liebe macht selig, selig schon auf Erden – der Haß verdirbt und macht verzweifeln. So stellt Rosegger in dem der Reaktivierung seiner Religiosität entsprungenen Roman *Das ewige Licht* die Liebe zu Gott und den Menschen in den Mittelpunkt. „Das ewige Licht ist nicht der Glaube, sondern die Liebe."[17] In diesem Sinne erfüllt Pfarrer Wolfgang Wieser – wegen zu liberaler Ideen in eine Hochgebirgspfarre verschickt – sein geistliches Amt. Dieser tapfere, seinen Beichtkindern treu ergebene Mann kann trotz seines guten Willens Fehlschläge nicht vermeiden; Fehlschläge, die dann eintreten, wenn seine Schutzbefohlenen aus ihren altväterlichen Lebensgewohnheiten herausgerissen werden und mit den Neuerungen der Außenwelt in Berührung kommen: Technik und Industrie, Darwinismus und Vitalismus – alles Dinge, die den ehemals zufriedenen Gebirgsbauern nicht zum Heil gereichen.

Und nun erweist sich, daß die christliche Liebesbotschaft nicht ausreicht. Auf sie allein gestützt verliert Wieser den Boden unter den Füßen in einer Pfarre, die ihm entgleitet, weil sie den Verlockungen des Fortschritts, der ihnen Glück und Reichtum verheißt, erliegt. Fremdenverkehr und Bergbau suchen nacheinander den ehemals so friedlichen Ort heim, die Grabungen unter der Kirche erschüttern sogar das heilige Gebäude, das Sprünge bekommt. Wieser ist diesen Heimsuchungen gegenüber hilflos; er kann nur immer wiederholen: „Man kennt sich nicht aus."[18] So stimmt es also, daß das Bibelwort nach Matthäus „Das Himmelreich leidet Gewalt" in dem Sinne auszulegen ist, daß den Sündern gegenüber manchmal Gewalt an der Tagesordnung wäre? Wieser kann sich dazu nicht entschließen. Er flüchtet in den Wahnsinn, und man findet ihn eines Tages tot im Gebirge, wohin er sich, mit einer Laterne versehen, auf die Suche nach „verlorenen Seelen" aufgemacht hat.

Wenn die Religion der Liebe hier ihr Ziel nicht erreicht, so wahrscheinlich deshalb, weil sich Wieser seiner Aufgabe nicht gewachsen zeigt: Er hat gehofft, hier im Gebirge zu „seiner Idylle" heimzufinden, anstatt dessen hat ihn aber das „Weltgift" eingeholt. Das Versagen eines Mannes soll jedoch in keiner Weise den Wert der Botschaft beeinträchtigen. „Das ewige Licht ist die Liebe" – diese Worte zieren wie zum Trotz das Grabkreuz des unglücklichen Pfarrers.

Was Rosegger in diesem Roman an den Pranger stellen wollte, ist sicher nicht die Liebe – seines Erachtens die wesentliche Botschaft des Christentums –, sondern sind jene Mächte, die deren Wirkung vereiteln: Herzlosigkeit, Materialismus, Luxus, Egoismus und Frivolität – mit einem Wort das, was sich für Rosegger im Bild der Stadt, dem „Weltgift", kristallisiert hat.

So wie der *Waldschulmeister* ist auch dieser Roman ein Werk, das auf alten, wiederaufgefundenen Dokumenten zu beruhen vorgibt: auf dem fünfzehn Jahre hindurch von Pfarrer Wieser geführten Tagebuch. Es gibt noch einen weiteren Berührungspunkt: Jeder der beiden Romane illustriert eines von Roseggers Grundanliegen, das sich in der zentralen Figur des Lehrers und des Geistlichen konkretisiert. Der Wirkungskreis Wiesers sowie Erdmanns ist das ländliche Milieu – eine verständliche Wahl, ist es doch das einzige, das Rosegger glaubhaft darzustellen wußte. Beide Werke tragen außerdem den Stempel ihrer Entstehungszeit: *Die Schriften des Waldschulmeisters* den des bildungs- und fortschrittfreundlichen Liberalismus; *Das ewige Licht* ist von den Ausläufern des Kulturkampfes[19] in Österreich geprägt. Zweifelsohne hat Rosegger die Tätigkeit eines Schulmeisters, und besonders eines Waldschulmeisters, besser dargestellt als die eines Pfarrers – letztere wird eigentlich nur erwähnt. Um aber dem Thema der Religion mehr Gehalt zu geben und die dargestellten Charaktere breiter aufzufächern, umgibt Rosegger Pfarrer Wieser mit Menschen der verschiedensten Glaubensausrichtungen. Da ist zuerst der selbstgerechte bigotte Bettler, Krumpe Kristel, der sich, von religiösen Skrupeln geplagt, nach dem seelenaufrührerischen Wirken einer Glaubensmission erhängt. Ihm stellt Rosegger den ungläubigen Mesner Karl gegenüber, der trotz seiner inneren Vorbehalte getreulich sein Amt versieht. Wieser ahnt etwas von der inneren Leere des Kirchendieners und beklagt sein freudloses Materialistendasein.

Die interessanteste Figur ist aber sicherlich Rolf, der Sohn des Dorfschmiedes, der einer Art Urchristentum verschrieben lebt, fern den Menschen und ihren Problemen, in der Ausgeglichenheit des Verzichtenden; er nimmt sogar von Heirat und Fortpflanzung Abstand, um der Torheit des Menschenlebens ein Ende bereiten zu helfen. Neben Rolf, dem Rosegger einen eigenen Roman widmen wollte, steht wiederum eine andere Kontrastfigur: der reiche jüdische Baron Isidor von Yark, der trotz seines Lippenbekenntnisses zur katholischen Religion dem „Kult des goldenen Kalbes“ weiter anhängt; einem Kult, den er zum großen moralischen Nachteil der Gemeinde in das friedliche Sankt Maria am Thorwald verpflanzt hat.

Gemäß der Unterscheidung, die Rosegger zwischen Jude und „jüdischem Laster" trifft, hat er den Geldbaron immerhin mit einem Sohn versehen, der, Katholik im Herzen, gewisse Chancen hat, in der ländlichen Umgebung vom „Weltgift" zu genesen, dank seiner Absicht, sich und die Gemeinde von allen äußeren Einflüssen wieder zu befreien und letztere zum alten, fröhlich-bescheidenen Leben zurückzuführen.

Was Rosegger in diesem Roman zeigen wollte, ist wohl weniger das Wohl und Wehe eines Geistlichen, sondern der Schaden, den die moderne Welt – ein den städtischen Gehirnen entstiegenes Gebilde – in einfachen Seelen sowie bei einem aufrichtig gläubigen Geistlichen, wie Rosegger ihn sich vorstellt, anrichten kann. Einem seiner Beichtkinder, das sich zum Priestertum entschließen will, rät Wieser davon ab, mit dem Argument, er würde als Pfarrer nicht seinen Idealen gemäß leben können. Natürlich will Rosegger mit dieser Behauptung eher die Zustände in der Gesellschaft anklagen, als behaupten, die Kirche sei im Weltleben gescheitert; was diesen letzten Punkt betrifft, so werden sich Roseggers Ansichten aber binnen kurzem erheblich ändern.

## „LOS VON ROM"

Schon im Roman *Peter Mayr* waren wir dem Franziskanermönch Augustin, dem Bruder des Helden, begegnet, der zwar seinen „Leib willig hinter welschen Klostermauern begraben hatte"[20], aber keinen Augenblick zögerte, als es galt, die Seinen im Kampf gegen Napoleon zu unterstützen. 1889 treffen wir in der Geschichte *Die Botschaft des lachenden Hausel* einen Pfarrer, der am Wirtshaustisch in der Diskussion mit den Honoratioren eine Weile braucht, bis er auftaut, sich nach dem Ablegen seiner Reserviertheit aber als waschechter Deutscher entpuppt, dessen Wangen im Eifer gegen Napoleon III. zu einer lebhafteren Färbung kommen.

Diese beiden, zwischen einer doppelten Zugehörigkeit hin- und hergerissenen Figuren verweisen auf den Problemkomplex, der mit dem anwachsenden Nationalgefühl der Deutschen störend auf die katholische Kirche in Österreich einwirkte und schließlich mit dem Kampfruf „Los von Rom" zum Bruch führen sollte. Im Zuge der Los-von-Rom-Bewegung kam es dann zwischen 1898 und 1927 zu etwa 150.000 Übertritten zum Protestantismus oder Altkatholizismus.

„Unser Volk braucht jetzt keine Philosophen, es braucht Kameraden", schreibt Rosegger im November 1897 nach den durch die Sprachenverordnungen[21] hervorgerufenen schweren nationalen Tumulten: „Nicht alleine die Regierung steht zur Zeit auf Seite unserer grausam rücksichtslosen Gegenvölker, auch ihr, unsere dem deutschen Blut entstammten Priester stehet als Kampfgenossen bei – den Feinden! Wir wollen Österreicher sein. Aber nur *deutsche* Österreicher. Haltet zu uns in diesem Verteidigungskampf um unsere deutsche Existenz in der Heimat."[22]

Man könnte die Vorwürfe der österreichischen Deutschnationalen gar nicht besser zum Ausdruck bringen als Rosegger hier in diesen Zeilen. Anstatt für die „Sache der Deutschen" einzutreten, die sich ringsherum bedroht fühlen, ergreife die katholische Kirche in Österreich die Partei der Slawen! Das Verbot, liturgische Gesänge auf deutsch zu singen, sowie die Verurteilung der deutschnationalen Propaganda durch die Kirche waren natürlich nicht dazu angetan, das Vertrauen der Deutschösterreicher in ihre geistliche Oberbehörde zu verstärken. Die Tatsache, daß sich gerade damals mehr Slawen als

Deutschstämmige in Österreich dem Priesterberuf zuwandten, mußte das Gefühl der Pangermanisten, von Rom in ihrem Kampf um nationale Behauptung nicht verstanden zu werden und im Osten schwer bedroht zu sein, nur noch verstärken.

Rosegger nahm in diesem Kampf, der ihm einen bösen Gewissenskonflikt verursachte, in den allerersten Reihen Stellung; aber nach reiflicher, oft im *Heimgarten* mitgeteilter Überlegung kam er zu dem Schluß, was ihn persönlich betrifft, so würde er bei seinem alten Religionsbekenntnis bleiben. In dem Artikel *Soll man übertreten,* wo er das Problem einer eingehenden Untersuchung unterzieht, erklärt er sich mit einem Übertritt aus rein politischen Gründen nicht einverstanden. Nur religiöse Bedenken dürften bei einem Schritt von dieser Bedeutung ausschlaggebend sein. Suspekt erscheint ihm vor allem ein gewisser deistischer Protestantismus, der dem irdischen Erfolg zu große Bedeutung beimißt und in Christus nicht mehr als einen Sohn Gottes sieht. Roseggers Ideal wäre ein evangelien- und christusnaher Glaube, zu dessen Ausübung man sich mit der Lektüre einer Bibelstelle und der brüderlichen Teilung des Brotes begnügen sollte, so wie er es in der kleinen Geschichte *Den Zug versäumt* darstellt.

Rosegger zog es also für seine Person vor, bei seinem Altväterglauben zu verbleiben, „wo die Erzählungen einer frommen Mutter wie frische Quellen rauschen".[23] Solange man ihm dort erlaube, ein „evangelischer Christ" gemäß seiner Auffassung zu sein, wolle er dieser beschützenden Zufluchtsstätte treu bleiben. Immerhin bekennt Rosegger in einem Brief vom Januar 1900: „Käme ich heute erst zum Christentum, so würde ich sicher in die protestantische Provinz hinwandern."[24] Alle Kinder des Dichters waren zum Protestantismus übergetreten, und es kam vor, daß er selbst am Sonntag nacheinander dem katholischen Hochamt und der evangelischen Predigt beiwohnte.

Obwohl er in seinen Schriften nicht direkt zum Übertritt aufforderte, müssen sein energisches Eintreten für die der römischen Universalität diametral entgegengesetzten deutschen Sache, die Beschuldigungen, die er gegen die katholischen Geistlichen diesbezüglich erhob, sowie das ausgiebige Abwägen der Argumente in aller Öffentlichkeit als eine mächtige Bestärkung der Übertrittsfreudigen in ihren Absichten angesehen werden. In katholischen Kreisen bestand darüber kein Zweifel. Indem er die Meinung vertrat, man solle zum Protestantismus oder Altkatholizismus übertreten, sobald das Vertrauen in die katholische Kirche verlorengegangen sei, wurde der „Waldnovellist" für Ansgar Pöllmann „ein unschätzbarer Vorkämpfer für die Los-von-Rom-Bewegung".[25] „Rosegger steht noch", heißt es bei dem kämpferischen Benediktinerpater, „aber er wird und muß fallen!"[26]

Tatsächlich rief Roseggers Verhalten im katholischen Lager schärfsten Protest hervor. Morard bezeichnet in seiner Rosegger-Studie aus dem Jahre 1910 dessen Werk als „verderblich und gefährlich", man müsse „jedermann, der darauf bedacht ist, den Schatz seines Glaubens zu bewahren", davor warnen. Rosegger sei „Katholik durch die Phantasie, Protestant durch die Vernunft"[27], jedenfalls müsse man ihm jede Kompetenz als Religionserneuerer absprechen.

Der schärfste Gegner, den Rosegger in seiner deutschnationalen Stellungnahme antraf, ist der Redemptoristenpater Andreas Hamerle. *Der neue Don Quixote und dessen Knappe Sancho Pansa oder Pastor Bräunlich und Peter Rosegger auf dem Kampfplatz der Los-von-Rom-Bewegung* – der Titel alleine läßt schon auf den Ton dieses recht unschönen Pamphlets schließen, in dem Rosegger für sein Liebäugeln mit den Protestanten ausgiebig zurechtgewiesen wird. Hamerle erlaubt sich sogar den polemischen Schiller-Verriß:

„Seid umschlungen, Millionen,
Diesen Kuß dem Hottentott.
Heiden, Juden und Huronen
Glauben an den gleichen Gott."[28]

## Christ auf der Heide – Eine ökumenische Botschaft

Was Rosegger der katholischen Kirche vorwarf, war nicht nur ihr Unverständnis den deutschnationalen Bestrebungen gegenüber, den „nationalen Selbsterhaltungskampf" zu verdächtigen, sondern auch die dezidierte Frontstellung dem protestantischen Lager gegenüber, wobei die Kanzel oft zur politischen Tribüne mißbraucht wurde. Falls man aber alle Forderungen, alle Reformvorschläge auf einen Nenner bringen, auf einen einzigen Satz reduzieren müßte, so wäre es die Bitte: „Herr, nimm Deiner Kirche den Haß"[29], meint Rosegger 1903. Mit der dichterischen Fantasie immer bei der Hand, illustriert er diese mit seiner Religion der Liebe völlig übereinstimmende Bitte durch eine Erzählung größeren Umfangs: *Christ auf der Heide.* In dieser etwas durchsichtigen Fiktion geht Roseggers Darstellung von der direkt erlebten Wirklichkeit aus: massive Übertritte in einer Gemeinde, die sich in ihren völkischen Bestrebungen von der Kirche aufgegeben glaubt.

Die Bewohner der Heide gehören zum „Reich im Norden", während im Süden ein Volk wohnt, „dessen Sprache keiner verstehen kann, mit dem sie aber doch verbunden sind durch einen alten Glauben und durch mancherlei anderes, das nie in ihrem Sinne war".[30] Das Volk aus dem Süden hat „kurze Beine, scharfe Nasen und pechschwarzes Haar"[31] – ein Gegensatz, der anscheinend schon auf künftige Zwistigkeiten vorausweist ... Wenn noch dazu die dunkle Rasse aus dem Süden – sie ist „klug und herrschsüchtig"[32] – es durchsetzt, daß die Kirchenlieder in ihrer Sprache gesungen werden, und sie auf der Verlesung von Hirtenbriefen im Sinne ihrer Auffassungen besteht, so schwindet binnen kurzem das alte Vertrauen, das man ihr im Norden entgegenbrachte; und so kommt es, daß die Heideleute fast geschlossen zum protestantischen Glauben übertreten. Der alte, von diesem kollektiven Abfall zutiefst getroffene Pfarrer nimmt sein Handköfferchen und stiehlt sich eines Abends hinweg, um sich im Süden vor seinem Bischof zu verantworten. Er wird auf der nächtlichen Heide völlig erschöpft vom neu ankommenden Pastor aufgefunden und vor dem nahenden Gewitter gerettet. Weder für den jungen Geistlichen noch für die Pfarre kann davon die Rede sein – und hier sieht man Roseggers Originalität –, daß der alte Pater sang- und klanglos von dem Ort gejagt wird, dem er seine besten Kräfte gewidmet hat. Er bekommt sein Zimmer im Hause des Pastors und wird mit ihm gemeinsam seine Mahlzeiten einnehmen. Auch die Kirche, wo der Muttergottesaltar wieder in seiner alten Pracht erstrahlt, werden die beiden Geistlichen gemeinsam benutzen. Der alte Pater überläßt übrigens gerne seinem jüngeren Kollegen die Kanzel, da das Predigen nie seine Stärke gewesen. Nichtsdestoweniger hat auch er zu tun; unter den frischgebackenen Protestanten gibt es nicht wenige, die ihre Ehe doppelt segnen lassen, andere wieder fühlen sich nicht erleichtert, solange sie nicht nach altgewohnter Weise der katholische Priester von ihren Sünden freigesprochen hat.

So ungefähr stellte sich Rosegger die Lösung des Zwistes vor, der sich zwischen Rom und seiner germanischen Heimat eingeschlichen hatte, und in diesem ökumenischen Sinne wurden auch in der protestantischen Kirche, die im Jahre 1900 auf Roseggers Initiative hin und dank der von ihm veranstalteten Kollekte in Mürzzuschlag erbaut wurde, beide Kulte nebeneinander ausgeübt.

## Mein Himmelreich – Das Glaubensbekenntnis eines evangelischen Christen

Mitgerissen vom Strudel dieser politisch-religiösen Bewegung fühlte sich Rosegger noch zweimal veranlaßt, seinen Überlegungen zu Glauben und Religion Ausdruck zu verleihen. 1901 vereinigte er eine Reihe von Artikeln unter dem Titel *Mein Himmelreich, ein Bekenntnis;* 1905 erschien in Buchform die seltsame Neuformulierung des Neuen Testaments: *INRI, die frohe Botschaft eines armen Sünders.* Auch die beiden letzten Romane, *Die Försterbuben* und *Die beiden Hänse* tragen starke Spuren von Roseggers eingehender Beschäftigung mit der Religion.

In *Mein Himmelreich, ein Bekenntnis* nimmt nun Rosegger, dem Titel entsprechend, die Artikel des katholischen Glaubensbekenntnisses vor, um sie Punkt für Punkt seiner eigenen Auslegung zu unterziehen. Den ersten Artikel „Ich glaube an Gott …" sieht Rosegger ausreichend in den Wundern der Schöpfung sowie in der Wechselwirkung von moralischer Handlung und ethischer Veranlagung begründet, wobei das schlechte Gewissen alleine schon die böse Tat bestrafe.

Das Problem der Theodizee, das Vorhandensein des Bösen in der Schöpfung, löst Rosegger auf recht einfache Weise: Die Rolle des Bösen auf Erden – das dem Guten gegenüber immerhin eine Ausnahme bedeute – ist es, dem Menschen das Loslösen vom irdischen Leben zu erleichtern … Hier ist er übrigens der Meinung, daß seine Überzeugungen genau dieselben wären, wenn Bibel und kirchliche Dogmen nicht existierten.

Christus bleibt, wie zu erwarten, der reine Gott der Liebe, der Alleinseligmacher schon auf Erden; und der auch sattelfesten Katholiken oft weniger vertraute Heilige Geist wird bei Rosegger mit der guten Inspiration bei gewissen Taten erklärt, während die Heiligen und die Sakramente als Symbole für stützungsbedürftige Seelen ihre Rechtfertigung finden.

Das Himmelreich, das man im Jenseits anzutreffen erwartet hätte, kennt jedoch bei Rosegger keinen anderen Sitz als das Herz des liebevollen Menschen.

Was nun die Auferstehung betrifft, so faßt sie Rosegger als eine Art Seelenwanderung auf, bei der die Seele des Verstorbenen nach und nach gewandelt und bis zur Vereinigung mit dem „vollkommenen Wesen" emporgeläutert wird.

Für die Hölle aber gibt es in Roseggers empfindsamer Vorstellungswelt nun wirklich keinen Platz. Die schlimmste Strafe, die er sich ausdenken kann, ist das Nichts, in das die „Niedertrachter, die Verzweifler" (sic!) verdammt werden, während die „hochgemuten Idealisten, die Glaubensfrohen"[33] ins Paradies eingehen.

Mit dem Marienkult hat Rosegger hingegen keinerlei Schwierigkeit, er hat ihn immer spontan geübt, und er ist einer der Hauptgründe, die seinen Übertritt zum Protestantismus verhindert haben. So kommt es auch, daß er beim Bau der Kirche in Mürzzuschlag auf die Errichtung eines Gnadenaltars bestand, für den er eine Kopie der Döllsacher „Heiligen Familie" von Franz Defregger bestellte. Die Gottesmutter ist für ihn ein Hafen, eine Zuflucht, auf die er nie und nimmer verzichten wollte.

Wenn der immer gemäßigte Rudolf Latzke für dieses Buch die Ausdrücke „naiver Rationalismus" und „weltfroher Idealismus"[34] gebraucht, so sieht der Theologe S. J. Kreiten in Anspielung auf Tolstoi in ihm „eine abgestandene russische Kohlsuppe, das Werk eines Philanthropen und Zoophilen"[35]; und der grimmige Ansgar Pöllmann stellt sich gar die Frage, ob im Autor von *Mein Himmelreich* nicht „ein verkappter Humorist"[36] stecken könnte! Sogar Heinrich Sohnrey, Herausgeber der Heimatkunst-Zeitschrift *Das Land* und großer Bewunderer unseres Dichters, stellt ihm hier „ein wahres testimonium paupertatis" aus, das in ihm Bestürzung verursachte.[37] Für den amerikanischen Wissenschaftler Charles Henry Sorg ist das Buch „eine Herausforderung für die christlichen Konzepte von Glaube, Dreieinigkeit, Unsterblichkeit der Seele – alles zentrale und unveränderliche Punkte der Doktrin".[38]

## Der 5. Evangelist

*INRI, die frohe Botschaft eines armen Sünders* sollte bei diesem Leserkreis nicht besser ankommen. Tatsächlich ist es ein gewagtes Unternehmen, die Evangelien neu zu schreiben, so gewagt, daß sich Rosegger nicht in seinem eigenen Namen daranmachte. Er dachte sich dazu eine Figur aus, die diese Aufgabe an seiner Stelle übernimmt: Ferleitner, ein einfacher, aber gläubiger Mann, ist wegen eines politischen Vergehens – die Ermordung eines Ministers – zum Tode verurteilt worden und wartet auf das Ergebnis eines letzten Gnadengesuches. Da man ihm während der Wartezeit die Bibel als Lektüre verweigert, beschließt er, das Neue Testament aus dem Gedächtnis nachzuschreiben. Sein Gedächtnis ist aber nicht ganz verläßlich, denn er berichtet zum Beispiel von einem Treffen zwischen Jesus und einem Pharao – deren letzter schon 500 Jahre vor Christi Geburt gestorben ist. Er läßt Christus in phönizischen Häfen verweilen und legt den König Balthasar auf eine indische Abstammung fest. Auch die Bedeutung der Buchstaben INRI scheint ihm entfallen zu sein, er löst die Abkürzung bald mit „IN NOT RUFT IHN", bald mit „IN NIRWANA RUH ICH“ auf – letzteres ist umso erstaunlicher, als Rosegger das Nirwana den Skeptikern, den innerlich Abgestorbenen vorbehält. Auch sprachliche Merkwürdigkeiten gibt es. „Rabbiten“ für Rabbiner, „Phariten“ für Pharisäer, „Kahner“ für Kahnbauer, „pfählen“ für kreuzigen!

Die mit mehreren Preisen ausgezeichnete Dramatikerin Eugenie delle Grazie faßt das Urteil der gebildeten Zeitgenossen in ihrem Artikel *Der 5. Evangelist* in der *Neuen Freien Presse* kurz und bündig zusammen: „Ein biblischer Roman, wie ihn Ferleitner nie hätte schreiben können und Rosegger nicht hätte schreiben sollen.“[39] Der Rosegger sonst günstig gesonnene Kritiker Anton Schönbach steht nicht an, den Dichter in seiner Besprechung via Ferleitner zum Teufel zu wünschen: „Ferleitner müßte in die Hölle für dieses Evangelienbuch!“[40]

Obwohl man in diesem Buch im Prinzip keine persönlichen oder weltlichen Implikationen erwartet hätte, trägt es nicht nur Spuren einer eindeutigen Christus-Identifikation (die Darstellung der Jugend Jesu, seine Beziehung zur Mutter usw.), sondern auch die seiner Entstehungszeit und ihrer Strömungen: Im gleichen Jahr, 1905, erschien der Christus-Roman des norddeutschen Pastors Gustav Frenssen, *Hilligenlei,* dem Houston Stewart Chamberlains Buch *Die Worte Christi* vorausgegangen war. Im Jahre 1901 hatte der Züricher Theologe Konrad Furrer Rosegger mit einer Vortragsreihe über das Leben Jesu stark beeindruckt.

Das Buch, das bei den kultivierten Lesern keinen großen Anklang gefunden hatte – im Gegensatz zu Roseggers volkstümlichem Leserkreis, der wie immer begeistert reagierte –, setzte immerhin einen Schlußpunkt hinter seine rein theologischen Spekulationen. Wenn das Thema Religion die zwei letzten Romane mitbestimmt, so geschieht das in einer anderen Perspektive: Die Hauptfiguren Elias *(Die Försterbuben)* und Kleiner Hans *(Die beiden Hänse)* sind späte Reminiszenzen seiner eigenen, nicht zustande gekommenen Priesterlaufbahn.

Elias, den schon in den ersten Seminarjahren schwere religiöse Zweifel quälen, wird brutal aus seinen geistlichen Studien gerissen. Er gerät in Mordverdacht, und sein Vater begeht Selbstmord aus Verzweiflung. Wenn sich der Verdacht auch als unbegründet erweist, so ist für Elias im väterlichen Försterhaus kein Bleiben mehr. Er zieht nach Amerika, um dort die Wildnis zu roden ...

Mit dem Kleinen Hans liegen die Dinge anders: Als Kontrastfigur zum Großen Hans, dem zynischen Darwinisten und Nietzscheaner gedacht, übt er seinen Priesterberuf aus, läuft aber mit seiner Interpretation der christlichen Religion als reiner Religion der Liebe, wie Pfarrer Wieser, in sein eigenes Verderben. Die streitbare Kirche versetzt ihn strafweise in eine Hochgebirgspfarre, wo er in jungen Jahren sein Leben läßt.

## Rosegger und das Arbeiterproblem

Trotz der Müdigkeit, trotz der Überzeugung, daß er sich besser aus der politischen Arena zurückziehen sollte, konnte Rosegger nicht umhin, sich immer und immer wieder ins Zeitgeschehen zu mischen. Natürlich meldete er sich auch bezüglich des Arbeiterproblems zu Wort, das seit der Vereinigung der Arbeiterbewegungen auf dem Kongreß von 1888 und angesichts der Sozialgesetze, die sich die Regierung zu erlassen anschickte, von höchster Aktualität war.

Roseggers Haltung der Arbeiterklasse gegenüber war zögernd, schwankend. Er war sichtlich bemüht, im Arbeiter immer zuerst den Menschen zu sehen: „Wir werden uns daran gewöhnen müssen, die Arbeiter als das zu nehmen, was sie sind, als die unseren“[41]; und Hans, der Journalist im Bauerndienst, aus dem Roman *Erdsegen* überlegt bezüglich der Arbeiter: „Sie sind Blut von unserem Blut. Genug Bauern, die ihre Brüder und Söhne in den Fabriken haben. Roh mögen sie sein, aber Kraft ist in ihnen, Tüchtigkeit und Bravheit."[42]

Ganz gelang es Rosegger jedoch nicht, seine Angst vor diesen „Kerlen" zu betäuben, denen die bürgerlichen Werte, wie Staat, Familie, Religion, wenig am Herzen zu liegen schienen, die aber im Gegenteil bereit waren, ihre Forderungen mit Nachdruck durchzusetzen. Die zahlreichen, in seinem Werk dargestellten Arbeiteraufstände zeugen von dieser Beunruhigung.

Immerhin war Rosegger seit 1885, als er den Arbeitern noch jeden Gerechtigkeitssinn absprach, zu einer anderen Meinung gekommen: „Jedoch auch die Arbeiter sind vernünftige Menschen, und ihr Billigkeitsgefühl ist gewöhnlich weitaus größer, als das bevorzugter und verwöhnter Kreise"[43]; „Die Leute haben Rechtsgefühl, Gemüth und Humor und ein großes Bedürfnis nach Bildung und gesellschaftlicher Anerkennung"[44], heißt es 1892 bzw. 1899. Er meinte sogar bemerkt zu haben, daß es diesen Menschen trotz ihres Internationalismus weder an Nationalgefühl noch an Staatstreue mangle. Auf jeden Fall war Rosegger davon überzeugt, daß der Arbeiter auf eine gerechte Entlohnung Anspruch habe; er schloß aber eine großzügige bürgerliche Wohltätigkeit deswegen nicht aus, die im gesellschaftlichen Umgang mit dem Proletarier zu Sympathie, ja sogar zu Freundschaft führen könne. Das naive Paradox: „Es zeigt sich, daß der Reiche an seinem Reichtume oft so unschuldig ist, als der Arme an seiner Armut"[45], stellt die Durchführbarkeit derartiger Bestrebungen jedoch in Frage.

Natürlich zog Rosegger für diesen freundschaftlichen Umgang nur „ordentliche" Arbeiter in Betracht, jene, die man in Volksbibliotheken oder in den ihnen vom Bürgertum zugedachten kulturellen Veranstaltungen antreffen konnte; nicht aber jene „widerwärtigen Individuen", die mit der roten Nelke im Knopfloch durch die Straße revoltieren.[46]

Rosegger schien tatsächlich zwischen zwei Arten von Arbeitern zu unterscheiden: der „ordentliche Arbeiter"[47], der Familie und Ersparnisse hat und bereit ist, die „edelsten Ideale"[48] des Bürgers zu teilen, der also auf eine legale und friedliche Eingliederung der Sozialdemokratie in den Staatskörper hoffen ließ, und jener andere, den Rosegger in seinen theoretischen Schriften nicht gerne erwähnt – eben weil ihn dieser wie ein Schreckgespenst verfolgte.

Im Roman *Das ewige Licht* dringen die streikenden Arbeiter beim Industriellen Isidor von Yark ein, nehmen ihn gefangen und stecken trotz der Anwesenheit des Pfarrers das Haus in Brand. Dieses dramatische Schema wird von Rosegger in einem fiktiven Brief wiederaufgenommen, den ein gewisser Johann Freißenbüchler an seinen Bruder, Landwirt in Tirol, schreibt. Der seine revolutionäre Vergangenheit Bereuende erzählt dort von den Ausschreitungen, bei denen er in die Lage gekommen war, mit dem Revolver auf die Frau des Arbeitgebers mit ihrem Säugling im Arm zu zielen; nur der Gedanke an seine eigene Mutter habe ihn vor dem kriminellen Schritt gerettet.

Trotz der guten Worte, die Rosegger diesem Problem gegenüber zu finden suchte – immerhin mit mehr Erfolg als beim Antisemitismus –, lugt die Angst vor dem herd- und heimatlosen Revolutionär aus jeder diesbezüglichen Zeile. Um sich über die Unbescholtenheit des Proletariers zu beruhigen, behauptet er mehrmals, daß es „in der Arbeiterwelt gute und verdorbene Menschen wie überall"[49] gebe. Und wenn einige unter ihnen, die Schwächsten, die Verwundbarsten, abglitten, so sei das nicht ihre Schuld, sondern die der politischen Agitatoren – übrigens vom Ausland bezahlte Agenten ... Sie werben die Arbeitslosen – oft brave Bauernsöhne – an, unterweisen sie in der Doktrin, um sie dann ihrerseits als Parteifunktionäre den Arbeitern gegenüber einzusetzen. So ist Luzian im *Ewigen Licht* in ihre Hände geraten, nachdem er, von Zweifeln befallen, das Seminar verlassen hat. Nach einer kurzen und glänzenden Karriere in der Partei kommt es zum Zusammenbruch, als er in Anwesenheit des Pfarrers Wieser, seinem ehemaligen Förderer und Freund, die bei Yark eingedrungenen aufständischen Arbeitermassen aufwiegeln soll, aber anstatt die Revolution zu predigen von Gewinnbeteiligung und Ersparnissen spricht. Nur Wiesers Eingreifen rettet ihn vor der Wut der enttäuschten Kameraden. Wieser gelingt es wohl, ihm das nackte Leben zu retten, aber was soll aus dem verirrten Schäflein werden?

In demselben Roman hat sich Rosegger an einer ganzen Reihe von Arbeiterporträts versucht. Da ist der beinharte Materialist, der am Ende eines Vortrages über den Darwinismus zum Rednerpult geht und rundweg erklärt: „Wenn's eh nix gibt in der andern Welt, da greif' ich jetzt zu. Der Herr Professor muß mir seine goldene Uhr schenken. Er hat sie eh schon lang' gehabt; jetzt will ich sie einmal haben."[50]

Dann der Unverschämte, Unbeirrbare, der dem naiven Wieser, der ihm Hilfe bringen will, ins Gesicht schleudert: „O Pfaff, mich köderst du nicht. Meine Kinder werden zu Sozialdemokraten erzogen. Das Geld kannst übrigens hergeben, danke schön. Und du gehe nur zu deinen Brüdern."[51] Dann gibt es auch den zu Reichtum gekommenen Arbeiter, der plötzlich nicht mehr ans Teilen denkt …

Neben diesen zweifelhaften Individuen trifft man aber auch andere: einen jungen, bei einem Arbeitsunfall schwer verletzten Arbeiter, der sein Unglück mit Ergebung trägt, dann einen alten, der Wieser bei seinem fehlgeschlagenen Versuch, den Arbeitern von Jesus zu reden, im geheimen anvertraut: „Wenn wir Arbeiter ein Hundeleben führen, so ist's, weil wir es uns selber so machen. Nicht die Arbeitgeber sind unsere Feinde, aber die Arbeiterführer sind unsere Tyrannen, und die Partei."[52]

Es besteht kein Zweifel, daß Rosegger seine eigentlichen Gefühle dem Arbeiterproblem gegenüber viel eher in den erzählenden Werken als in den *Heimgarten*-Artikeln durchblicken läßt. Die Bemerkung Wiesers, „bei der Arbeit gefallen mir die Leute fast so gut wie beim Gebet"[53], wird sinngemäß im Roman *Weltgift* wiederholt, wenn der Industriellensohn Hadrian Hausler angesichts eines Arbeiteraufstandes überlegt: „So leidlich diese rußigen Kerle sich in den Blaublusen ausnahmen bei der Arbeit, so widerwärtig erschienen sie darin im Müßiggang, oder wenn sie ... durch die Straßen revoltierten."[54]

Nichts kann diese innere Überzeugung Roseggers am Durchsickern hindern, auch wenn er in *Erdsegen* behauptet, daß Gleichmacherei sowie gemeinsamer Besitz der Frauen und der Güter in der Sozialdemokratie nur eine Erfindung ihrer Feinde seien. Gerade hier gelingt es ihm nur schwer, seine eigenen Ängste und die seiner Leser zu beschwichtigen. Immer wieder will er die Arbeiter mit beschwörend erhobenen Händen zum Verzicht auf Gewaltanwendung, zum Aufgeben eines Lebens bringen, dessen Gesetze „der sogenannten gebildeten Gesellschaft ferne wie ein Land auf dem antarktischen Continente"[55] liegen. Die Formeln, die der Dichter dabei mit Vorliebe anwendet, sind „Sparsamkeit" und „Seßhaftigkeit".

„Wenn diese sozialistischen Armen Leute wären, die sammeln, haushalten und wirtschaften könnten und wollten, so wäre es ihnen schon möglich, wenigstens vielen von ihnen, allgemach wohlhabend zu werden"[56], hofft Rosegger optimistisch.

Trotz seines Bemühens um gegenseitiges Verständnis und Ausmerzung der Gegensätze gelang es Rosegger offensichtlich nicht, seiner eigenen Beunruhigung Herr zu werden, was natürlich alle seine Vorschläge zur Lösung des Arbeiterproblems im vorhinein suspekt macht. Dem Arbeiter, der nach einem langen Gespräch mit Rosegger zu dem Schluß kommt: „Sie sollten für die Arbeiterschaft und ihre Forderungen agitieren oder sich nicht dreinmischen“[57], kann man seine Reaktion nicht verargen. „Man kann ein großer Dichter sein und dabei in nationalökonomischen Angelegenheiten ein blutiger Dilettant. Nur soll sich dann der Dichter nicht zum Kulturpropheten aufwerfen!“[58] riet ihm der Schriftstellerkollege Rudolph Lothar in seiner Zeitschrift *Die Waage*.

So schwer es Rosegger fiel, seine tiefen Ängste hier zu verbergen, so wenig gelang es ihm, sich eine andere friedliche Lösung für das Arbeiterproblem auszudenken als die, die er sich im Rahmen seiner Endzeitprophezeihung, der Rückkehr zum Landleben, erhoffte. Der unfreiwillige Aufrührer, Freißenbüchler, hat nach all seinen Fehlschlägen nur noch einen Wunsch: zur Landarbeit zurückzukehren! „Nimm mich nur wieder als Knecht auf, wir wollen uns vertragen und ich werd' mir's merken“[59], fleht er seinen Bruder, den Hoferben, an. Dieser Artikel aus dem Jahre 1891 stimmt mit dem Stoßseufzer des Dichters überein, der Arbeiter könnte sich vielleicht eines Tages doch, anstatt zu agitieren, „als fleißiger Bauernknecht mit den alten anspruchslosen Verhältnissen zufriedengeben“.[60]

Auch die Erklärung, die er über seine nicht immer günstige Haltung der Sozialdemokratie gegenüber abgibt, läßt tief blicken: „Absichtlicher als die Kirchen, habe ich die Sozialdemokratie bekämpft, weil sie das bisher festständige und zufriedenere Bauernvolk in die zigeunerhafte Heimatlosigkeit hinauslockt.“[61]

So kann man als Fazit nur der Analyse des französischen Rosegger-Biographen Ernest Seillière beipflichten: „Der Sozialismus, für den er manchmal gewisse Sympathien zu hegen meint, ist ihm im Grunde ein Buch mit sieben Siegeln, und sehr leicht geraten ihm dessen theoretische Apostel zu Windbeuteln, denen es bei einem Glas Wein nicht darauf ankommt, sich selbst zu widersprechen."[62]

## Die nationalen Bestrebungen – Eine Lebensaufgabe

*Er ist wiedergekommen,* heißt der Artikel aus dem Jahre 1903, in dem Rosegger feststellt, daß Christus nach den langen Jahren der von neuen wissenschaftlichen Theorien angestifteten Wirren endlich wieder auf Erden weilt, um die Menschen weg vom Materialismus zu einer neuen Geistigkeit zu führen. Diese Rückkehr des Heilands wirke sich auch auf weltliche Belange aus, zum Beispiel in der Form eines wohlverstandenen Sozialismus oder auch Nationalismus: „Im Nationalismus, wenn er die Leute so führt, daß sie ihr Volk lieben, ohne fremde Völker zu hassen, ist die Spur Christi schon zu merken. In den sozialen Bestrebungen, die Reichen menschenfreundlich zu machen, die Arbeiter zu ihren Pflichten und Rechten zu führen, ist Christus deutlich zu spüren."[63]

Schon im Jahre 1892, nach seiner Krankheit, war Jesus dem Dichter erschienen und hatte ihn, nach seiner eigenen Aussage, ausdrücklich ermutigt, unbesorgt nach seiner persönlichen Art zu leben. Dank dieses göttlichen Rufes wird sich Rosegger Ende der neunziger Jahre vorbehalten, den Weg eines „wohlverstandenen Nationalismus" zu gehen.

Die Ereignisse, die seine letzten Reserven diesbezüglich hinwegfegten, waren die schweren Zwischenfälle, die im November 1897 auf die Sprachenverordnungen der Regierung Badeni folgten. Dort wurde allgemeine Zweisprachigkeit in Böhmen und Mähren gefordert, während bisher de facto nur die Tschechen gezwungen waren, außer ihrer Muttersprache Deutsch zu sprechen, wenn sie mit ihrer Verwaltung verkehren wollten. Die unbeschreiblichen Tumulte, die daraufhin im Parlament in Wien ausbrachen und zur Verhaftung des deutschnationalen Abgeordneten Karl Hermann Wolf und zur Suspendierung der Verhandlungen führten, sind bekannt. War Roseggers Haltung dem nationalen Problem gegenüber bisher durch Humanismus und gewisse Überreste seines Kosmopolitismus liberaler Prägung gedämpft, so fielen nun mit der allgemeinen Radikalisierung die letzten Bedenken. 1899 schreibt er: „Wir haben ein Zeitalter hinter uns, in welchem manche Leute sich gerne auf Kosmopoliten hinausgespielt haben. Alles, was Mensch heißt, sei ihnen gleich! ... Näher besehen heißt das: Alle Menschen seien ihnen gleichgültig ... Von der Liebe zum angestammten Volke konnte bei solchen Weltphraseologen keine Rede sein. Diesen entgegen (sic!) gab es zu allen Zeiten Menschen, die ein unzerstörbares Heimatsgefühl für ihre Rasse besaßen. Diese Volklichkeit ist die natürliche, die gesunde, gedeihsame, herrliche."[64]

Eine Bilanz, die deutlich den ideologischen Ruck widerspiegelt, der in seinem politischen Denken stattgefunden hat. Einerseits von seiner bajuwarisch-germanischen Abstammung bestimmt – „Ich habe erfahren, daß das Menschheitsideal ohne besondere Liebe zum angestammten Volk keine Basis hat"[65] –, andererseits dem Einfluß seiner meistenteils strikt deutschnationalen Umgebung ausgesetzt, glitt Rosegger in eine extreme Haltung und war nun überzeugt, als Deutschösterreicher unter schwerer völkischer Bedrohung zu stehen: „In wirklicher, überaus schwerer Bedrängnis sind nur wir Deutschen. Wir werden zurückgedrängt an allen unseren Grenzen, wir werden in unseren völklichen Rechten beschränkt, verkümmert. Wenn dieser Bewegung nicht Einhalt geboten wird, so ist nach wenigen Generationen das Deutschtum verdrängt in den Ländern, die unsere deutschen Vorfahren Heimat genannt."[66] – „Ortschaften und Städte, die vor zwanzig Jahren urdeutsch gewesen, gehören heute anderen Nationen oder sind halb verwelscht oder slawisiert. Prag, Laibach sind verloren, Brünn und andere Städte sind in Gefahr es zu werden."[67] Man sieht, daß Rosegger nun der radikalen Anschauungsweise seiner deutschnationalen Umgebung voll und ganz gewonnen und so wie diese keinem Gegenargument mehr zugänglich war.

Als nun im November 1897 nach der Festnahme des Abgeordneten Wolf auch in Graz Unruhen ausbrachen, stand der Dichter trotz seiner geringen Körperkräfte und seiner Abneigung gegen Menschenansammlungen nicht an, sich selbst unter die aufgewühlte Menge zu mischen, für alle Eventualitäten ausgerüstet mit – einem Regenschirm. Die nationale Empörung, der die Menge lauthals Ausdruck gab, machte ihn jubeln, „wie eine Lerche über goldig wogendem, blumigem Kornfeld".[68] Den Grazer Studenten, denen er gar oft die Leviten gelesen hatte, kann er nicht genug Lob und Dank sagen, als sie mitten auf der Straße die *Wacht am Rhein* absingen und eine Zeitung verbrennen, die als zu loyalistisch und gemäßigt galt. „Es war zum Jauchzen über die Einigkeit der Deutschen in den Tagen der Gefahr."[69]

Als die Regierung dann zur Wiederherstellung der Ordnung ein in Graz stationiertes bosnisches Regiment einsetzt, meint Rosegger beim Anblick der Krieger in Pluderhosen, der leibhaftige Türke sei wieder in Steiermark eingebrochen! Bei den blutigen Zusammenstößen wurden zwei Menschen getötet. Aber, gibt Rosegger zu bedenken, die deutsche Bevölkerung war schnell zum Einlenken bereit. Es genügte, daß anstelle der Bosnier ein deutschsprachiges Regiment eingesetzt wurde, und schon jubelte man diesem zu. Auch legte sich der Grazer Volkszorn alleine schon durch die Beseitigung des „polnischen

Ministeriums" – (Badeni war Statthalter in Galizien gewesen, und Außenminister war der polnische Graf Agenor Goluchowski) –, ohne daß man erst die Sprachenverordnungen zu annullieren brauchte.

„Was thaten denn die Deutschen in Österreich so Schlimmes? – Sie protestierten gegen die Entdeutschung des altehrwürdigen Habsburgerreiches. Sie vertheidigten ihr historisches Recht"[70], statuiert der Poet, und es fehlt nicht viel, daß er diese Angelegenheit mit dem Kampf der wackeren Tiroler anno 1809 gegen Napoleon gleichsetzt.

Bald nach diesen Ereignissen, im Mai 1898, hatte er abermals Gelegenheit zu heftigen nationalen Emotionen, eben in Verbindung mit den Tiroler Aufständen. Bei der Aufführung der von Karl Wolf verfaßten dramatischen Adaptierung der historischen Ereignisse, *Tiroler Helden,* in Meran wurden bei Rosegger starke nationale Energien freigesetzt. „Wenn es um Menschenrecht, Freiheit, Heimat und Volk geht, da wird Kanonendonner und Gewehrgerassel zu einer majestätischen Musik. In mir wurden zur Stunde Gefühle und Kräfte lebendig, die ich bisher kaum gekannt. Am liebsten wäre ich selbst hinausgestürmt ins Freie, gegen die Feinde der Freiheit und des Vaterlandes, wo sie auch stehen, wie sie auch heißen mögen."[71]

Zwar hat sich Rosegger nun die Ausdrücke „Menschenrecht", „historisches Recht" angeeignet, aber vor dem Gebrauch, den er von diesem völlig unbefragt übernommenen Vokabular macht, ist äußerste Vorsicht geboten.

1898, als Kanzler Bismarck stirbt, hat Rosegger auch die letzten Skrupel diesem Politiker gegenüber überwunden. Seit der österreichischen Niederlage 1866 waren über dreißig Jahre vergangen, in denen sich vieles geändert hatte. In seinem Nachruf auf den „eisernen Kanzler" greift

Rosegger immerhin auf diese Wunde aus alten Tagen zurück: „Es war so, als ob mein baufälliges Vaterhaus zu einer festen Burg umgewandelt worden wäre, nachdem ich – aus demselben hinausgeworfen worden“[72], erinnert er sich sehr sinnfällig. Sicherlich, das Heilige Römische Reich Deutscher Nation schien dank Bismarck wieder neu erstanden zu sein, aber viel weniger sicher war, daß durch diese blutige Regeneration auch das Habsburgerreich gewonnen hatte ... Rosegger ging an diesem Problem völlig blind vorbei. Im Dunkel seines Gemüts vermengten sich nach wie vor die alldeutsche Lösung und eine nebelhafte Habsburg-Treue. Von den Ereignissen des Jahres 1870, die zur Reichsgründung geführt hatten, kann er jedoch nie, wie er gesteht, seinen um ihn versammelten aufmerksam lauschenden Kindern erzählen, ohne daß ihm dabei die Stimme versagte. Es nimmt natürlich nicht wunder, daß angesichts dieser häuslichen Ausrichtung Roseggers Nachkommen streng nationalistische Anschauungen hegten, die sich später mühelos der nationalsozialistischen Doktrin einfügten. Seine Gattin Anna, die ihn vierzehn Jahre überlebte, hielt es nicht anders.

Bismarck verdanke man, schreibt Rosegger, nicht nur die Einigung Deutschlands, sondern auch das erhebende Gefühl, „wir Deutschen gehören zusammen, vom Fels zum Meer“.[73] Immerhin, schränkt Rosegger etwas ein, wird diese Einigkeit erst dann zum Tragen kommen, wenn die „idealen Vorzüge, die das deutsche Volk von jeher als das edelste ausgezeichnet haben“[74], mit der Macht Hand in Hand gehen werden. Macht und Moral im deutschen Volk vereinigt zu sehen, wird eines der Hauptanliegen des Dichters sein.

Anläßlich des Sängerbundfestes, das im Sommer 1902 in Graz stattfand, will Rosegger, zu schwach, um persönlich daran teilzunehmen, mit dem Beitrag eines Liedes entschädigen: *Das Hochland der Germanen:*

„Vom Ortler bis zum Kahlenberg
Am frohen Donaustrand
Ist unsrer deutschen Ahnen Haus,
Ihr freies Heimatland
Im Reich der Tannen.
Ob's Bayern oder Steiern heißt:
Die Drau, die Traun, die Donau fleußt
Durchs Hochland der Germanen.
(...) Es hab' in Fried' und Streit und Not
Ein Lied, ein Schwert und einen Gott
Das Hochland der Germanen."[75]

In einem Gedicht der gleichen Inspiration richtet der Dichter folgende Bitte an Gott:

„Behüte Gott das deutsche Volk.
(...) In seiner weisen treuen Völkerführerschaft!
Das schwergeprüfte, hehre Volk,
Mein deutsches Volk, behüt' es Gott!"[76]

Die Empfehlung, sich an „ein Schwert, einen Gott", zu halten, war ohne Zweifel als Anspielung auf die Abfallbewegung von Rom zu verstehen. Das deutschnational eingestimmte Publikum war sich über den Sinn der Worte im klaren: Es konnte sich nur um eine verkappte Aufforderung, dem germanisch-protestantischen Lager beizutreten, handeln.

Die wahre Hymne der deutschnationalen Bewegung war damals jedoch die in Österreich verbotene *Wacht am Rhein.* Symbolen, und vor allem künstlerischen Symbolen gegenüber immer empfänglich, erzählt Rosegger in einem Artikel voll Verve, wie er es gewagt hatte, den Statthalter von Graz anzusprechen und ihm zu raten, doch lieber mit der Kornblume – der Blume Bismarcks – im Knopfloch in den Chor der Studenten einzustimmen, anstatt diese wegen Gebrauchs unerlaubter nationaler Symbole gerichtlich zu belangen.

In etwas vertraulicherem, wenn auch herausforderndem Ton berichtet der Dichter von einem „Faux pas", den er begangen hatte, ohne daß er sich damals über dessen zukunftsschwangere Bedeutung im klaren sein konnte. In einem von der geistigen Elite frequentierten Lokal Wiens hatte er eines Tages beim Anstoßen der Gläser anstatt des altgewohnten „Prost": „Heil" gerufen. Eisige Stille ringsum ... Rosegger mußte feststellen, daß er hier nicht am heimatlichen Stammtisch war und vielleicht nicht jedermann so dachte wie dieser. Immerhin läßt er sich nicht einschüchtern: „Ich gedenke, bei diesem tiefen, herrlichen und wohlklingenden Gruß zu verbleiben."[77]

1898 war es seinen Grazer Freunden – allen voran dem glühenden Wagner-Verehrer Hausegger – gelungen, Rosegger für Richard Wagner zu gewinnen. Eine Aufführung der *Meistersinger von Nürnberg* verschaffte ihm Zugang zu der ihm ganz wesensfremden Musik, gegen die er sich bisher gesperrt hatte. Sohn Sepp „pilgerte" jedes Jahr andächtig nach Bayreuth.

Dieser nationale Elan verlangte nach Konkretisierung. 1894 schon war Rosegger in den Vorstand des 1880 gegründeten *Deutschen Schulvereines* gewählt worden, dessen Ziel es war, deutsche Sprache und Kultur in den Grenzregionen zu verteidigen. 1897 trat er der *Deutsch-österreichischen Schriftsteller-Genossenschaft* bei, deren Vorsitz Adam Müller-Gutenbrunn führte und dem beizutreten sich Ferdinand von Saar wegen seiner deutschnationalen Färbung nicht entschließen konnte.

Im November 1899 erließ Rosegger im *Heimgarten* einen Aufruf zur Stützung der deutschen Kultur in den bedrohten Grenzgebieten. Er sei bereit, ein Zehntel seines Besitzes diesem Zweck zuzuwenden, wenn andere Deutschösterreicher zur gleichen Opfertat bereit wären. Dieser erste Aufruf blieb vorerst ohne Wirkung, da es ihm am nötigen strukturellen Unterbau mangelte. 1905, zum

Anlaß des 100. Todestages Friedrich von Schillers, des Nationaldichters, nahm Rosegger diese Idee poetisch verbrämt wieder auf. Die Grazer sollten beim Vorbeidefilieren vor der Statue eine Rose niederlegen und jeder – eine Krone! Erst 1909 konnte diese obstinat verfolgte Idee einer wechselseitigen Spende ihre Früchte tragen, dank der Zusammenarbeit mit dem *Schulverein* und der Unterstützung durch den deutschnationalen Abgeordneten Heinrich Wastian. Man verpflichtete sich, dem *Schulverein* 2000 Kronen zur Verfügung zu stellen, sobald tausend Personen der Stiftung ihre Zusage gegeben hätten. Schon im Februar 1910 war das Ziel erreicht, und in kurzer Zeit hatte der Aufruf drei Millionen Kronen eingebracht. Die Sudetendeutschen, als die Meistbetroffenen, zeigten sich am großzügigsten. Ottokar Kernstock sah in dieser Kampagne im Dienste der deutschen Kultur die Krönung von Roseggers Werk, „des Waldpoeten Meisterstück“[78]; und für das breite Publikum war der Dichter der „Millionenrosegger“ geworden. Wie beabsichtigt, wurden die Gelder wesentlich zum Bau von Schulen in den Grenzgebieten verwendet. Da die anderen Völker das gleiche taten, so meinte Rosegger, daß sich die Schüler der tschechischen, slowenischen und deutschen Schulen durch das Schulfenster die Hände reichen könnten …

Nun hatte aber diese Aktion, die Rosegger mit unerschütterlichem Glauben durchführte, ein unerwartetes Nachspiel. Sie verhinderte, daß 1914 der Nobelpreis für Literatur an den Waldpoeten ging. Auf eine tschechische Intervention hin entschloß sich das schwedische Komitee für den indischen Dichter Rabindranath Tagore.

„Und was habe ich den Tschechen getan? Eine Schutzsammlung habe ich gemacht, um an den bedrohten Sprachgrenzen *deutschen* Kindern *deutsche* Schulen zu bauen oder zu erhalten, unter dem Leitwort: Uns zum Schutz, niemandem zum Trutz! Die Tschechen wollen sogar mitten in unseren *deutschen* Provinzen ihre tschechischen Schulen haben. Wir wehren uns um Schillers Sprache, um Goethes Kultur. Wenn mir deshalb der Nobelpreis verloren ging, dann wohl mir!“[79] schreibt Rosegger an seinen französischen Biographen Amédée Vulliod. Daß man aus ihm deswegen einen Märtyrer der deutschen Sprache machte, war ihm jedoch nicht genehm.

## Rosegger und der Erste Weltkrieg

Das schwedische Komitee hatte sich nicht getäuscht, wenn es Rosegger als deutsch-völkischem Dichter Universalität absprach; seine Haltung im Ersten Weltkrieg sollte es beweisen.

Obwohl die Annexion Bosnien-Herzegowinas 1908 bei ihm gewisse Befürchtungen hervorgerufen hatte, schreibt er im selben Jahr: „Angriffskrieg ist Verbrechen, Verteidigungskrieg ist Heldentat.“[80] Es muß hier daran erinnert werden, daß Rosegger im Grunde keineswegs kriegerisch veranlagt war. Man möge nur an das einfühlsam geschilderte Schicksal der zahlreichen Deserteure in seinem Werk denken und an Roseggers Anprangerung des übermäßig langen Militärdienstes vor 1868. Noch 1890 meinte er: „Besser als fürs Vaterland sterben: Uneigennützigkeit im Handeln, Züchtung einer braven, gesunden Familie, redliche Steuerleistung, Verträglichkeit, Sparsamkeit, Ehrenhaftigkeit.“[81]

Vier Jahre später widmete er Bertha von Suttners Buch *Die Waffen nieder!* einen durchaus beistimmenden Artikel im *Heimgarten*. Aber auch hier werden Roseggers Überzeugungen von den Fakten und Einflüssen, die ihn umgeben, hinweggefegt. 1914, bei Ausbruch des Krieges, gesteht er, daß es Situationen gebe, in denen Kriegführen ein unumgänglicher Mutbeweis sei, wie in dem „herrlichen Heldenringen"[82], das nun bevorstehe.

„Und nun stand, vom wilden Pochen eines ungeheuren Feindes geweckt, die deutsche Seele plötzlich auf, ging hin wie ein junger Gott und legte ihren Leib jauchzend auf den Opfertisch des Vaterlandes"[83], heißt es in dem gemeinsam mit Ottokar Kernstock verfaßten Propagandawerk *Steirischer Waffensegen.*

Überzeugt von der Schuldlosigkeit der Deutschen an diesem Krieg, hoffte Rosegger auf eine Bereinigung der vom „faulen Frieden" zersetzten Moral, auf die, auch von anderen gepriesene „heilende Wirkung des Stahlbades", aus dem die deutsche Seele gereinigt und gestärkt hervorgehen würde: „Wir werden deutsch sein in Leben und Wirken; deutsch mit ganzer Seele", verspricht Rosegger. „Wir haben die Kraft, wir haben die Freude"[84], feuert er seine Landsleute an. Warum denn zögern: „Gott verläßt keinen Deutschen. Was braucht's da beten!"[85]

Nun gab es für Rosegger neben diesen Augenblicken der Exaltation auch andere, wo der Mut sinken wollte und die Misere des Kriegsalltags die Überhand gewann. Würde dieser Krieg wirklich zum Sieg der Humanität führen? War es so sicher, daß die Menschen geläutert aus ihm hervorgehen würden? In Briefen an Freunde, wie zum Beispiel an den Schriftsteller Emil Ertl oder an die Gattin Brunlechners, wurden solche Töne laut. Um der Beklemmung, dem Zweifel zu entrinnen, macht Rosegger von seinem alten Abwehrreflex, der Regression, Gebrauch. „Sich flüchten", „zurückziehen" sind da Worte, die oft auftauchen. „Ich ziehe mich zurück in meine alte Bauernseele. Von dieser Hut aus erträgt sich all Glück und Unglück noch am würdigsten."[86] Da die „alte Bauernseele" nun doch schon gar zu lange abgestreift ist, hält er sich noch eine andere Zufluchtsstätte bereit: „Ich könnte dieses Leben jetzt einfach nicht ertragen, ohne in die Welt der Ideale zu flüchten"[87], gesteht er einem Freund. Und tatsächlich waren diese kleinmütigen Anwandlungen nur dem intimen Kreis vorbehalten; in seinen öffentlichen Stellungnahmen zog er es vor, aufzurichten, anzufeuern.

„Die Menschheit ist das Ziel, die Nationalität ist der Weg dahin"[88] – eine Behauptung, die unweigerlich an Grillparzers von Menschlichkeit geprägtes Wort erinnert: „Der Weg der neueren Bildung geht von Humanität durch Nationalität zur Bestialität." Welch fundamentaler Unterschied zwischen zwei Anschauungsweisen, zwischen zwei Epochen!

Um der Menschheit auf diesem Weg weiterzuhelfen, gibt also Rosegger gemeinsam mit Ottokar Kernstock – dem späteren Verfasser einer ersten Hakenkreuzhymne – das Buch *Steirischer Waffensegen* heraus. Dort findet man die schon genannten Gedichte *Das Hochland der Germanen* und *Gebet* wieder; aber im großen und ganzen zeigt sich Rosegger weniger aggressiv als sein Mitredakteur. Er bringt sogar die Idee vor, daß es keine Ehre sei, allgemein gehaßt zu werden, und man besser daran tut, sich die Liebe und Achtung der anderen zu erringen. Und er versucht diesem allgemeinen Haß gegen das deutsche Volk auf den Grund zu kommen: „Was hat dieses deutsche Volk getan, daß es die Welt in eine solche Angst versetzte? Es hatte sich geeinigt."[89]

Eine erstaunlich einsichtige Schlußfolgerung, wenn man sie mit dem Urteil über die zum Großteil jüdische Bevölkerung vergleicht, die aus dem von Rußland besetzten Galizien repatriiert wurde. Auch hier übernimmt Rosegger ungefragt fremde Meinungen und schenkt der Kriegspropaganda Glauben, derzufolge Galizien nicht verloren, sondern „verraten" worden sei, und zwar von jenen, die in „Verräterzügen" massenhaft nach Wien gebracht wurden.

1917 ergriff auch ihn die ringsum grassierende Kriegsmüdigkeit: „Was jetzt an den Fronten geschieht, ist das einzig Herrliche, aber die sittlichen Zustände des Hinterlandes sind unerträglich.“[90] Im Oktober schreibt er gar an das Verpflegungsamt, um sich über den desolaten Zustand und die Mißstimmung im Hinterland Luft zu machen. „Die Leute wollen Frieden um jeden Preis, sie sagen, man wisse nicht mehr, um was wir kämpfen.“[91]

Was die Beschuldigungen betrifft, Österreich habe Deutschland in den Krieg hineingezogen, so ist Rosegger überraschenderweise der Meinung, es wäre tatsächlich besser gewesen, den Krieg ohne das Deutsche Reich zu führen, der Konflikt hätte in diesem Fall ein schnelleres Ende genommen.

Von der Kriegsbegeisterung des Beginns bis zur allgemeinen Kriegsmüdigkeit Ende 1917 hat sich Rosegger stets den Einflüssen und Strömungen des Augenblicks unterworfen gezeigt, seine Urteile sind daher keine Sache des Intellekts, sondern des Gefühls.

Ende 1917 schwinden auch die Kräfte des Dichters, so wie die der Kriegführenden. Am 26. Juni 1918, kurz vor dem Zusammenbruch, geht Rosegger von dieser Welt. Eine der letzten Äußerungen im Tagebuch lautet: „Jene, die nach uns Tagebuch schreiben, werden zu berichten haben vom endlichen Sieg der menschlichen Gesittung. Sonst wünsche ich nichts.“[92] Ein Wunsch, der mehr von Roseggers unerschütterlichem Glauben an den Menschen als von seinem Realitätssinn zeugt.

## Auf dem Gipfel des Ruhmes

Seit der Zeit, da Rosegger begonnen hat, sich als Polemist literarisch auszuleben – zum Nachteil seines erzählerischen Werks, das in Klischees und fixen Ideen festgefahren war –, hatte sein Ruhm paradoxerweise nicht zu wachsen aufgehört. Man nennt ihn „Weltbeglücker", „Weltverbesserer", und Rudolf Latzke spricht von ihm als einer „literarischen Großmacht".[93] Tatsächlich hatte der Dichter trotz seiner Sehnsucht nach innerem Frieden, dem „Himmelreich auf Erden", sich den verschiedensten Problemen, die an ihn herangetreten waren, nicht entzogen. So hatte er unmißverständlich für das nationale Lager Partei ergriffen, hatte im Streit mit Rom ausführlich Stellung genommen und war als Sittenrichter in die Rolle des Volkserziehers geschlüpft. Zahlreiche Vereinigungen zählten ihn zu ihrem Mitglied: der *Allgemeine Deutsche Schulverein,* die *Österreichische Schriftstellergenossenschaft,* das *Steirische Bismarckkomitee* und ab 1904 der *Bund Heimatschutz.* Im Jahre 1893 hatte er die Ehrenmitgliedschaft des *Vereins zur Abwehr des Antisemitismus* abgelehnt, aber die Rückerstattung der Ehrengabe zu seinem 50. Geburtstag an die Schillerstiftung in Weimar, im Zusammenhang mit eben der mißlichen Heine-Affäre, hatte seinen guten Beziehungen zu dieser Institution nicht geschadet, die ihn 1909 zum Ehrenmitglied ernannte.

Sein Ruhm drang sogar weit über die deutschen Grenzen hinaus; auch die *Royal Society of Literature* in London zählte ihn ab 1908 zu ihren Ehrenmitgliedern – eine Auszeichnung, die Rosegger 1914 natürlich zurücklegte! 1909 verbreitet sich das Gerücht, daß der Dichter für eine Ernennung ins Herrenhaus vorgeschlagen sei; es kam aber letztlich nicht dazu – zum Vorteil von Roseggers persönlichem Schaffen, dem er sich mit einer derartigen Verpflichtung sicherlich völlig entfremdet hätte.

Es ist ganz unmöglich, alle Ehrungen, alle Feiern aufzuzählen, die zu Roseggers 60. und 70. Geburtstag in die Wege geleitet wurden. Die ganze Steiermark war im Festgewand, um ihrem ruhmreichen Sohn mit Böllerschüssen, Glockenläuten und Freudenfeuerketten ihre Erkenntlichkeit zu zeigen. Auch der Rückkauf des Roseggerschen Heimathofes wurde wieder in Betracht gezogen und mußte aus finanziellen Gründen wieder fallengelassen werden. Dieses Vorhaben wurde erst 1927, neun Jahre nach Roseggers Tod, von der steirischen Landesregierung realisiert. Zu seinem 70. Geburtstag wurde Rosegger mit einer weiteren Ehrenmitgliedschaft bedacht: die der steiermärkischen Schneiderinnung! Diese vielleicht zehn Jahre früher noch unliebsame Reminiszenz konnte dem Dichterpatriarchen nun wohl nichts mehr anhaben!

Die Auszeichnung, die ihn, den Autodidakten, aber mit aufrichtigstem Stolz erfüllte, war das Ehrendoktordiplom, das ihm die Heidelberger Universität Rupert Carola 1903 verlieh. Auf Roseggers Briefkopf stand von nun an: *Dr.* Peter Rosegger; das „K" von Kettenfeier war schon zehn Jahre früher ausgeschieden worden, als es zur Unterscheidung von den anderen Peter Roseggers seiner Heimat längst überflüssig geworden war.

Zum 70. Geburtstag, 1913, folgte die Wiener philosophische Fakultät mit der gleichen Auszeichnung, und 1917 entschloß sich auch Graz, Rosegger zum Dr. hon. causa zu erheben. Die relativ späte Ehrung in seiner Heimatstadt erklärt sich durch die häufigen Polemiken, die Rosegger zur Hochzeit seines Moralpredigertums gegen Akademiker und Wissenschaftler dieser Universität geführt hatte. Immerhin ist es kein Zufall, daß sich eine reichsdeutsche Universität als erste zu diesem Schritt entschlossen hatte, da Roseggers deutschnationale Stellungnahme natürlich im Reich ganz besonderen Anklang finden mußte. Auch mit der Ordensverleihung ging Deutschland Österreich voran. 1907 schon erhielt Rosegger den *Preußischen Kronenorden zweiter Klasse* – zur besonderen Freude seiner Töchter –, aber erst 1913 wurde ihm das *Österreichische Ehrenzeichen für Kunst und Wissenschaft* und 1918, kurz vor seinem Tode, das *Großkreuz des Franz-Josefs-Ordens* verliehen.

Rosegger konnte wahrlich stolz sein auf diese Fülle von Ehrungen, mit denen er überhäuft wurde; stolz, weil er, zwar nicht ganz von selbst, diese Höhen erklommen hatte, so doch von einem Niveau aus, von dem ein derartiger Höhenflug kaum zu erwarten gewesen wäre. Wenn nun tatsächlich sein Herstammen aus dem Walde seiner Entdeckung und seinem steilen Aufstieg zugrunde liegen, so ist die Erreichung seines vollen Ruhmes, vor allem im Deutschen Reich, seinem bedingungslosen Eintreten für die deutsche Sache zuzuschreiben, die in den neunziger Jahren ganz unzweifelhaft eine Vorrangstellung in Roseggers Denken einnahm.

Roseggers 60. und 70. Geburtstag boten dem Verleger Staackmann die Gelegenheit, seinen meistgelesenen Autor mit einer Aufmerksamkeit in Form einer seiner Person gewidmeten Biographie zu überraschen. Tatsächlich war der Dichter schon als reifer Fünfziger zu einer legendären Figur geworden. „Einer, der vom Geschicke so hinausgestellt worden ist, daß schon bei seinen Lebzeiten mythisch gestimmte Leute seine Lebensgeschichte nachdichten."[94] In- und ausländische Biographen interessierten sich für ihn. 1903 konnte Staackmann auf den Geburtstagstisch *Peter Rosegger. Ein Beitrag zur Kenntnis seines Lebens und Schaffens* von Hugo und Hermine Möbius, jenem Lehrerehepaar, das Rosegger auf einer seiner Vorlesereisen in Leipzig kennengelernt hatte, niederlegen; Hermine Möbius hatte auch 1893 den Kontakt Roseggers zu Staackmann vermittelt. Dazu noch die Übersetzung der französischen Studie von Ernest Seillière: *L'âme styrienne et son interprète.* 1913 kam wieder ein französischer Biograph zu Ehren, Amédée Vulliod, mit seiner ins Deutsche übersetzten Habilitationsschrift über Peter Rosegger.

Roseggers Ruhm war weit über die Grenzen seines Landes hinausgedrungen: 1905 gab es schon dreißig Werkübersetzungen in den verschiedensten Sprachen. In diesem Jahr kam der *Waldschulmeister* auf französisch heraus, und die Schweden hatten schon 1904 das Recht auf gleichzeitiges Erscheinen für alle Werke Roseggers erworben. 1911 gab es sogar eine japanische Übersetzung des *Waldschulmeisters!* Und trotz seiner politischen Einstellung sah Rosegger keinen Grund, den Polen eine Übersetzung des vielgelesenen Romans zu verweigern – ob sie das Werk auch richtig verstehen und einschätzen würden, ließ Rosegger dahingestellt.

Diese letzten Schaffensjahre entsprachen nun keineswegs der friedlichen Idylle, die sich Rosegger so sehr gewünscht hätte, waren eher eine Periode der intensiven Beanspruchung durch Probleme des öffentlichen Lebens, in die einzugreifen sich der Dichter kraft seines Ansehens bei einem breiten Leserpublikum verpflichtet fühlte. Sein dichterisches Werk hat – trotz des immer noch beachtlichen Umfangs – daraus keinen Vorteil gezogen. Die acht Bände Erzählungen, die ab 1893 bei Staackmann erschienen waren, bewegen sich in den festgefahrenen Gleisen des Gegensatzpaares von Stadt und Land und zeugen von der unverminderten Neigung Roseggers für Sonderlingsgestalten, deren Darstellung des Sensationellen nicht entbehrt.

Im Rahmen seiner dem allgemeinen Interesse dienenden Tätigkeit hatte Rosegger noch zweimal Gelegenheit, seiner Heimat im engen Sinne einen Dienst zu erweisen. 1902 gelang es ihm endlich, nach zwei fruchtlosen Versuchen – 1879 und 1882 –, für die Kinder seiner ehemaligen Landsleute in Alpl eine Schule zu errichten. Um seinen Traum vom Waldschulmeister verwirklichen zu können, mußten dreißig Jahre verstreichen, dreißig Jahre, in denen Rosegger die Älpler vergeblich von der Notwendigkeit einer Schulbildung zu überzeugen suchte! In dem Artikel *Die Ja-sager von Duselbach* hat Rosegger diese anachronistische Haltung sehr treffend dargestellt.

1904, als ein Brand die Kirche von Sankt Kathrein am Hauenstein schwer beschädigt hatte und Rosegger im *Heimgarten* zu einer Kollekte für den Wiederaufbau der für ihn erinnerungsträchtigen Stätte aufrief, war ihm abermals eine unliebsame Überraschung vorbehalten: Die katholische Oberbehörde zeigte sich von Roseggers Initiative gar nicht erbaut, und die, die am meisten für das Kirchlein spendeten, waren die Protestanten aus dem Reich. Die Sache ist aber weiters nicht verwunderlich, wenn man bedenkt, daß Rosegger erst vier Jahre vorher dank einer öffentlichen Spendenaktion die Errichtung einer protestantischen Kirche in Mürzzuschlag ermöglicht hatte.

## ERDSEGEN – WELTGIFT: EIN AUFSCHLUSSREICHER GEGENSATZ

Vielfache öffentliche Beanspruchung und Sehnsucht nach einem unerreichbaren inneren Frieden – zwei Dinge, deren Unvereinbarkeit den Dichter schwer belastete und dem immer obsessioneller sich auswirkenden Gegensatzpaar von „Weltgift" und „Waldfrieden" seine innere Dynamik verlieh. Alle Romane ab *Das ewige Licht* sind davon geprägt, aber *Erdsegen* und *Weltgift* sind die wahrhaften Symbolträger dieser im Dichtergemüt verwurzelten fixen Idee. Rosegger verfaßte die beiden Romane in rascher Folge aufeinander: *Erdsegen* erschien 1900, *Weltgift* 1902.

Im ersteren läßt uns der Dichter am Schicksal des Journalisten Hans Trautendorffer teilnehmen, der sich bei einer Wette verpflichtet, ein Jahr lang als Knecht auf einem Bauernhof zu dienen. Nach einigen Schwierigkeiten gelingt es ihm auch, sich bei einem Bergbauern zu verdingen, der sich schließlich von seinen Fähigkeiten und dem Ernst seiner Absichten überzeugen läßt. Der Roman besteht aus den Briefen, in denen Trautendorffer einem Kameraden über seine Erfahrungen berichtet. Die Wahl eines Außenstehenden, der über das bäuerliche Milieu berichtet, gestattet Rosegger die Anwendung einer Verfremdungstechnik den bäuerlichen Gebräuchen gegenüber. Trotz einer gewissen ironischen Distanz, die den früheren Romanen völlig fremd war, ist Roseggers alias Hans Trautendorffers Blick immer noch der der Sympathie, da sich Hans nach dem ersten Schock über die rudimentären Zustände, die am Bauernhof herrschen, mehr und mehr von der Ehrenhaftigkeit und der Tüchtigkeit der gegen schwere Lebensumstände ankämpfenden Bergbauern beeindruckt zeigt. Wenn ihm dann gar klar wird, daß er die Haustochter Bärbel liebt, steht sein Entschluß fest. Er wird mit ihr den herrenlos gewordenen Hof übernehmen und seine Zeit zwischen Bauernarbeit und Journalismus aufteilen. Das „Weltgift", das er während seines Aufenthaltes in der Stadt aufgesogen haben mochte, wurde durch den heilsamen Einfluß seiner neuen Umgebung bald ausgeschieden: „Man wird ja so anders auf diesen feuchten Schollen – als ob eine dunkle Seele aus ihr (sic!) aufstiege, von der man sachte besessen wird."[95]

Bei Hans hat der Erdsegen voll wirken können, da er auf dem Lande geboren und aufgewachsen ist; es genügte daher, verschüttete Anlagen wieder zum Vorschein zu bringen.

Das ist nicht der Fall bei seinem *Weltgift*-Pendant Hadrian Hausler. Eine rein städtische Kindheit und Erziehung machen bei diesem verwöhnten Großbürger alle Heilungsversuche in der Natur zunichte. Der Industriellensohn Hadrian Hausler beschließt, angeekelt vom nichtstuerischen und frivolen Leben, das er führt – noch dazu im Hader mit seinem Vater –, Stadt und Besitz zu verlassen und sich mit seinem Pflichtteil, das er sich auszahlen läßt, im Grünen niederzulassen. Mit wenig Erfolg:

Trotz der ständigen Lobpreisung der Natur und trotz seines ansehnlichen Vermögens steht er bald moralisch und auch finanziell vor dem Ruin. Er verdankt es nur Sabin, seinem unehelichen Sohn, den er als Bediensteten mit sich genommen hat, daß er Armenhaus und Bettlerlos entgeht. Zur Arbeit sowie zum Anordnen unfähig, wird er bald das Opfer eines unredlichen Verwalters, den er auf dem teuer erstandenen Landgut einsetzt. Eine Überschwemmungskatastrophe, die Land und Schloß verwüstet, macht seinen gutsherrlichen Träumen ein definitives Ende. Mit dem schmalen Rest seiner Habe zieht er sich in eine Sennhütte zum fruchtlosen Meditieren zurück. Nach dem Versuch, seinen gehaßten Vater „in effigie", d. h. in Form einer Büste, zu erschießen, stirbt er halb wahnsinnig im Krankenhaus eines jämmerlichen Todes.

Wenn *Erdsegen* ein glaubwürdiges Buch ist oder zumindest ein sehr lesbares Buch, so sündigt *Weltgift,* wie alle Produkte des städtischen Autors Hans Malser, durch psychologische Unwahrscheinlichkeit und eine übertriebene Darstellung der „städtischen Laster". Die Figuren, die Rosegger in ein städtisches Milieu versetzt, verraten im Grunde nur sein eigenes Gefühl der Inadaption, sein eigenes Irritiertsein durch die von der Stadt ihm aufgezwungene Entäußerung. Noch nach fünfzig Jahren hat Rosegger der Stadt im Grunde die Demütigungen seiner ersten Grazer Zeit nicht verziehen, ebensowenig wie die Tatsache, daß sie ihn zum Verrat an den Seinen verleitet hatte. Wenn Rosegger die Stadt beschreiben will, so ist er wie von einer plötzlichen Blindheit geschlagen. Das Bild, das er von ihr gibt, ist eigentlich nur das Negativ seines psychoanalytisch geladenen, hoch überbewerteten Landbildes.

Mit den städtischen Szenen des Romans *Die beiden Hänse* (1912) steht es genauso. Der Große Hans, Sohn wohlhabender Müllnersleute, studiert Medizin und gerät unter den Einfluß eines darwinistischen, atheistischen Professors – eine Art Mephisto Roseggerschen Stils. Nach Beendigung des Studiums hat Hans einen vollen Kopf, aber ein leeres Herz. Im Augenblick, wo alle seine Wünsche in Erfüllung zu gehen scheinen – Eröffnung einer Ärztepraxis, Heirat mit der Professorentochter –, kommt Hans jedoch durch die Liebe eines verratenen Herzens zur Besinnung. Er verläßt sein bisheriges Leben und begibt sich auf die Suche nach einer vielleicht schon unmöglichen moralischen Gesundung. Nachdem er durch die „Schule" des ländlichen Heilpraktikers Knüll gegangen ist – nach Rosegger zehnmal wirksamer in seinen Heilmethoden als die Stadtärzte – und einem amerikanischen Millionär als Reiseführer durch die Alpen gedient hat, findet er schließlich bei seinem alten Kameraden, dem Kleinen Hans, in seiner Hochgebirgspfarre Zuflucht. Wird er dort noch vom „Weltgift" genesen? Die Frage bleibt offen. Was zählt, war die Umkehr!

Im vorletzten Roman Roseggers, *Die Försterbuben* (1905), ist das „Weltgift" viel weniger spürbar. Es spielt nur von ferne in Form der Zwistigkeiten, die die religiöse Welt entzweien, herein. Wenn die Helden zum Scheitern verurteilt sind, so nicht wegen der Verderblichkeit ihres Milieus – der Roman spielt auf dem Lande –, sondern wegen einer fatalen Schicksalsverknüpfung, die mit Roseggers Theorie von der gesunden Wirkung des ländlichen Milieus nichts zu tun hat. Roseggers Preisung des Landlebens wird ja überhaupt von allen jenen Erzählungen ad absurdum geführt, in denen die Tragik eines außergewöhnlichen Schicksals zur Darstellung kommt. Hier kann auch das ländliche Milieu dem Walten der Nemesis nicht Einhalt gebieten.

## Der Landmann – Die Rettung der Menschheit

Wenn Rosegger im Roman *Die Försterbuben* ausnahmsweise einmal von der wesentlichen Quelle seines Werkes, der Waldheimatreminiszenz, abgeht, so kommt er umso schneller und eingehender darauf zurück. Der Titel *Erdsegen* war schon richtungweisend für die große Bedeutung, die der Dichter der ererbten Scholle beimißt.

„Ich glaube, wenn der Bauer Atheist wäre, so könnte auf seiner Erde nichts mehr wachsen“[96], ruft der mehr und mehr dem Zauber der Natur erliegende Hans Trautendorffer aus. Bald kommt er gar zu dem Schluß, daß das Bauerntum den „Granit der Menschheit“ bilde, daß es Häuser baue, aus denen dann „diejenigen hervorgegangen, die da Burgen, Schlösser und Kirchen gegründet haben“.[97] Und Rosegger selbst behauptet 1916, ohne mit der Wimper zu zucken: „Wer das Bauerntum nicht kennt, dem fehlt das wichtigste Stück der Erkenntnis, der mißversteht die halbe Welt und das ganze Dasein.“[98]

Die Verbindung, die zwischen dem Landmann, der Scholle und dem göttlichen Willen besteht, zieht sich seit *Gabriel Mondfels* wie ein roter Faden durch Roseggers gesamtes Werk; aber auch hier kann man eine mit zunehmendem Alter eintretende Radikalisierung seines Denkens feststellen. Obwohl er nun bereit ist, gewisse Mißstände auf dem Lande aufzuzeigen – mangelnde Hygiene, ungenügende Krankenpflege, totale Ungesichertheit der Alten und der unehelichen Kinder –, ist es ihm ein ständiges Anliegen, die Städter zum Verlassen der Stadt, dieses „versteinerten Waldes“[99], aufzufordern und zur Rückkehr zum Landleben zu bewegen. Er meint in der Nacht seine Vorfahren zu hören, die ihn rufen und ihm vorwerfen, von ihnen gegangen zu sein und „Weltgift“ getrunken zu haben. „Auch ich habe, wie so viele, die Scholle einst verlassen, aber nicht, um sie zu meiden, sondern um die Menschen zu ihr zurückzurufen."[100]

Sicherlich gehört das alte Bauerntum, so wie Rosegger es gekannt und beschrieben hat, der Vergangenheit an; Rosegger hat dies eingesehen, wenn auch mit geheimem oder offenem Bedauern. Warum aber eigentlich nicht das unglückliche Stadtproletariat aufs Land bringen, was gleichzeitig das soziale Problem und den Mangel an landwirtschaftlichen Arbeitskräften lösen würde? Warum kann man die Menschen nicht daran hindern, sich massenhaft an einem Ort zusammenzurotten und Städte zu bilden, wahre „Geschwüre" am Körper der Nation? „Woher stammt unsere Kultur?" meditiert Hans Trautendorffer, „wo hat sie ihren Sitz, an alten festen Stätten oder auf der Straße? Industrie und Handel bauen über Nacht Städte, die auch wieder über Nacht zerfallen. Sie bauen nur Zelte ..."[101] Die bleibenden Werte aber werden von Leuten aus dem ländlichen Milieu geschaffen!

Eng mit dieser Überzeugung verbunden, hegt Rosegger eine andere, ebenso unerschütterliche, derzufolge die Rückkehr zur Scholle der einzige Weg zur Wiedererwekkung der alten Volkstugenden sei: „Einfachheit, patriarchalischer Sinn, Liebe und Treue zur angestammten Erde, zu der Väter Sitte, Ahnung und Verehrung Gottes."[102] Hat denn die Bodenkultur nicht ein älteres Anrecht auf unser deutsches Vaterland als die Industrie? fragt sich Rosegger; ist es nicht ein fataler Irrtum, sie wie andere Erwerbszweige den verderblichen Regeln von Angebot und Nachfrage zu unterwerfen?

„Der Bauer ist kein Geschäftsmann, kein Krämer, der zu konkurrieren hat, bei ihm kommt es darauf an, daß er auf seiner Scholle lebt und er kann leben von dem, was er baut."[103]

Vom „unheimlichen Treiben" der modernen Welt schwer beunruhigt, ist Rosegger im letzten Schluß dahin gekommen, Handel und Wandel des Bauern als Träger eines Zweckes an sich zu betrachten, dem man in schweren Zeiten als Modell absoluten Menschentums Schutz und Schonung zu gewähren hat. Nur das Landleben könne die Städte vor dem unvermeidlichen Verderben retten, predigt Rosegger und gießt damit Wasser auf die Propagandamühlen der um die Jahrhundertwende entstehenden industrie- und stadtfeindlichen Bewegungen wie *Bund der Landwirte* in Deutschland, und *Bund Heimatschutz* in Österreich. Nur das Landleben könne zur Entfaltung der „echten, wahren" Menschen beitragen, des „urdeutschen"[104] Menschen, konstatiert Rosegger 1916 in seiner Flugschrift *Heim zur Scholle.* „Seit nahezu einem halben Jahrhundert predige ich in allen Tonarten, lockend, bittend und drohend, die Rückkehr zum Bauerntum."[105]

Es ist nun kaum anzunehmen, daß Rosegger mit seinem ständigen Aufruf den Großgrundbesitzern das Wort reden wollte, jener Kaste, die vor allem in Preußen die Reize des Landlebens preisen ließ, um das ländliche Proletariat für sich verfügbar zu halten. Immerhin zeigen die Ansichten seiner letzten Periode Tendenzen, die dem preußischen Junkertum keineswegs zum Mißfallen geraten mußten. Auch hier macht sich der Einfluß der Zeitströmungen bemerkbar, und Rosegger geht sogar so weit, in der alten, patriarchalischen Herr-Knecht-Beziehung ein zukunftsweisendes Modell zur Lösung der sozialen Frage im allgemeinen zu sehen!

Da man nun anscheinend im Augenblick der Landflucht nicht wehren kann, malt Rosegger in der schon erwähnten Broschüre von 1916, unter dem Eindruck der Hungersnot im Hinterland stehend, in einer großartigen, drohend-beschwörenden Zukunftsvision eine kollektive Menschheitsrückkehr zur Scholle aus, eine Art „Explosion", die die städtischen Massen ebenso unwiderstehlich zum Land hinaustreiben würde, wie bisher die Abwanderung vom Lande vor sich gegangen war. „In solchen Fragen rechnet man nicht mit fünf oder zehn, sondern mit fünfzig und hundert Jahren, und innerhalb dieser Zeit kommt's. Innerhalb dieser Zeit kracht's. Dann stiebt alles auseinander, dann wird's da hinten in den Einöden schon wieder lebendig werden. Es war sonst nicht Sache der Deutschen, große Städte zu bauen, sie haben sich nicht einmal gerne in kleinere geschlossene Weiler zusammengetan", schreibt Rosegger. „Die Herrenmenschen der Germanen haben viel mehr vorgezogen, in Bergschlössern und Einzelhöfen zu wohnen. Es muß erst ein Herzog kommen, der sie führt. Doch der Mann, der das deutsche Volk politisch einigte, hatte nicht die Zeit, es örtlich zu zerstreuen. Das bleibt einem andern vorbehalten, und die örtliche Zerstreuung der großen Massen wird nicht weniger bedeuten, als die politische Einigung. Und das wird die Wiedergeburt der Menschheit sein."[106]

Der „Herzog", der „Führer" ist wohl gekommen und hat tatsächlich ganz ungeheure Menschenmassen in Bewegung gebracht, doch sicherlich nicht in dem Sinne, wie unser Prophet es erträumt hat …

## Die rückwärtsgewandte Utopie

Im Laufe der langen Dichterkarriere Roseggers ist es interessant festzustellen, welchen Wandlungen das Motiv der Waldheimat unterworfen war. Zuerst, im langsamen Lösen von seinem Ursprungsmilieu, der sympathische Blick für Land und Leute, Sitten und Gebräuche; dann, nach dem Abreagieren des Grolles gegen die Bildungsfeindlichkeit seiner Landsleute, das Zentrum der nostalgischen Rückerinnerungen für die Waldheimat-Fiktionen; und schließlich ein Banner im Dienste der national getönten Heimatkunst-Bewegung, der Mittelpunkt einer ständigen Bekehrungsaktion. Die Rechnung für die Zukunftsvision einer geretteten Menschheit geht besonders gut auf, da sie mit Roseggers persönlichem Streben nach Ausruhen in der ländlichen Idylle übereinstimmt. Denn es muß gesagt sein: Sein Ruf nach Rückkehr zum Lande entspringt keinem politischen Kalkül, sondern seinem Sehnen nach innerem Frieden. Wenn er sich als alter Mann ins Gebirge aufmacht, um dort seine Jugend wiederzufinden, so möchte er, daß alles so wie früher sei, „und ich will gerade so einfältig gut sein können wie einst in jungen Tagen“[107] – ein frommer Wunsch, denn Rosegger bleibt dem Tagesgeschehen bis zum Schluß verpflichtet. Auch wenn er 1910 die Redaktion des *Heimgarten* seinem Sohn Hans-Ludwig übergibt, so führt er als Polemist weiterhin eine spitze Feder, und die Rubrik *Heimgärtners Tagebuch* erstreckt sich manchmal über ein Drittel des Blattes.

„Hatte ich einst einen glücklichen Büchermann geträumt, so träume ich jetzt den noch glücklicheren Waldbauernbuben.“[108] Es ist normal, daß Roseggers nationales Prophetentum, das ihn am Rückzug in die alte Seele des Waldbauernbuben hinderte, ein ständiges Bedauern über die nicht ermöglichte Idylle zur Folge hatte. Gewollt oder ungewollt hatte Rosegger durch sein Eingreifen in die Zeitprobleme jede Hoffnung auf den so nachdrücklich gepriesenen Frieden des Herzens zunichte gemacht und zugleich sein dichterisches Schaffen der besten Lebenskräfte beraubt. Hier mußte Rosegger mit dem schon Errungenen an Motiven und Technik auskommen; was hinzukam – die Beschreibung städtischer Gegebenheiten –, gereichte ihm nicht zum Vorteil. Aber wer kann sein Los bestimmen? Unter dem zwingenden Einfluß seiner Umgebung glaubte Rosegger in den letzten dreißig Jahren seines Lebens, er sei durch sein Wort zum Einwirken auf den Lauf der Menschheit berufen. Welch gigantischer Anspruch des ehemaligen Waldbauernbuben! Bei genauerem

Hinsehen wird jedoch der innere Zusammenhang zwischen den beiden so entfernt scheinenden Polen klar: Wenn der Waldbauernbub nicht von zu Hause weg in die Stadt gegangen wäre, so hätte sich der reife Mann nicht veranlaßt gefühlt, sich an die Spitze eines Kreuzzuges für die Rückkehr zum Landleben zu stellen. Wenn die außergewöhnlich steile Karriere Roseggers einem kometenhaften Emporschießen gleicht, so kann man in seinem Schaffen eine Entwicklung in konzentrischen Kreisen konstatieren: Die Rückkehr zum Land ist eine ständige Rückkehr zu sich selbst.

# VI.
# Der Dichter

„Existieren und dichten
ist bei mir eins.“[1]

Roseggers Dichtertum ist zweifelsohne seine ursprünglichste und intimste Berufung. Im Gegensatz zum Priester- oder Lehrberuf, zu denen er sich eine Zeitlang auch bestimmt glaubte, braucht es dazu keine offizielle Ernennung noch Bestellung. Wäre Rosegger aber nicht der „verlorene Sohn des Waldes“ mit starken religiösen und lehrhaften Impulsen gewesen, so wäre er nicht zu *dem* Dichter geworden, der mit seiner spezifischen Auffassung von seinem Beruf die literarische Landschaft seiner Zeit maßgeblich mitbestimmt hat. Dichten bedeutet für Rosegger die Aufgabe, den Menschen durch das Schöne zum Guten zu führen, und nichts ist in seinen Augen so sehr geeignet, diesem Ziel näherzukommen, als die Besinnung auf das Landleben, auf die Natur.

Valorisation des Waldes, Predigertum und Lehrberuf ergeben jenes Amalgam, das sein ganzes Werk auf fundamentale Weise prägt und den innersten Kern seines Schaffens ausmacht. Kein Thema, das von ihm nicht in einer moralisierend-erbaulichen Absicht behandelt wurde, im Glauben an die Perfektibilität des Menschen, trotz anfallender Zweifel, trotz blühender Fantasie – vor allem in Roseggers Jugendjahren.

Leben und Dichten sind für Rosegger untrennbar verbunden, obwohl diese Behauptung im Hinblick auf die verschiedenen Lebensabschnitte zu artikulieren ist: Für den jungen Rosegger – und wir denken an die Zeit bis zum Tod seiner ersten Frau – ist das Erlebte an und für sich Poesie. Es genügt, die momentane Eingebung zu Papier zu bringen. Die große Anzahl von Gedichten und die wiederholte romanhafte Darstellung seines Lebens zeugen davon. In der Reifezeit bemühte sich Rosegger eher darum, unerfreuliche Wirklichkeit in didaktischer Absicht in eine schönere, erhebendere umzudichten. Tatsächlich ergibt sich hier eine gewisse Unstimmigkeit: Obwohl Rosegger sehr oft in seinem Werk Laster und Leidenschaften mit grellen Farben schildert, bleibt er auf intentioneller Ebene seinem ethischen Anspruch, den endgültigen Sieg des Schönen und Guten herbeizuführen, treu.

## 1. DIE BERUFUNG

„Besser poetisch zu sterben
als prosaisch zu leben."[2]

Schon früh war Rosegger von allem Geschriebenen wortwörtlich fasziniert. Kaum des Alphabets kundig, nimmt er schon die Feder zur Hand, um seinem Äußerungsdrang zu frönen, sich seiner Umgebung mittels dieser noch wenig verbreiteten Kunst mitzuteilen. Mit dreizehn verfaßt er zwei Bußpredigten, mit fünfzehn eine Lebensbeschreibung, die schon von der Distanzhaltung zeugt, die zur Darstellung von Erlebtem nötig ist. Im darauffolgenden Jahr entsteht ein Heft „Dramatische Werke", wo Rosegger, unter dem Einfluß ländlicher Wandertruppen und unmäßiger Kalenderlektüre stehend, Greuelszenen jeglicher Art breit ausmalt. *Zwischen elfe und zwölfe, Der Häusler und sein Weib, Die Tochter des Verräters, Das Grab von Sebastopol* sind einige der sprechenden Titel.

Man spürt aber aus diesen pubertären Produktionen sehr gut Roseggers Ungenügen an sich selbst heraus. In seinen damals schon häufigen Bekenntnissen gesteht der junge Dichter, daß er sich nicht auf dem rechten Weg zu befinden glaubt. Die Geschichten, die er in Anlehnung an mehr oder minder obskure Vorbilder erfindet, entsprechen nicht dem, was er wirklich ausdrücken will. In der autobiographischen Überlegung *Ich als Dichter und Studierender* bringt er das Mißverhältnis zwischen seinem Streben und den mittelmäßigen Ergebnissen zum Ausdruck:

„O wie oft bin ich meines Dichtens halber schon ausgelacht worden. Doch leide ich jetzt den Spott, wenn einst was Besseres kommen möchte."[3]

Besseres leisten ist der große Wunsch des jungen Dichters. Um Besseres zu leisten, heißt es zuerst mehr schreiben. Ab 1858 unternimmt Peter eine wahre Titanenarbeit an handgeschriebenen Kalendern, in denen er seiner vielfältig beeinflußten Fantasie freien Lauf lassen kann und sich in den verschiedensten Dichtungsarten der Volksmuse übt: Dorfgeschichten, Novellen und Legenden, Gedichte und Vierzeiler stehen neben Betrachtungen und Geständnissen sowie Aufrufen an die – noch sehr spärliche – Leserschaft. Sogar von der List des fingierten Briefes, die Rosegger später im *Heimgarten* noch oft anwenden wird, macht er hier schon Gebrauch.

Peter mangelt es auch nicht an Humor. Er macht sich gerne öffentlich über seinen ununterdrückbaren Hang zum Schreiben lustig: „Daß ich, meine Herren, ein eitler, eingebildeter Narr bin, der mit seinem albernen Geschreibsel dem Publikum einen Gefallen zu erweisen glaubt, während sich jeder Gebildete über diese zeitraubenden Blätter eines Ungebildeten zu krank ärgert – ein Narr, der sich durch seine Schriften Lob und Ruhm zu erwerben glaubt, während man sie liest, um über seine ungemeine Dummheit lachen zu können …"[4]

1863 im Vorwort zu einer neuen Kalenderreihe schickt er eine Entschuldigung für das, was er „seinen Lesern wieder vorlügen" und „Kopfloses vormachen" wird, voraus. Aber „der Schneiderpeterl kann halt nicht dafür, daß er alles aufschreiben muß, was ihm in den Sinn kommt, das mag ihm wohl vom lieben Herrgott bestimmt worden sein".[5]

In einem Gedicht, das er sich zum zwanzigsten Geburtstag selbst widmet, stellt er sich als Allround-Talent dar:

„Das ist der Schneiderpeterl, unser Dichter,
Unser Maler, unser Narr, unser Richter.
Einen schönen Namen, sagt er, hätt er:
Er heißt Kettenfei'r Rosegger Peter."[6]

Er kann nun tatsächlich nicht anders als schreiben, aber der Mangel an gediegenen Vorbildern läßt die Resultate noch sehr unbefriedigend ausfallen. Peter leidet darunter, denn er ist sich dessen sicher, daß Gott seine Gabe nicht zu reinen Zwecken der Unterhaltung und Zerstreuung in sein Herz gesenkt hat. So weltabseits er auch lebt, er nennt als seine Idole „Schüler" (Schiller), Goethe, „Rapfel" (Raffael) und Mozart, denen er es bald gleichzutun hofft, was die Qualität anbelangt! Aber wozu sich auf so prestigevolle Vorbilder berufen, wozu sich verstellen? Wenn man Dichter von Gottes Gnaden ist, so genügt es, seinem naturgegebenen Hang zu folgen und sich selbst treu zu sein:

„Ich war im Traum ein hoher Herr,
Doch Schäfer sein ist noch viel mehr.
… Der Herrgott hat sein' Freud daran,
daß ich ihm so schön pfeifen kann."[7]

Das Gefühl, eine Gottesgabe zu besitzen, hat sich sechs Jahre später, als Peter seinen ersten Gedichtband handschriftlich verfaßt, nur noch verstärkt. Er dankt Gott dafür, ihn mit den Freuden der Dichtkunst gesegnet zu haben, die ihm in Augenblicken des Verzagens über das Ärgste hinweggeholfen haben; und 1901 schreibt der alternde Mann an Hans von Reininghaus, den Sohn seines Grazer Wohltäters, nur die Überzeugung, Gott habe ihn zum Dichteramt berufen, hat ihn in den Augenblicken des Erlahmens wieder neu beflügelt.

Für den jungen Rosegger ist Schreiben einfach identisch mit Dichten, auch wenn bei weitem nicht alle seine Produkte von poetischem Hauch erfüllt sind. Es wird ihnen auch später immer noch etwas von seinen qualitätslosen Jugendlektüren anhaften, was sich zusammen mit seiner ausufernden Fantasie manchmal nur schwer in die hohe Auffassung von der Dichtkunst integrieren läßt. Daß er von dieser tief überzeugt ist, steht fest, nur wird ihm erst die Ausbildung in Graz die Möglichkeit geben, ihr zum Durchbruch zu verhelfen. Peter weiß das und ist glücklich darüber, das erreicht zu haben, was er in seiner „Heimatshütte" so sehnlich gewünscht hat: eine Ausbildung, die ihn auf den Weg zu seinem „schönen Ideale, einmal ein Dichter zu werden"[8], bringt. 1867 ist dann das Jahr, wo sich Peter endgültig zu dieser Überzeugung durchdringt, wobei er von seinen prosaischen Wohltätern und Lehrern nicht immer verstanden wird.

„Mein Drang zur Poesie wird mich noch zu Grunde richten", beunruhigt er sich Brunlechner gegenüber. „Ich bin bereits ein wahrer Martirer (sic!) der Literatur."[9]

Märtyrer ist manchmal gar nicht zu viel gesagt. In so kurzer Zeit das Wissen und die Kultur seiner Zeit aufzunehmen, seine Fantasie bezähmen, seinen eher praktisch gesinnten Förderern die Stirn bieten, ist schwierig, schmerzlich zuweilen. Aber der junge Mann, in dem die heilige Flamme des Enthusiasmus brennt, nimmt alles auf sich, denn trotz Unverständnisses, Entbehrung und Kälte ist sein Glaube nicht ins Wanken zu bringen, daß sein Weg ihn dereinst zur *Vermählung,* so auch der Name des darauffolgenden Gedichtes, mit der Göttin Poesie führen wird, der er sich verschrieben hat:

„Schönste Frau im Rosenkleid
Und gold'ner Lockenzier
Noch gemalt von keiner Phantasie;
Dir nur sei mein Sein geweiht,
O nimm den Schwur von mir.
Meine Göttin Poesie!“[10]

Neben diesen exaltierten Zeilen gibt es auch eine prosaischere Darstellung seiner Beziehung zur „Poesie“. In einer launigen Dialekterzählung weiht er uns in die Geheimnisse seiner nächtlichen Besuche bei der Liebsten ein und klagt, daß das Fensterln nicht ohne Folgen geblieben ist. Er hat „was Kloans“ gekriegt und noch und noch „was Kloans“ – denn die so gebärfreudige Liebste heißt: Poesie!

Mit eigentlichem Gehalt erfüllt wurde Roseggers dichterische Ader jedoch erst in Graz, in der von Humanismus getragenen liberalen Umgebung des jungen Mannes. In der Handelsakademie las man Schiller, Goethe, Lessing, Herder, Körner, Uhland, Schäfer und „andere aufbauende Dichter“; von Thümmel[11] und Heine hieß es, es seien „verneinende Spottgeister“, die sich für junge Leute nicht eigneten. Es ist also nicht erstaunlich, daß sich die Auffassung Roseggers von seiner dichterischen Mission im Fahrwasser des liberalen Idealismus bewegt und er vom Dichter fordert, er müsse „Feldherr, Priester, Fürst und Bruder“ sein, zum Heile der „armen, armen Menschen“.[12]

In einem enthusiastischen Brief von 1867 legt Rosegger seinem Intimfreund Brunlechner dar, welch menschenbeglückende Aufgabe er dem Poeten zudenkt:

„Ein Priester Gottes soll der Dichter sein und ein Profet (sic!) des unendlichen Geistes; hier soll er trösten, beruhigen, erheben, beseligen; dort soll er warnen, mahnen, straffen (sic!), zerschmettern ... Ach Gott, wie möchte ich das sein aus ganzer Seele; auflösen möchte ich mich im Liede und hinzittern durch alle Erd- und Himmelskreise als Licht und Äther Gottes."[13]

Die Zeit des Herumtastens und Zögerns ist beendet, dank der geistigen Einflußnahme durch die aufgeklärten Grazer Kreise hat Peter zu seinem Weg gefunden. Er wird seine Gottesgabe zur Vervollkommnung und zum Heile der Menschheit anwenden, die Produkte seiner blühenden Fantasie haben sich diesem Vorhaben von nun an unterzuordnen.

## 2. DER TRAUM VOM ERFOLG

„Es nützt euch nichts,
als König komm' ich wieder."[14]

Die weitgehend durch seine Schriftstellertätigkeit gesicherte materielle Unabhängigkeit, das Glücksgefühl über sein Dichtertum sind Tatsachen, die die Ängste des abtrünnigen Sohnes endlich zum Schweigen gebracht haben und Rosegger in dieser ersten großen Entfaltungsphase zu Äußerungen der Begeisterung hinreißen:

„O gib mir deine Schwingen
Göttin, heil'ge Poesie,
Und du Herz, wenn du kannst singen,
Singe heute oder nie."[15]

Auch noch 1883 frohlockt Rosegger, vom Dichtergeist beseelt:

„Ich gebe mir die Ehre
Und sing ein Liedel fein.
Ich bin ein großer Herre,
Die ganze Welt ist mein."[16]

Demselben Hochgefühl entsprießt das Mundartgedicht *N'Holda sei Spezi,* in dem er sich ein zwangloses Beisammensitzen von Erzherzog Johann und seinem „Freund", dem Halterbuben, in dessen Hütte ausmalt und wo das Kind aus dem Volke nicht ansteht, seinem illustren Gast verschiedene, vom gesunden Menschenverstand geprägte Ansichten über Land und Leute samt einigen Ratschlägen mitzuteilen.

Den Helden seiner Erzählungen – Künstler oder sonst außergewöhnlich inspirierte Gestalten – gibt Rosegger gerne sprechende Namen: Waldsing, Singsang oder Vogelsang; und das Gefühl, mit seinem Dichterberuf einer königlichen Berufung zu folgen, wird in Vers und Prosa ausgedrückt. Auch 1890 noch ist Rosegger seiner Meinung treu geblieben, daß die beste Gabe, die einem Menschen zuteil werden könne, ein Dichterherz sei: „Ein Becher, füllt ihn Gott mit Wein, / Wird ewig unerschöpflich sein."[17]

Ein poetischer Enthusiasmus, der die Macht besitzt, ein ganzes Leben zu verklären, muß auf solider, schon aus der Jugend stammender Basis beruhen. Denn dort schon haben sich die mit der Berufung zum Dichter verbundenen Fantasiebilder ausgeformt, denen Rosegger später Gestalt verleiht. Fast zwanghaft wiederholt er immer wieder die Motive seines eigenen Erlebens: Wie es einem außergewöhnlichen Menschen – einem Künstler, Idealisten – gelingt, seine Talente, den größten Widerständen zum Trotz, zur Entfaltung und Ausformung zu bringen. In der halluzinativen Freske *Ein neues Leben oder der Abenteurer in der*

*Traumwelt* aus dem Jahre 1862 sieht sich Peter als Kaiser von China, umgeben von seinen zu Paladinen beförderten Haselgraber-Freunden. In einer anderen, ebenfalls sehr frühen Erzählung läßt ein Erzherzog ein armes Waisenkind in der eigenen Karosse abholen, um später aus ihm den Erzbischof von Wien zu machen; und 1865 erträumt sich Peter den Triumph des „wahren Poeten" mit dem sprechenden Namen Guido Lichtenstern, den Kaiser Joseph persönlich mit einem Lorbeerkranz auszeichnet.

In einer der ersten Novellen aus der Grazer Zeit erfindet Peter in Anlehnung an Stifters *Heidedorf* die Gestalt Siegmars, des Dorfkönigs, der, von tiefster Armut zu herrschaftlichen Ehren aufgestiegen, nach zahlreichen Abenteuern in sein Heimatdorf zurückkehrt, das er mit Hilfe des Pfarrers und Schulmeisters aus seiner Stumpfheit und Unwissenheit befreien wird.

Es ist auch anzunehmen, daß Gabriel Mondfels, der Held des ersten autobiographischen Romans von 1867/68, zu Ruhm und Ehren gelangen wird, wenn Rosegger am Ende des Buches ein derartiges Schicksal an der Schwelle des Lebens auch nur andeutet. Wirklich ausgeführt wird der Traum vom steilen Aufstieg des Außenseiters erst in der letzten Fassung der autobiographischen Fiktion, in Heidepeters Gabriel. Dort sieht man den aus den Hinterwäldern stammenden „Waldsing" durch seine Dichtkunst vom unbeholfenen Naturtalent zum Liebling der eleganten Salons, zum Professor für Botanik, ja zum Schwiegersohn eines reichen und großzügigen Barons aufsteigen und eine schöne, für seine Kunst begeisterte Frau heimführen.

Tatsächlich geht in den Fantasiegemälden vom idealistischen Aufsteiger künstlerischer und gesellschaftlicher Erfolg oft Hand in Hand mit einer guten Heirat. Hat nicht schon Schneiderpeterl davon geträumt, im Hirtenkleid die Feenkönigin zur Frau zu gewinnen? Der junge Autor, dem diese Idee vielleicht zu anmaßend erschien, beeilt sich jedoch, in seiner Geschichte den Eindringling wieder aus dem Feenreich zu verjagen …

Bevor nun Rosegger tatsächlich die soziale Eingliederung und eine valorisierende Heirat für die Figuren seiner begabten Autodidakten auszumalen wagt, schreibt er eine ganze Reihe von Erzählungen, wo er ihnen vorerst das Los der Entsagung zuweist. *In der Einöde* sowie später noch der *Waldschulmeister*-Roman enden mit einem Akkord in Moll, ebenso wie die vom Beginn der siebziger Jahre stammenden Novellen *Der Adel auf dem Dorfe* und *Erich in der Wildnis.* Die Helden dieser Werke – enttäuschte Idealisten – verzichten mehr oder minder freiwillig auf Liebe und Ehe, um sich voll und ganz dem Dienst an den Mitmenschen zu widmen. Kaum hat sich aber bei Rosegger der von der Ehe mit Anna Pichler gekrönte Erfolg eingestellt, läßt er seiner Inspiration in einer Reihe von Erzählungen die Zügel schießen, denen allesamt das Bild vom glücklichen Dichter-Aufsteiger zugrunde liegt. Die markanteste unter ihnen ist wohl die Novelle *Herrschersepp* aus dem Jahre 1877, wo Rosegger vom einzigen Sohn eines wohlhabenden Bauern berichtet, der es vorzieht, anstatt den Hof zu übernehmen, mit seiner Zither als Künstler in die weite Welt zu gehen. Überzeugt davon, daß sein Sohn eines Tages zurückkehren würde, legt der Vater das Anwesen in die Hände eines Verwalters. Und tatsächlich, Herrschersepp wird des Wanderns müde und kehrt mit seiner jungen Frau – er wählte von zwei schönen Schwestern diejenige, die den Künstler in ihm zu schätzen weiß – auf den Hof zurück. Dort richtet er „für sich und seine Agnes eine Stube ein, deren Fenster nicht auf die Dungstätte blicken, sondern über die grünen Waldwipfel hin in die blauen Felsenberge".[18] Eine ästhetisch bestimmte Wahl, über die sich Rosegger später auch theoretisch äußern wird.

Der Schwiegervater im Roman *Oswald und Anna* zeigt ebensoviel Kunstverständnis wie Herrschersepps Vater; als reicher Baron hat er dazu noch die Möglichkeit, dem Dichter einen durchaus günstigen Background in Form eines wald- und wiesenumrauschten Gutshofes Stifterscher Prägung zu leisten.

„Am allerwenigsten wollte ich einen Pegasus im Joche zum Schwieger haben", bekennt der ideale Brautvater: „Bleibe der freie Waldvogel! Hier steht dein Bauer mit dem Weibchen – fliege nach Belieben aus und ein."[19]

Eine mit Börsenaktien gefüllte Schatulle begleitet als materielle Basis diese freundlichen Empfehlungen.

Das Motiv des geschätzten und geehrten Künstlers findet sich auch in der romanhaft ausgeschmückten Vita des oberösterreichischen Mundartdichters Franz Stelzhamer, *Der Vagabundenfranz.* Auch er – Rosegger nennt ihn Singsang – steigt dank seiner Dichtungen von den einfachsten Verhältnissen zu Ruhm und Ansehen auf. Er verkehrt in höchsten Kreisen und heiratet, relativ spät, die Alleinerbin eines reichen Anwesens. Ihr Vater zeigt dem begabten Schwiegersohn das gleiche Entgegenkommen wie Baron Mildau für Oswald: Er richtet dem jungen Paar sein Nest in Räumen abseits vom Lärm des Hofes und mit Blick auf den Obstgarten ein.

Die ständig wiederkehrenden Faktoren dieser Fantasiebilder sind leicht zu erkennen: Dem Helden, der aus einer einfachen, meist bäuerlichen Familie stammt, gelingt es, sich als Künstler durchzusetzen und die Achtung der Welt, ja sogar der großen Welt zu erringen. Eine vorteilhafte (Liebes-)Heirat gestattet ihm, ruhig den Forderungen seines Talents zu leben. Natürlich hat Roseggers eigenes Schicksal den Kristallisationspunkt für diesen Dichtertraum abgegeben, der Nachdruck, den er auf die gesellschaftliche Anerkennung und vor allem auf die Abwesenheit von materiellen Sorgen legt, läßt aber vermuten, daß hier Realität und Fiktion nicht ganz übereinstimmen.

Nun hat sich aber Rosegger tatsächlich nicht damit begnügt, erfolgreiche Künstler darzustellen, wenn auch diese Spielart seiner Lieblingsvisionen in der ersten Schaffensperiode vorherrscht. Schon in seinem autobiographischen Roman hat er das Schwanken und Zögern, die Angst vor dem Scheitern, die dem Erfolg vorausgehen, keineswegs unterschlagen. Parallel zu *Herrschersepp* könnte man hier eine andere, aus der gleichen Zeit stammende Erzählung nennen, in der Rosegger den Gefahren für den, der aus seinem Milieu ausbrechen will, einen breiten Platz einräumt. Eugen, der Sohn eines reichen Bauern, entläuft seinem Vater, der ihm zur Züchtigung einen Schlag mit der Peitsche versetzt hat. Einige Jahre danach kommt er mit einer Gauklertruppe in sein Heimatdorf zurück. Die Seiltanznummer, die er ausführen soll, wird ihm zum Verhängnis. Wahrscheinlich durch das Wiederfinden seiner Heimat verstört, stürzt er vom Seil und wird schwer verletzt; er gesundet aber wieder in den Händen des Mädchens, das sein Vater an Kindes Statt angenommen hat. Die beiden jungen Leute heiraten, und bald wird ein Sohn geboren. Eugen kann jedoch den Lockungen der großen, freien Welt nicht widerstehen. Er läßt sich von einem ehemaligen Regimentskameraden wieder zum Soldatenleben verführen. Als er eines Tages im Zorn die Hand gegen seinen Vorgesetzten erhebt, wandert er ins Gefängnis, und er verdankt es nur dem treuen, aber heimlichen Verehrer seiner Frau, Zenzi, der ihm zur Flucht aus dem Gefängnis verhilft, wenn er Heimat und Familie wiedersieht. Ende gut, alles gut: die Erzählung trägt eben als Titel den Namen des diskreten Wohltäters: *Zenzi der Nachtwächter.*

Diese Geschichte zeigt deutlich, daß es nicht genügt, eine „Zigeunerseele" zu besitzen, zur Rasse des „ewigen Juden" zu gehören, auf den sich Rosegger für sich persönlich gern beruft; sondern man muß auch imstande sein, sein Schicksal zu meistern, im gegebenen Moment richtig zu reagieren. Immerhin ist es klar, daß für Rosegger die soziale Schicht, die am ehesten Talente, ja Genies hervorbringt, nicht das städtisch gebildete Bürgertum ist, sondern das Volk, und hier vor allem das Bauerntum:

„Die größten Idealisten und Poeten gingen aus den hausbackensten Familien, die größten Künstler aus den materialistischesten Kreisen hervor“[20], meint Rosegger. Für all dies ist natürlich sein eigenes Leben der schlagendste Beweis – sowie der Ursprungsboden für seine Fantasien, die beharrlich den immer gleichen Ideenkomplex umkreisen.

## 3. KOMPENSATIONEN

Der Aufstieg als Dichter ist in Roseggers Psyche nicht nur mit der Erringung des Ruhmes und einer vorteilhaften Heirat verbunden, sondern scheint manchmal auch an feingesponnere Beziehungsnetze zu rühren, wie zum Beispiel an jenes, das man nach Freud den „Familienroman“ nennt, oder auch das schon altbekannte Motiv des Doppelgängers. Um diese Komplexe in den Griff zu bekommen, muß wohl mehr Spürsinn und Vorsicht angewendet werden, als das bei Roseggers relativ leicht erfaßlichen Tagträumen vom dichterischen und gesellschaftlichen Aufstieg der Fall war.

## A) DER FAMILIENROMAN

„Man könnte also, wenn man hoffärtig sein wollte, sagen, die Roseggers wären ein altes Rittergeschlecht."[21]

Nach der Freudschen Theorie soll das Kind im Familienverband dazu neigen, seine Eltern, oder zumindest den Vater, in der Fantasie durch eine höhergestellte Person zu ersetzen; einerseits, um dessen Prestige zu vergrößern, andererseits, um dadurch verbotenen Inzestwünschen aus dem Weg zu gehen. Was Roseggers Aufstiegsträume betrifft, ist vor allem der erste Aspekt von Bedeutung, wogegen das Inzest-Motiv hier kaum zum Tragen kommt.

Zahlreich sind die Geschichten, in denen Rosegger das Schicksal von elternlosen Kindern ausmalt, die von gutsituierten, ja sogar hochgestellten Personen an Kindes Statt angenommen werden. Die Vorteile, die ihnen dort zuteil werden, entsprechen natürlich den Mitteln und dem Rang ihrer Wohltäter – in den Wohltäter-Figuren verarbeitet Rosegger sichtlich eigenes Erleben aus seinen Anfängen in Graz. Was aber von Roseggers eigenem Schicksal durchaus abweicht, ist die Fiktion eines nicht nur armen Kindes in Wohltäterhänden, sondern eines Knaben – der Familienroman bezieht sich ja hauptsächlich auf männliche Nachkommen –, dessen Abstammung im Dunkel bleibt oder dessen Vater zumindest unbekannt ist, während die Mutter, ein armes, heimatloses Weib, bald nach der Niederkunft stirbt.

Oft werden diese Findelkinder vom Pfarrer des Ortes aufgenommen, wo die Mutter begraben liegt. Das ist der Fall bei Abdon in der Novelle die *Braut von Kain und Abel,* von Raimund in *Lex von Gutenhag,* von Theodor in *Der Pfarrersbub;* Johannes – *Johannes der Liebling,* wie der Titel der Novelle besagt – hat sogar das außergewöhnliche Glück, von einem reichbegüterten Erzbischof adoptiert zu werden, der ihm den Zugang zu einer glänzenden Priesterlaufbahn eröffnet. Manchmal wird das Waisenkind auch von einem anderen ehrbaren Mitglied der Gemeinde aufgenommen: vom Schmied, vom Mesner oder auch vom Schulmeister. In der Geschichte *Die Zuflucht der Sünder* (später: *Die Mutter in der Grotten)* nimmt sich der Lehrer des Mädchens an – eine Ausnahme in der Reihe der Waisenknaben –, das die Haushälterin ihrem Pfarrer geboren hat.

Interessant ist festzustellen, daß die von Bauern aufgenommenen Findelkinder bei weitem nicht so gut abschneiden. Sie wachsen ohne Liebe und Pflege auf, müssen sehr früh die schwersten Arbeiten verrichten und dienen den Hofmitgliedern noch dazu als Sündenbock und Prügelknabe. Die tragische Geschichte *Gidel der Verschenkte* kann stellvertretend für alle diese Fälle gelesen werden. Es ist verständlich, daß das Bauernleben in den Phantasmen, die Roseggers ländlich-bescheidene Abstammung okkultieren sollen, keine aufwertende Rolle spielen kann, im Gegensatz zu der das Land so hoch bewertenden offiziellen Botschaft, die Rosegger nicht müde wird, in allen Tönen zu verkünden.

Jene Wohltäter, von denen hier die Rede ist, gehören aber meist zur dünnen Schicht der Dorfnotabeln und sind gut genug gestellt, um ihrem Mündel eine angemessene Erziehung angedeihen zu lassen. Manchmal ist es sogar eine bedeutende oder zumindest reiche Persönlichkeit, die die Vaterstelle vertritt. So wird Andreas Erdmann nach dem Tod seiner Mutter der Schützling eines Barons, und die Heirat mit dessen Tochter ist nicht ausgeschlossen, so sich Andreas ihrer würdig erweist und sein Studium abschließt. Siegmar, der Dorfkönig und Grundherr, zieht sich sogar in seinem Adoptivkind den zukünftigen Mitarbeiter für sein Emanzipierungswerk an der Dorfgemeinde heran.

In der 1874 geschriebenen Novelle *Der Waisenknabe* tritt das Motiv des Eltern-Substituts besonders deutlich zutage, ja es wird sogar zweimal verwendet. Das elternlose Kind wird von Landadeligen aufgenommen, denen leider nur eine Tochter geboren wurde, und hier kommt, im Gegensatz zum *Waldschulmeister* die Heirat mit der Stammerbin tatsächlich zustande. Aber das Thema des Findelkindes bei angesehenen Eltern wird in dieser Erzählung vom Phantasma der prestigevollen Geburt überlagert: Der leibliche Vater ist nämlich kein aus der Erzählung ausgeschlossener, vom Adoptivvater ausgestochener Unbekannter, sondern es stellt sich heraus, daß der „Waisenknabe" der Sohn des herrschaftlichen Beichtvaters ist, eines lebensfrohen Mönches aus der nahen Abtei!

In *Das Haus auf der Höhe* – einer Novelle, die ebenfalls aus der für die Kristallisierung von Roseggers Phantasmen so günstigen Zeit um 1870 stammt – entdeckt der mutterlose Aladar, daß er adeliger Herkunft ist. Bildhauer und Maler wie sein Vater, erfährt er, daß er der leibliche Sproß eines mächtigen Gutsherrn ist, der ein junges schönes Hirtenmädchen mißbraucht hatte. Um seine Leser nicht allzusehr zu schockieren, verlegt Rosegger dieses außereheliche Herrenabenteuer in ein nicht-deutsches, ihm wenig sympathisches Land: nach Ungarn. Eine weitere Tatsache muß abschirmen helfen: Die uneheliche Geburt betrifft den Vater des Helden, und Aladar erfährt außerdem erst an der Schwelle der Erwachsenenexistenz die Wahrheit über seine zwar adelige, aber illegitime Abkunft.

Die beiden Werke *Der Waisenknabe* und *Das Haus auf der Höhe* scheinen nun besonders aufschlußreich für Roseggers „Familienroman", den er unbewußt um seine in den siebziger Jahren noch als belastend empfundene kleinbäuerliche Geburt spinnt. Später dann, als eben diese Geburt zum strahlenden Mittelpunkt seines Fühlens und Wirkens erhoben wird, hat Rosegger die genannten Werke – mit Ausnahme des *Waldschulmeisters* natürlich – im dunklen Gefühl über ihren zu persönlichen Inhalt aus den Werkausgaben verbannt. Immerhin spielt der „Familienroman" noch in zwei weitere, spätere Erzählungen hinein, in denen das Thema einmal ins Lächerliche, das andere Mal ins Tragische gezogen wird. In der Geschichte *Mein Vetter, der Türke* gibt Rosegger vor, väterlicherseits einen Sägewerksbesitzer als Onkel zu haben, dessen Sohn in Persien (Rosegger scheint die Türkei und Persien zu verwechseln) zum Großwesir aufgestiegen sei, und den er selbst im fernen Lande besucht haben will. Die andere Geschichte, *Der Kammerdiener,* berichtet, wie Julian, der einzige, aber außereheliche Sproß des Barons Borgstam (!), allen Erziehungsversuchen zum Trotz so tief sinkt, daß er seinen eigenen Vater überfällt und berauben will. 1883, im Entstehungsjahr der beiden Skizzen, scheint Rosegger schon sagen zu wollen: Hohe Geburt schützt vor Torheit nicht!

Die „türkische" Geschichte endet ihrerseits mit der vielsagenden Empfehlung an den Autor selbst: „Wenn du lügst, dann tue es so dick, daß man dir nicht glaubt."[22]

Es scheint fast, als ob Rosegger mit dieser gezielten Bemerkung unter seine Familienroman-Phantasmen einen dezidierten Schlußpunkt setzen wollte, was aber die erzählerischen Werke aus den frühen siebziger Jahren in keiner Weise ihres revelatorischen Wertes beraubt.

Diesen Erzählungen, in denen von einer obskuren oder illegitimen Geburt die Rede ist, ist eine andere aus dem Jahre 1882 entgegenzustellen, wo die Mutter, ein einfaches, bäuerliches Mädchen, diesmal nicht mehr das Opfer eines aristokratischen Seitensprunges ist, sondern die Frau des Barons wird und ihm einen Sohn schenkt. Hier geht es nun umgekehrt zu: Hier entzieht sich die Mutter ihrer Umgebung. Die junge Frau, die sich an das verwöhnte Leben als Schloßherrin nicht gewöhnen kann, kehrt mit ihrem Kind in den Heimathof zurück. Der Baron, der seinen Sohn zu sich zurückholen will, wird aber das Opfer seines betrügerischen – jüdischen – Verwalters, den er um das Kind ausgeschickt hat. Da ihm seine Konkubine ebenfalls vor kurzem einen Sohn geboren hat, bringt er diesen auf das Schloß zurück und läßt den eigentlichen Stammerben bei seiner Mutter, in deren Obhut er eines Tages ein glücklicher Landmann wird …

Innerhalb von zehn Jahren hat sich bei Rosegger eine bedeutende Wandlung vollzogen: Hier kommt es nun nicht mehr einer substitutiven Vatergestalt zu, die Geburt des Helden aufzuwerten, sondern der leiblichen Mutter, die endlich aus ihrer bisher obskuren Rolle erlöst, zu Rang und Ansehen gelangt. Zehn Jahre nach dem Tod seiner eigenen Mutter kann nun Rosegger, über alle Inzestwünsche erhaben, zu einer doppelten Rehabilitierung der Muttergestalt schreiten. Die weibliche Hauptperson wird in den Adelsstand erhoben, aber als ihr wahrer Adel erweist sich ihre Treue zur Scholle, zu ihrem Ursprung.

## B) Der Doppelgänger

„Am Grabmale der Brüder die Braut von Kain und Abel."[23]

In der für Rosegger so wichtigen Periode der siebziger Jahre, als sich seine Dichterberufung voll ausbildete, kann man einen weiteren psychologischen Vorgang bei ihm feststellen, mit dem er seine eigene Persönlichkeit klären, ihre Charakteristika herausarbeiten und dadurch verschiedene unliebsame Eigenschaften verwerfen konnte. Dieser Zweck wird durch die Projektion einzelner Elemente des Ichs auf zwei gegensätzliche und feindliche Gestalten erreicht.

In den Novellen *Die Nordpolfahrer* von 1875 und *Die Braut von Kain und Abel* tritt dieser Mechanismus besonders deutlich zutage.

Wir haben den vom Pfarrer aufgenommenen Waisenknaben Abdon schon vorhin erwähnt, wobei uns aber nur um das Problem der Adoption zu tun gewesen war. Hier soll uns mehr interessieren: Den blonden, fröhlichen und sangesfreudigen Abdon hat sein Vormund zur Priesterlaufbahn bestimmt. Noch als junger Student darf er Kunigunde, die Hammerwerkserbin, unterweisen, da sie es ablehnt, ihre grüne Heimat gegen ein städtisches Pensionat zu vertauschen. Nun hat aber der liebenswürdige Abdon einen Zwillingsbruder, Sennon, der ebenso dunkel und schweigsam ist wie Abdon blond und umgänglich. Der Familienname „Vogelsang", den man ihnen gegeben hat, da ihre Mutter keinerlei Ausweispapiere bei sich trug, steht natürlich viel eher dem „Singvogel" Abdon als seinem finsterblickenden Zwillingsbruder zu. Um den Kontrast zwischen den beiden so ungleichen Brüdern noch zu verschärfen, vertraut Rosegger Sennon der Obhut des Dorfschmieds an, der ihn natürlicherweise sein eigenes Handwerk lehrt. Bald wird aus dem ungleichen Brüderpaar ein feindliches. Ihre Neigung zu Kunigunde macht aus ihnen Rivalen und stürzt beide ins Verderben. Zuerst gibt Abdon – ein erster verhängnisvoller Fehler – sein Priesterstudium im Seminar auf, und bald darauf sieht man in ihm den ersten Anwärter auf Kunigundens Hand. Das läßt Sennon nicht ruhen; die Eifersucht läßt in ihm einen teuflischen Plan entstehen, um seinen Rivalen und Bruder aus dem Weg zu räumen. Bei einer Schießveranstaltung richtet er es so ein, daß Abdon am Schießstand von einer Kugel getroffen wird, wobei es ihm aber gelingt, dem tragischen Vorfall das Ansehen eines Unfalls zu geben. Bald nimmt Sennon neben Kunigunde den Platz des Bruders ein – die Wahl zwischen den beiden war ihr schon früher schwergefallen. Aber ihr Glück ist auf Sand gebaut: Als Sennon am Hochzeitsabend das Läuten eines Glöckchens vernimmt, stürzt er sich, unbewußt an die fatale Glocke vom Schießstand erinnert, aus dem Fenster. Kunigunde bleibt unverheiratet: *Die Braut von Kain und Abel.*

Hier hat das Doppelgängermotiv, wie so oft bei den Romantikern schon, als Motiv des Todes fungiert. Wer in dieser Novelle Kain und wer Abel ist, springt sozusagen ins Auge. Wenn aber Sennon für den Tod seines Bruders verantwortlich ist, so muß gesagt sein, daß auch Abdon nicht makellos rein dargestellt wird. Seine Liebenswürdigkeit ist nicht weit entfernt von der Leichtfertigkeit, und das Aufgeben seiner Priesterlaufbahn darf in dieser Schaffensperiode bei Rosegger noch nicht als positiv interpretiert werden.

In der anderen Novelle, *Die Nordpolfahrer,* stehen wir vor einer sehr ähnlichen Kombination, obwohl die beiden Gegenspieler keine Brüder sind. Der vierundzwanzigjährige sanfte, jedoch charakterfeste Woldemar hat den gedrungenen, herkulisch gebauten Robert bei der Eroberung eines jungen Mädchens aus der Oberschicht zum Rivalen. In der Hoffnung auf besondere Verdienste melden sich beide junge Männer zur Teilnahme an einer Nordpolfahrt. Der düstere Robert – Haar und Bart sind schwarz gekräuselt, was bei Rosegger immer auf einen wenig empfehlenswerten Charakter hinweist – ist Schlosser und nicht Schmied wie Sennon, der die gleichen Charakteristika aufwies. Auch er begeht einen Mord, und zwar diesmal nicht als Unfall getarnt. Er glaubt in der Nacht seinen Rivalen Woldemar zu erdolchen, tötet aber irrtümlich den Bruder der angebeteten Frau. Auch hier wird das Verbrechen gesühnt. Robert stirbt in der Eiswüste des Nordpols, aber im Gegensatz zur anderen Novelle gönnt Rosegger seinem Helden die Möglichkeit, seine Sünden zu bereuen und sich mit seinem Todfeind auszusöhnen. Der glücklichere Woldemar entrinnt den Gefahren der Expedition, kehrt heim und kann als gefeierter Held natürlich die geliebte Frau heimführen, der er sich sozial durch die Verleihung des Offiziersgrades angenähert hat.

Es besteht kein Zweifel darüber, daß in dieser Fiktion Roseggers Identifikationsgestalt der weltoffene, wohlgefällige und singfreudige Held mit dem lichten Haar ist; gewisse Zeichen weisen aber darauf hin, daß auch der muskelstarke und wortkarge Gegentypus zum Ich des Autors nicht ganz ohne Beziehung steht. Sennon und Robert sind Schmied oder Schlosser, ein Gewerbe, das in der Mythologie – man denke nur an Hephaistos – stark ambivalente, von halbgöttlicher Macht geprägte Züge trägt. Da die Wirkung dieser Macht ebensogut wohltätig wie verderblich sein kann, rufen Schmied und Schmiede zugleich Angst und Verehrung hervor.

In einer kurzen Erzählung aus dem Jahre 1901 nimmt Rosegger dieses Motiv nochmals auf: Ein gewisses Fräulein Kiebitz von Kiebitzstein kann zwischen einem Schmied namens Absang und einem Uhrmacher als Gatten wählen. Obwohl eher schwächlich gebaut, sticht letzterer den kräftigen Schmied durch seinen findigen, wendigen Geist aus. Das Symbol des Schmiedes, des starken, aber moralisch oder geistig wenig einnehmenden Mannes, hat sich also bei Rosegger über fünfundzwanzig Jahre hin erhalten. Seltsamerweise läßt uns der Name des Schmiedes: Absang, an den jünglingshaften Abdon Vogelsang aus der Novelle *Die Braut von Kain und Abel* denken. Diese Übertragung von Eigenschaften vom einen auf den anderen der Gegenspieler läßt uns ahnen, daß sich Rosegger nicht auf eine unilaterale Identifizierung mit dem positiven Helden festgelegt hat. Schon in einem Gedicht aus dem Jahre 1863 behauptet er von sich:

> „Auch ein Schmied ist dieser junge Mann,
> Weil er schöne Verse schmieden kann"[24],

und 1871 gibt er uns sein Mittel zur Bekämpfung von übler Laune preis:

> „Und kriegt mir die Fröhlichkeit jäh einen Sprung,
> So kratze ich Waldharz und leime,
> … Und schmied' ein paar hinkende Reime."[25]

Möglich, daß es sich bei dieser Identifizierung zwischen Dichter und Schmied nur um eine einfache Übernahme der Metapher „Verse schmieden" handelt, aber es kann doch kein Zufall sein, daß das Bild des Ur- und Erzpoeten Reim-Rüpel aus den *Schriften des Waldschulmeisters* bei einem Schmied in der Lehre gewesen war! Es scheint uns eher, daß man unter dem Sprachgebrauch eine tiefere Verbindung freilegen kann, die es gestattet, in den männlich-dunklen Kontrastfiguren auch einen Teilaspekt des Dichters zu erkennen. In diesen ungefälligen Helden scheint sich all das zu konzentrieren, was Rosegger auch in sich trägt, als Virtualität oder als wirklich Gelebtes, von dem er sich aber zu distanzieren wünscht: der der Selbstverwirklichung beraubte Bauerntölpel, der er geblieben wäre ohne die Schule der Stadt; der leicht Zornentflammte, der sich schlecht zu beherrschen weiß – Rosegger nennt als eine seiner Untugenden den Zorn –, und schließlich der starke Mann, der er natürlich als junger Bursche gerne gewesen wäre, als der er aber nicht zur Ausbildung seiner künstlerischen Anlagen gekommen wäre, weil er in diesem Falle als Erbe den – verschuldeten – Hof übernommen hätte. Roseggers erzählerische Fiktionen haben es gezeigt:

Große Körperkraft wird letzten Endes weder als wesentliche noch als beneidenswerte Eigenschaft dargestellt.

Rosegger hat noch sehr oft zum Motiv des Doppelgängers gegriffen, um allen Facetten seines Ichs Ausdruck zu verleihen. So projektiert er seine Erlebnisse als Neuling in der Stadtkultur in der Erzählung *Lex von Gutenhag* (1871) zugleich auf zwei junge Leute, Raimund und Lex, wobei jeder von ihnen mit gewissen Zügen des Autors ausgestattet ist. Das gleiche zweigleisige Vorgehen wird auch in den Romanen angewendet. In den *Schriften des Waldschulmeisters* und im *Ewigen Licht* finden wir das Tandem Pfarrer – Waldschulmeister; in den *Försterbuben* und in *Die beiden Hänse* ein echtes oder ein Herzbrüderpaar, in *Peter Mayr, der Wirt an der Mahr* steht dem Mann der Tat und Wahrheitsfanatiker Peter Mayr der ländliche Spielmann Tonele gegenüber. Dieses Vorgehen entspringt ohne Zweifel dem Bedürfnis, sich selbst besser zu kennen, alle Möglichkeiten seines Ichs durchzuspielen. Wenn in den frühen Erzählungen der finstere Held meist dazu dient, gewisse, nicht erwünschte Eigenschaften auszuscheiden, ja auszutreiben, so werden die Doppelheldengestalten in den Romanen schon mit mehr Nachsicht gehandhabt. Von der Schwarzweißmalerei seiner Anfänge ist Rosegger zur Darstellung von virtuellen Komplementaritäten, das heißt möglichen Kontrastcharakteren, gelangt.

## 4. INITIATIONSRITEN

„Durch!"[26]

Bevor wir uns dem voll entfalteten Dichter und der Mission zuwenden, der er sich zugedacht wähnte, möchten wir hier die Rolle hervorheben, die bei Rosegger zwei der vier Elemente innerhalb eines Initiationsprozesses spielen, aus dem der Held verbessert und gereinigt hervorgeht, so er nicht einem sühnevollen Untergang geweiht ist. Es handelt sich um die Elemente Feuer und Wasser; die Erde ist ja sozusagen der Grund selbst von Roseggers Privatmythos. Seltsamerweise wird die Luft als Element in seinem Werk wenig hervorgehoben; eine Tatsache, die mit seinem chronischen Asthma zusammenhängen mag.

### A) Das Feuer

„Das brennente (sic!) Rom – ein Schauergemälde aus dem Altertum."[27]

Die Vorliebe Roseggers für Feuer und Brandszenen zieht sich seit seinem Jugendwerk wie ein roter Faden durch sein Schaffen, ja ist vor allem in seinen Jugendschriften hervorstechend, solange die Selbstzensur noch nicht geübt wurde. Der frühe Titel, den wir als Motto hier zitieren, ein Werk, in dem Blut und Feuer sehr generös gehandhabt werden, ist allein schon ein Indiz für diese Neigung. Schon als junger Kalendermacher stellt er den Brand der Kathedrale in Santiago de Chile, bei dem 1863 Hunderte von Gläubigen umkamen, in Wort und Bild grell gezeichnet, dar. Jahre später ist ihm der Ringtheaterbrand ein ebenso gelegener Vorfall, seiner „Brandkatastrophenmanie" im *Heimgarten* zu frönen. Wie wir wissen, hat das Feuer in der Kirche von Sankt Kathrein Rosegger sehr beeindruckt und ihn sofort zum Veranstalten einer Kollekte zum Wiederaufbau veranlaßt.

Wie viele Erzählungen, in denen von brennenden Bauernhöfen die Rede ist! Und kaum ein Roman, in dem nicht irgendwo ein Feuer ausbricht. Aber der Höhepunkt wird sicherlich im *Gottsucher* erreicht, den man ohne Übertreibung als wahre Flammenorgie zu Ehren des heiligen Feuers bezeichnen kann.

„Wo auf dieser Welt ist ein Schöneres, ein Geheimnisvolleres, ein Milderes, ein Gewaltigeres, als das Feuer? Das Feuer macht alles lebendig, das Feuer soll nach heiliger Offenbarung einmal alles zerstören."[28]

Rosegger ist vom Feuer so fasziniert, daß er sich sogar selbst als Brandstifter darstellt. In einer *Waldheimat*-Erinnerung erzählt er, wie er als Knabe aus Papier und Karton die „Stadt Paris" gebaut hat, sie dann mittels Heidelbeer- und Preiselbeerkügelchen bevölkerte, um sie dann in Brand zu stecken. Natürlich ist es kein Zufall, wenn er Paris, das „Sündenbabel", den Flammen preisgibt! Zum Glück wird ein in der Nähe arbeitender Knecht auf den kleinen Nichtsnutz aufmerksam und kann das Feuer löschen.

Ein anderes Mal, erzählt Rosegger, habe er in Abwesenheit der Eltern eine Messe feiern wollen, zu diesem Behufe Gebetbücher turmartig als Altar aufgebaut und dann darunter eine Kerze angezündet. Die Bücher fingen natürlich Feuer, und der junge „Priesterlehrling" mußte um Hilfe rufen.

Die Erzählung mit dem richtungweisenden Namen *Der Brandstifter* (1882) wird uns womöglich den tieferen Sinn dieses Lieblingsphantasmas erschließen helfen. Es handelt sich hier um einen Mann, der im Dorf Feuer legt, aus Liebe zu einer Frau, oder besser, aus Haß gegen einen glücklicheren Rivalen. Tatsächlich ist die Liebe wohl das Schlüsselwort. Heißt es nicht, daß der Brandstifter aus Mangel an Liebe handelt, und Rosegger muß an nicht genügenden Liebesbezeugungen seiner Eltern gelitten haben, wenn wir der *Waldheimat*-Erinnerung Glauben schenken wollen, in der er sich in einer alten Schwarzwälderuhr versteckt, um seinen Eltern Angst einzujagen und ihnen Tränen der Verzweiflung abzuringen.

Aber kehren wir zu Roseggers Brandphantasmen zurück. In *Heidepeters Gabriel* läßt Rosegger im Dorf einen Brand ausbrechen, um den beiden, im ersten Verliebtsein befindlichen Hauptpersonen Gelegenheit zu verschaffen, sich gegenseitig bei den Rettungsaktionen ihren Mut und ihre Tüchtigkeit zu beweisen. Im *„Dictionnaire des symboles"* liest man unter dem Stichwort Feuer: „Es ist festzustellen, daß Träume vom Feuer von einem mächtigen und intensiven Gefühlsleben zeugen und seit jeher schon in Verbindung standen mit himmlischer oder menschlicher Liebe – daß sie aber auch auf eine Gefahr hinweisen, auf ein in der Seele schwelendes Feuer, ein Feuer der Zerstörung."[29]

Wenn wir die Phantasmen, in denen von einer Brandlegung die Rede ist, als Zeugnis für einen affektiven Mangel interpretieren können, so scheinen die zahlreichen Alpträume, in denen Roseggers Gestalten eine ihnen liebe Stätte in Flammen aufgehen sehen, die Verbindung zwischen Feuer und Liebe nur noch zu bestätigen. Kann man nicht fast schon von Fetischismus sprechen, wenn Rosegger in einer *Waldheimat*-Erzählung seine Mutter im Feuer brennen sieht, weil ihm ein bösartiger Spielkamerad die von ihr gestrickte Mütze weggerissen und ins Feuer geworfen hat! Und Lichtl – eigentlich heißt sie ja Mechthildis, aber die Abkürzung spricht für sich –, Lichtl, die junge Frau des Vagabunden-Franz alias Stelzhamer, die nicht zögert, den roten Hahn an die Scheune zu setzen, um den Nachstellungen eines Mannes zu entgehen! Ist sie nicht ein weiterer Beweis für die Beziehung, nicht nur zwischen Feuer und Liebe, sondern auch zwischen Feuer und Trieb bzw. Leidenschaft. Man möge sich in diesem Zusammenhang auch an die Prinzessin Juliana aus *Martin der Mann* erinnern, die in ihrer ungestillten Liebessehnsucht zweimal ihr werte Orte in Flammen aufgehen sieht. Einmal ist es die Landeshauptstadt, das zweite Mal ihr eigenes

Schloß. Wir wissen, daß sie, von ihrer Leidenschaft getrieben, letztlich in ihr Verderben geht.

Die unbewußten Mechanismen, von denen hier die Rede ist, stellen noch keine direkte Verbindung zu den Initiationsriten her. Immerhin ist es verständlich, daß das Feuer der Leidenschaft, das im Innern schwelt, kein positives Zeichen ist, sondern eher eine Verwarnung zur Umkehr und Einkehr, so man der unvermeidlichen Strafe entgehen will. Beispiele an Gestalten, die den inneren Läuterungsweg ablehnen und für ihre verderblichen Leidenschaften gestraft werden, sind in Roseggers Werk zahlreich. An drei verschiedenen Stellen ist die Rede von einem Dorf, über das kollektiv das Strafgericht einer Brandkatastrophe hereinbricht; die Erzählung *Das zugrundegegangene Dorf*, wo das Feuer im Laufe der Tumulte 1848 gelegt wird, ist vielleicht das markanteste Beispiel. Den spektakulärsten Fall stellt aber ohne Zweifel Wahnfred, der Gottsucher, dar: Er weiht seine gesamte Gemeinde dem Opfertod, da sie sich eines Gottes und einer Moral noch nicht würdig erwiesen hat. Wahnfred, ihr „Führer" und „Richter", der die verirrte Gemeinde nicht auf den richtigen Weg zurückzubringen wußte, schließt sich vom allgemeinen Untergang nicht aus.

Das Thema von Schuld und Sühne hat Rosegger auch in „Kleinformat" abgehandelt, in einem *Waldheimat*-Text, wo er erzählt, wie er fast im Backofen verbrannt wäre, in dem er sich versteckt hatte, um die verbotenen Freuden des Kartenspiels zu genießen. Es ist anzunehmen, daß diese drastische Lektion gewirkt hat ...

Helden, die angesichts der Flammen zur Umkehr gelangen, hat Roseggers Feder häufig gezeichnet. So Erich aus der frühen Novelle *Erich in der Wildnis* (1873), der als menschenscheuer Einsiedler in einer Burgruine lebt, durch einen Waldbrand aber von seinem Menschenhaß geheilt wird. Der Mut und die Opferbereitschaft, deren Zeuge er wird, haben ihn eines Besseren belehrt, und er ist nunmehr bereit, sich dem Dienst am Nächsten zu widmen. (Rosegger hegte eine besondere Vorliebe für Waldbrände!)

Die Novelle *Der Mann mit den dreizehn Thalern* stellt eine recht seltsame Sühne, sozusagen eine vorweggenommene Sühne dar. Der Held, der überzeugt ist, unter einem bösen Stern geboren zu sein, verliert tatsächlich im Brand seiner Heimatstätte seine Habe und seine Eltern. Um das Schicksal nicht weiter herauszufordern, stellt er sich auf die Minimalhaltung der Resignation – eine für Rosegger selbst typische Aspiration – ein. Auf alles verzichtend lebt er am Dachboden des Pfarrhauses, wo er sich mit der Herstellung von gestrickten Wollsocken mühsam durchbringt. Diese Geschichte scheint eher einen anderen Aspekt des Feuers zu illustrieren, der das genaue Gegenteil der erleuchtenden Flamme darstellt: „Das Unbewußte, die unterirdische Höhle, den rebellierenden Intellekt – kurz alle Formen der psychischen Regression."

Das Motiv der leergebrannten Stätte, die auf eine kommende neue Blüte hinweist – gleich Phönix, der aus der Asche ersteht –, erscheint seinerseits in der vordem schon erwähnten Erzählung *Das Haus auf der Höhe.* Aladar und sein Vater Eman sind aus Ungarn stammende Künstler, die nach langen Irrwegen in einem Alpendorf Zuflucht finden. Ihre griechisch inspirierte Kunst stößt in dieser Umgebung jedoch auf Ablehnung. Als die Dorfbewohner bei ihnen eine Liebfrauenstatue mit den sieben Schwertern in der Brust bestellen, lehnt Eman ab. Er, der darum ringt, dem harten Birn- oder Lindenholz die Gestalt des Helios oder der Venus zu entreißen, kann sich zu dieser althergebrachten Darstellung nicht entschließen. Daraufhin bricht die immer schon im Dorf schwelende Abneigung gegen die Fremden auf: Man reißt die auf dem Kirchhof ruhenden Gebeine der Mutter Aladars aus dem geweihten Boden. Eman, zu Tode getroffen, stirbt eines frühen Todes, und Aladar, plötzlich auf sich gestellt, beschließt, die unwirtliche Stätte zu verlassen, ohne jedoch die geringste Spur seines Bleibens zu hinterlassen. Anstatt das Haus mit den „korinthischen Säulen" und den „dorischen Giebelfeldern" zum gebotenen, niedrigen Preis zu verkaufen, steckt er es in Brand, nicht ohne vorher die Leiche seines Vaters weit sichtbar auf dem Balkon des Hauses auf einen Stuhl gesetzt und die Gebeine seiner Mutter in der Werkstatt verstreut zu haben. Nun hält Aladar die Fackel an den lindenhölzernen Helios, und bald ist das Atelier ein Flammenmeer: „Da sprühten von dem Haupte des Toten plötzlich Strahlen aus ..." Aladar sieht „den Opfertisch seines Erbes in unbeschreiblicher Herrlichkeit verlodern".[30] Leichten Fußes begibt er sich dann in das Land der Hellenen.

Um sich vom Vater zu befreien – „den Vater zu töten", um mit Freud zu reden –, hat Rosegger einen unbewußten literarischen Abschirmmechanismus in Szene gesetzt: Im Gegensatz zu Roseggers eigenem Vater ist Eman kein vor dem Ruin stehender Kleinbauer, sondern ein Künstler adeligen, wenn auch illegitimen Geblütes. Immerhin mußte sich der Sohn, um ungebunden neu anfangen zu können, vom Vater befreien, das heißt, ihn in der phantastischen Fiktion symbolisch den Flammen übergeben. Die Jugenderzählung *Der Dorfkaplan,* die große Ähnlichkeit mit Aladars Geschichte aufweist, endet jedoch nicht mit der Erneuerung des Helden. Alois, der der Kirche in seinem Priesteramt untreu geworden ist, greift zur Selbstbestrafung und erleidet den Opfertod in den Flammen, nachdem er das Haus seiner Mutter – sie war aus Kummer über den Fehltritt ihres Sohnes gestorben – samt ihrem Leichnam in Brand gesteckt hat. In beiden Erzählungen handelt es sich um dieselbe Geste: Vater oder Mutter werden – einmal entseelt – vom Sohn den Flammen übergeben, aber der Vater in der Absicht, Distanz zu gewinnen;

bei der Mutter soll durch den eigenen Tod ein an ihr begangenes Verfehlen gesühnt werden.

### B) DAS WASSER – DIE GROTTE

„So fahren wir ins Drachenloch!“[31]

Das Wasser und das Feuer sind jene beiden Elemente, die fähig sind, tiefgreifende Veränderungen zu bewirken. Die Taufe und ihre alttestamentarische Ankündigung, die Sintflut, stehen, was das Wasser betrifft, symbolhaft dafür:

„Wasser symbolisiert die Läuterung des Wollens bis zu seinem höchsten Grad, die Güte. Das Wasser ist das Symbol der Reinigung des Charakters.“[32]

Für die erneuernde Wirkung dieser lebenspendenden Flüssigkeit gibt es in Roseggers Werk einen wahren Modellfall: *Die Pfingstnacht* (1872). In dieser Erzählung soll ein junger Mann die Tochter der befreundeten Nachbarsfamilie im Kahn über den Fluß setzen. Da er „Herr an Bord“ ist, nützt er die Gelegenheit, um dem noch sehr jungen Mädchen ein Liebesgeständnis zu entlocken. Verärgert über den Zwang verweigert die Schöne, was ihr vielleicht schon auf den Lippen gelegen war. Der junge Mann droht: „Wenn du mich nicht ... lieb haben willst ..., so schleudere ich diesen Balken ins Wasser!“ – „So schleudere ihn in das Wasser“[33], antwortet sie prompt. Aber das Liebesgeplänkel nimmt ein tragisches Ende. Das unlenkbar gewordene Schiffchen treibt unaufhaltsam einem Ort zu, an den sich kein Mensch je noch gewagt: dem Drachenloch. In einem ohrenbetäubenden Tosen stürzt das Boot in die Tiefe, und das junge Paar meint, sein letztes Stündlein habe geschlagen. Auf einem Felsenvorsprung kommt das

Schiff jedoch zum Stehen, und die durchnäßten Trotzköpfe flüchten sich ans in tiefe Dunkelheit getauchte Ufer. Die Stunden scheinen ihnen endlos, während glitschige Tiere über ihre Füße kriechen und das Tosen des Wassers sie fast ihres Verstandes beraubt. Plötzlich aber schlängelt sich etwas näher – es ist das Ende eines Seiles, das die Eltern und Dorfbewohner in die Schlucht hinunterlassen. Die beiden werden aus ihrem nassen Gefängnis hochgezogen und sind gerettet. Wieder am Tageslicht, sehen sie alles mit anderen Augen – ein wahrer Läuterungsprozeß hat stattgefunden: Nie wieder, so schwört der junge Mann, wird er sich vom Zorn hinreißen lassen! Was das unschuldige Mädchen betrifft, so fragt sich der Leser, ob diese drastische Erziehungsmaßnahme bei ihr wirklich am Platz war. Sie erscheint in der Geschichte viel eher als ein Opfer – das Opfer vor allem von Roseggers frauenfeindlichen Ansichten ...

Eine andere Erzählung aus ungefähr der gleichen Zeit, *Felix der Begehrte,* hat einen sehr ähnlichen Bedeutungsgehalt. Felix, ein hübscher Bauernsohn, wird von der verwitweten Großbäuerin am Hof angestellt mit dem Hintergedanken, ihn zum Herrn des Anwesens zu machen. Er aber zieht der schon etwas reifen Gebieterin ihre Stieftochter Konstanze vor. Die eifersüchtige Bäuerin heckt einen teuflischen Plan aus, um sich der Rivalin zu entledigen. Sie löst das Floß vom Ufer, als Konstanze dort Flachsbündel aufstapelt; nur hat sie die Rechnung ohne den Wirt gemacht: Felix springt nämlich auf das Floß, um Konstanze zu retten. Das junge Paar treibt nun hilflos den mächtigen Strom hinunter, und nur mit äußerster Mühe gelingt es, die beiden vor dem Wasserfall an der großen Mühle zu retten. Dieses gemeinsame Erlebnis hat sie auf immer zusammengeschweißt; natürlich wird die perfide Stiefmutter gestraft, und das Paar kann sich glücklich am Hof niederlassen.

Bei den Initiationserlebnissen dieser Geschichten war nicht eigentlich von einem Engpaß, einem Durchgang die Rede, dieser erscheint aber sehr deutlich und symbolhaft in der Erzählung mit dem lapidaren Titel *Durch!* Diesmal handelt es sich um einen Eisstollen im Hochgebirge, bei dessen Durchquerung es kein Zurück gibt. Das Eis, Symbol der Herzenskälte, gibt in dieser Geschichte die Hintergrundfärbung ab. Anton, der Gemsenjäger, soll einen Touristen durch diese schmale Höhlung im Eis bringen und wird dabei veranlaßt, von seinem eigenen Schicksal zu erzählen. Von einem Vetter, der ihm den väterlichen Hof anzündete, schwer geschädigt, gelang es ihm jedoch, seinen Haß zu überwinden und so über sich selbst hinauszuwachsen. „Aber es braucht was, bis der Mensch durchkommt, es braucht was!“[34] ist das Fazit des geprüften Mannes.

Im Roman *Das ewige Licht* wird das Bild der Grotte und ihrer Eigenschaft als Ort der Prüfung mehrmals verwendet. Pfarrer Wieser wird gleich bei seiner Ankunft durch einen doppelten Durchgangsritus auf den Prüfungscharakter seines neuen Wirkens hingewiesen. Die Pfarre, in die er verwiesen wurde, liegt 1300 Meter hoch, und um dort hinaufzugelangen, muß er zuerst durch das „kalte Tor“, einen Engpaß, der sich zwischen steil ansteigenden Felsen und einem Wildbach hindurchwindet. Höher aber, kurz vor dem Dorf Sankt Maria, führt der Weg durch eine in den Felsen gehauene Grotte, „Wurmlucken“ genannt, die ihm später tatsächlich zum Ort der Prüfung wird. Einer der Übeltäter der Gemeinde will ihm wegen einiger Geldscheine ans Leben, und obwohl Wieser im Kampf die Oberhand gewinnt, läßt er den Bösewicht laufen. Die christliche Liebe hat gesiegt.

Nicht jeder geht bei Rosegger geläutert aus der Prüfung hervor. Im eben genannten Roman befindet sich ein regelrechtes Gegenbeispiel zu Pfarrer Wiesers Grottenerlebnis.

Im Laufe der Erschließung für den Fremdenverkehr haben sich sieben Männer auf die Erforschung des „Laudamusloches" eingelassen (Rosegger ist wahrscheinlich von den Ereignissen aus dem Jahre 1894 inspiriert, als Touristen in der nördlich von Graz gelegenen Lurgrotte von Unwettern überrascht wurden). Durch plötzliche Regenfälle werden sie in der Grotte eingeschlossen, und erst nach sieben Tagen äußerster Anstrengung gelingt es den Dorfbewohnern, die allzu Neugierigen zu befreien. Ihre Haltung ist nun aber keineswegs die von Geläuterten, nur ein einziger von ihnen denkt erst später daran, sich bei den Rettern für ihren Einsatz und ihre Opfer erkenntlich zu zeigen, die anderen finden gar nichts Besonderes daran, daß die Bauern eine Woche lang für sie ihre Arbeit ruhen ließen.

Diese Leute, gibt Rosegger zu bedenken, waren eben Städter, und als solche, wie bekannt, zur Besserung nur wenig veranlagt. Auch Hadrian Hausler konnte trotz der Prüfung durch die Überschwemmungskatastrophe auf seinem Landgut keines Besseren belehrt werden.

Die Grotte, die unterirdische, mit Wasser gefüllte Höhle, gilt als Symbol für das Unbewußte; ein in den zitierten Beispielen durchaus wahrnehmbarer Symbolismus. (Man könnte auch noch die Geschichte *Die Sennerin und ihre Freunde* nennen, in der das Grottenerlebnis dem Sennermädchen die Achtung und Treue ihres Zukünftigen sichert.)

Die Umkehr kann aber auch durch das Eintauchen in das fremde Element bewirkt werden. In einer Erzählung von 1882 wird ein junger Tourist auf seiner Bahnreise plötzlich von katastrophalen Überschwemmungen überrascht, die seiner Reise durch Tirol ein jähes Ende setzen. Der Tourist wandelt sich plötzlich zum Lebensretter, als er ohne zu zögern in die eiskalten Fluten springt, um ihnen einen Knaben zu entreißen. Durch dieses spontane Eingreifen wird er von seiner Menschenverachtung geheilt, die ihm – laut Rosegger – durch die Lektüre Darwins erwachsen war. Dieser *Jünger Darwins* – so der tendenziöse Titel – fühlt plötzlich den Eispanzer um sein Herz schmelzen, ganz wie die Eismassen, die die Katastrophe verursacht hatten.

Das Wasser, das in der allgemeinen Symbolik als weiblich gilt, hat bei Rosegger trotz seiner oft läuternden Wirkung nur selten rein positiven Stellenwert. Im fließenden Zustand ist es drohend, verräterisch, fortreißend. Ein weiteres typisches Beispiel dafür gibt Jackerl, der älteste Sohn von Jakob dem Letzten. Er ist eines Tages spurlos verschwunden, aber sein Vater kann nicht glauben, daß er sich ins Wasser gestürzt haben könnte: „Warum hätte er das Wasser gewählt, welches die Teile seines Leibes der Heimatserde entführt und in das weite Weltmeer hinausträgt!"[35]

Schon in einem Gedicht von 1869 legt sich der junge Dichter folgende, von wasserreichen Metaphern getränkte Warnung ans Herz:

> „Bleibe, o Musensohn, wie die Natur dich
> gemacht hat,
> Ziehe nicht fort mit dem Weltstrom ...;
> Sonst geht es dir, wie dem ... Bergfluß:
> Sobald er dem Strom sich ergießt,
> verliert er den Namen!"[36]

Im Gegensatz zum fließenden Wasser gilt stehendes Wasser als Kristallisationsort der Wünsche, des Begehrens, ja ihres Aufeinanderpralles. Waldlilie, die sich im Alpensee badet, wird von Erdmann und dem jungen Baron überrascht, und nur ein lebensgefährdendes Untertauchen kann sie vor den indiskreten Blicken retten. Es hilft nichts, der Baron hat dennoch Feuer gefangen, was aber hier zum Glück für das Waldmädchen ein ehrenhaftes Ende nimmt.

Wenn es der Frau des Zitherkünstlers Herrensepp gelingt, sich in den Bergen aus schwerer Lebensgefahr zu erretten, indem sie auf einem selbstgezimmerten Floß den durch einen Bergrutsch entstandenen See überquert, so, weil das Wasser für sie als glückliche Mutter und Gattin – noch dazu als Fischerstochter! – ein Element ist, das sie beherrscht. Keinerlei unbewußte Begierden stören ihr schönes Gleichgewicht, sie „schreitet" sozusagen über das Wasser, reiner Seele wie Christus selbst.

Das einsame Bad der Prinzessin in der Erzählung *Auf der Fürstenruh'* hat im Gegenteil böse Folgen. Benevent, der soeben das Erbe seines Hofes zurückgewiesen hat und so gewissermaßen in eine Außenseiterrolle abgleitet, beobachtet die begehrte Frau und würde nicht davor zurückschrecken, sie zu vergewaltigen, wenn er sich von einem Einverständnis ihrerseits nicht mehr verspräche. Das einsame Bad einer Schönen hat seit jeher die Fantasie der Dichter und Maler angeregt, aber uns ist hier besonders um die Bloßlegung des psychologischen Mechanismus bei diesen männlichen Phantasmen zu tun, von denen unser Autor sichtlich nicht ausgenommen war.

Die Skizze *Linkerhand* scheint hier besonders aufschlußreich. Der Schäfer Antrod ist im höchsten Grad in die Schäferin Mena verliebt. Er meint, daß ihn ein Bad in einem verborgenen Teich etwas abkühlen könnte. Als er sich eben dem Wasser nähert, sieht er dort Mena, wie sie dabei ist, einen schwarzen Bock zu waschen … und sich dann ihrer Kleidungsstücke entledigt, bevor sie selbst ins Wasser steigt. Antrod ergreift wie von Sinnen die Flucht, und da der Teich rechts von ihm liegt, so flieht er immer linkerhand, immer links, bis er an einen Teich gelangt, der ihm sehr bekannt vorkommt … Die beiden finden sich im Wasser wieder, und anscheinend hat sie der Schreck über die Begegnung nicht getötet, denn von nun an sieht man sie immer Hand in Hand miteinander gehen. (In der etwas schwülen Geschichte *Das Leben siegt* ergötzt sich ein junges Nönnchen am Anblick eines badenden Jünglings – die Geschichte endet mit einer Heirat.)

Es erweist sich also, daß das Wasser in all diesen Erzählungen seine Rolle als Agens des Wandels spielt. Gefühle und Leidenschaften kommen durch das nasse Element zur Ausformung, ja zum Ausbruch. Meist endet die Probe positiv, oft mit einer Heirat, manchmal auch mit Scheitern und Selbstmord. So ergeht es Benevent. Nachdem er der Prinzessin ein Stelldichein für den nächsten Tag abgerungen hat, glaubt er sich der frivolen Dame gegenüber zu den schönsten Hoffnungen berechtigt. Die Dame aber kommt am folgenden Tag natürlich nicht allein, und um den Häschern zu entgehen, stürzt sich Benevent von der höchsten Felsenklippe in den tiefen See.

## 5. DER DICHTER AM ZIEL

> „Andere brauchen einen Gott, um ihn zu bitten, ich brauch einen, um ihm zu danken."[37]

### A) DER ERWÄHLTE

Der außerordentliche steile Aufstieg, den Rosegger erlebte, war für ihn ein früher und ständiger Gegenstand des Staunens – ein Staunen, das er später ausgiebig in der trotzbietenden Haltung des „gesund" denkenden Autodidakten im Gegensatz zu den „zergrübelten" Stadtleuten kultivierte.

1869 schon schrieb er der widerspenstigen Liebsten in Sankt Kathrein: „Aber die Zeit … hat manches besser gemacht, als ich es mir je zu wünschen getraute, sie hat mich in die Mitte meines Volkes gesetzt, das mir, dem einst so armen Schneiderpeterl jetzt freundlich die Hand reicht."[38]

Wenn der Schneiderpeterl 1869 eine erst wenig verjährte Erinnerung ist, so verbannt Rosegger die Zeit, wo er Elle und Bügeleisen schwang, bald definitiv aus seinem Denken, um sie durch die Bilder vom sinnierenden Hüterbuben zu ersetzen. Im Laufe der Jahre verfestigte sich dann die rührende Reminiszenz zum werktragenden Mythos: „Wer einst dem … Waldbauernbuben gesagt hätte, daß er im schwarzen Rocke und mit weißer Krawatte sich zur Schau stellen würde, um einem glänzenden Saale … steirische Geschichten vorzulesen!"[39] verwundert er sich 1883 schon ganz programmgemäß. Natürlich werden „schwarzer Rock", „weiße Krawatte" als eine Art Verkleidung hingestellt, an die er sich wohl nie gewöhnen würde, aber man spürt aus diesen Zeilen, daß Rosegger sich keineswegs fehl am Platze findet, wenn er der eleganten und oft sehr hochgestellten Zuhörerschaft seine Botschaft vorträgt. Rosegger erzählt, daß ihn der Graf von Meran oft in steirischen Angelegenheiten zu Rate gezogen habe, und schon der ganz junge Rosegger aus der ersten Grazer Zeit gibt vor, er habe den hohen Herrn ohne viel Federlesens gebeten, ihm einen seiner Jagdpavillons als Ferienlogis zur Verfügung zu stellen. Der Graf habe ihn auf sein Schreiben im Internat im „Speckkammerl" besucht, die Bitte höflich abgelehnt, aber dem jungen Poeten diskret eine Rolle Goldgulden hinterlassen …

Die Phantasmen um herrschaftliche Jagdschlösser haben auch in anderen Fiktionen ihren Niederschlag gefunden, so zum Beispiel in *Herrensepp* und *Oswald und Anna*. Die „Erinnerung" an den Besuch des Grafen ist natürlich nur Roseggers reger Fantasie zuzuschreiben, ganz wie die

„Erzählung" von seiner ersten Einladung zu Anastasius Grün alias Graf Auersperg.

In Roseggers gesellschaftlichem Umgang geht es aber noch höher hinauf: So wurde er anläßlich einer Vorlesungsreise gemeinsam mit Berthold Auerbach an die Tafel des Großherzogs von Baden geladen. Carmen Sylva, die Königin von Rumänien, bat ihn in Dalmatien in ihre Villa, wo sie ihm ein Gedicht, das sie zu Beethovens *Mondscheinsonate* geschrieben hatte, vorlegte. Bei der schon erwähnten Freilichtvorstellung von *Tiroler Helden* in Meran hätte er bei einem Regenguß beinahe dem Erzherzog Franz Ferdinand seinen Schirm angeboten; und um diese eindrucksvolle Frequentationsliste würdig zu schließen, muß natürlich seine Einladung an die Tafel Erzherzog Rudolfs und seiner Gattin Stephanie 1888 in Abbazia erwähnt werden. An diese Auszeichnung erinnert sich Rosegger nicht ohne Stolz: „Vom Steinhaufen, auf welchem einst der Halterbub sein Mittagsbrot gegessen, bis zur Tafel des Erzherzogs und Kronprinzen ist es ein etwas umständlicher, aber ganz amüsanter Weg."[40]

Rosegger, der gerne seiner Poetenrolle eine messianische Färbung gab, sieht sich ganz selbstverständlich nicht nur als Ratgeber der Großen, sondern auch als Vertrauter des himmlischen Herrn. In einer Fabel aus dem Jahre 1890 ist er bei Gottvater zu Gast und unterhält sich mit ihm vertraulich über das Schicksal der Sterblichen. Beide gehören zu den Wissenden: Sie wissen, was den Menschen zu ihrem Heil nottut: „Daß alle Menschen zusammenhalten, wie Kinder eines Vaters, der im Himmel ist." Aber leider, diese wollen nichts davon wissen! „Lauf den Leuten nicht nach", tröstet ihn Gottvater, denn: „So störrisch sie auch sein mögen, entbehren können sie weder dich noch mich."[41] Wenn sie von ihren unsinnigen Kämpfen erschöpft sind, so werden wir uns ihrer annehmen und sie wieder aufrichten!

Diese Apotheose in der himmlischen Glorie ist weiter nicht erstaunlich für den, der Roseggers Privatreligion, fern aller Orthodoxie kennt. Dichteramt ist für ihn Priesteramt, und somit ist der Dichter überall dort an seinem Platz, wo er leiten, erbauen, erheben kann. Warum also nicht an der Tafel eines Königs, eines Kaisers – oder bei Gott?

Bezugnehmend auf das Sprichwort: „Ein Kind ist ein Geschenk Gottes", stellt Rosegger sich vor, daß ihm sogar seine Nachkommenschaft ganz speziell von oben zugedacht ist. Die kleine Martha, die Letztgeborene, darf sich im Himmel ihren zukünftigen Vater aussuchen. Aber sie will weder den reichen Mann noch den Offizier, noch den Schäfer, die ihr der Himmelvater nacheinander vorführt. Als sie aber, in einer Laube hingestreckt, den schmalen Mann mit der weißen Stirn, auf der das Zeichen der Güte steht, erblickt, so ist sie gleich entschlossen: Den will sie zum Vater! „Er ist ein Dichter", sagt Gottvater, „aber ich will dich segnen, wenn du ihn nimmst, und ich will auch ihn segnen, wenn er dich zu seinem Kindlein bekommt."[42]

Ist der Dichter hier nicht wirklich der Erwählte?

## B) Die Rolle des Dichters

Vor einem gebildeten städtischen Publikum zu sprechen war für Rosegger angesichts seiner rasch errungenen Erfolge kein Problem. Nichtsdestoweniger ist die Botschaft, die er zu übermitteln bemüht ist, von keinerlei gesellschaftlichen Kompromissen befleckt: Er gibt sie genau so wieder, wie Gott sie in sein Herz gesenkt: „Die … hohen Herrschaften, … wenn sie vom Dichter was haben wollen, so müssen sie sich dort hinstellen, wo er zu Menschen spricht. Für die hohen Herrschaften separat gibt's kein Lied."[43] Denn obwohl göttlichen und spontanen Ursprungs – manchmal „springt ihm ein Lied aus der Seele" – ist seine Dichtung, frei von intellektuellen Spitzfindigkeiten, sofort und allgemein verständlich. In der Gestalt des Reim-Rüpel, der im *Waldschulmeister* die Identifikationstrias Waldschulmeister, Priester und Dichter vervollständigt, hat Rosegger das Urbild des Naturdichters erstellt: Sein Gesang ist so natürlich wie der der Vögel, alles wird bei ihm Reim und Melodie:

„Draußen in der durchgebildeten und abgeschliffenen Welt nennt man solche Erscheinungen Dichter, hier heißen sie Halbnarren"[44], charakterisiert Rosegger seinen Waldpoeten, der am Ende des Romans fast wie ein Heiliger stirbt.

Mit einer Dichterseele ausgestattete „Arme im Geiste" gibt es in Roseggers Werk noch andere; so zum Beispiel Einseitig in *Die Sennerin und ihre Freunde* oder der Leiden-Christi-Michel in *Das zugrundegegangene Dorf.* Auch die Reihe von Sonderlingen aus dem so betitelten Band wäre hier zu nennen: der Lustigmacher, der Musikanten-Joggel, ein Waldphilosoph, der Orgler zu Sankt Thomas usw. Sie alle besitzen die Fähigkeit, der etwas schwerfälligen Bauernseele Geist einzuhauchen. Die Figur des „Armen im Geist" als Dichter ist bei Rosegger dem Zusammentreffen von zwei Elementen zu verdanken: zum ersten der Erinnerung an seine eigene kulturfremde Kindheit und Jugend, zum anderen der Überzeugung Roseggers, daß Dichtung volksnah, leichtfaßlich und erbauend sein muß; weit entfernt von jeder ästhetischen Absicht, von intellektuellen Zwecken, ist sie der Gesang, der dem Dichterherzen entsprießt. „Die Quelle alles künstlerischen Könnens und das Hauptmerkmal des Künstlers ist die Naivetät (sic!)"[45], statuiert Rosegger – eine Naivität, die aus jedem Ding einen Gegenstand der Freude, der Poesie macht. Der Dichter muß Glück bringen wie die Schwalbe, sein Gesang preist „Liebe und Leben in der Natur, und einfache Sitten,

Redlichkeit und Herzenstreue, und frohen Genuß eines mutfrischen Lebens".[46]

Als Dichter war es Rosegger nun tatsächlich gelungen, seine religiösen und pädagogischen Aspirationen zu vereinbaren und gemeinsam zum Ausdruck zu bringen. Religiös insofern, als er vom göttlichen Ursprung seiner Mission überzeugt ist, pädagogisch, da er sich als Lehrer der Menschheit zur Erziehung des Menschen, vor allem des städtischen Menschen, berufen fühlt.

In einem Gedicht aus dem Jahre 1907 faßt Rosegger, nicht ohne eine gewisse unfreiwillige Komik, diese seine Absichten zusammen:

„Ich bin ein Geselle, der lacht und trutzt,
Der weder nach Titel noch Knittel hascht,
Der nicht Magnaten die Stiefel putzt
Und nicht Proleten die Hemden wascht.
... Der Menschen Herzschlag ist mein Motor,
Der Menschheit Seheraug' mein Fanal;
Ich seh' das Geheimnis durch jeden Flor
Und kenne die Sünde mit ihrer Qual."[47]

Das ganze poetische Programm Roseggers ist in diesen Zeilen enthalten: naive, immer jugendliche Inspiration – Rosegger hat, wie bekannt, um die Unsterblichkeit der Seele eine wahre Theorie errichtet –, frohes, hochherziges Sinnen, das dem Gemüt eines Propheten entspringt, dem kein Fehl des Menschen entgeht, ein Gemüt, das aber auch bereit ist, auf Ermahnungen den Trost folgen zu lassen, so die Botschaft gefruchtet hat, der „Sünder" in sich gegangen und zur Umkehr bereit ist.

## c) Die Schattenseiten des Ruhms

Es gab Momente, wo Rosegger vor seinem eigenen legendenhaften Aufstieg zurückschreckte, in der Befürchtung, das Geschick könnte ihm eines Tages den Tribut dafür abfordern. In einem an Schillers *Ring des Polykrates* erinnernden Gedicht will er 1894 die Götter beschwichtigen: Ein Mann hat einen glückbringenden Zauberring geerbt, er ist aber bereit, sich des Geschenks zu entledigen, um nicht die Eifersucht der Götter zu wecken. Erst der Spruch eines Weisen, er möge sich ruhig dieses Besitzes erfreuen, sein Trachten gehe ja nicht nach materiellen Gütern, kann ihn dazu bewegen, das kostbare Erbstück zu behalten.

Erinnern wir uns an die prophylaktische Verzichtleistung in der Geschichte *Der Mann mit den dreizehn Thalern,* und es wird klar, daß Rosegger seinen großen Erfolg nicht mit kalter Selbstgefälligkeit registrierte. Die Angst vor der Last des materiellen Besitzes kommt verschiedentliche Male in seinem Werk zum Ausdruck: so zum Beispiel in der Geschichte von *Felix Hummeltreiber,* der erst in Frieden lebt, als er alles verloren hat, oder auch der Maler *Meister Sani,* der nicht ruht, bevor er all sein Gut vergeben hat.

Rosegger selbst gelang es immerhin, sich mit Erfolg und Geld anzufreunden, und er tat, was er durch so viele Bezugsgestalten als die richtige Lösung pries: sich verheiraten und eine Familie gründen. Tatsächlich aber hatte ihn das Geldverdienen durch Schreiben zu Beginn seiner Laufbahn beträchtlich irritiert; der Vorwurf des Nichtsteuerischen, Unnötigen, haftete aus seiner Bauernzeit dieser Tätigkeit noch an: „Ich war fortweg das, was man in der Bäuerei faulsein heißt; gearbeitet hab' ich schon, aber wie der Jochochs, nämlich mit dem Kopf. Das gilt dahier nicht"[48], analysiert er sehr richtig.

In einer seltsamen Erzählung aus dem Jahre 1875, *Der Geldfeind,* versucht sich Rosegger von diesem Komplex zu befreien. Ein junger tüchtiger Knecht verweigert aus persönlichen Gründen – sein Vater war Falschmünzer – den Lohn für seine Arbeit. Ja er geht sogar so weit, daß er eines Tages die sauer verdienten Geldscheine verbrennt. Natürlich wird der junge Mann schließlich zur Vernunft gebracht – durch die Liebe vor allem –, er heiratet und versucht, das bisher versäumte Glück nachzuholen.

„Das Geld kann nur auf zweierlei Weise Unheil stiften: Erstens, wenn es in die Hand des Boshaften und des Leichtfertigen gerät, zweitens – wenn es der Brave nicht hat"[49], schließt Rosegger. In der Geschichte *Eine mit Geld* wird die Moral dieser Lektion noch einmal bestätigt. Man darf das Geld nicht in einem Erdloch vergraben, sondern es muß auf der Sparkasse produktiv werden und für das junge Paar Zinsen tragen!

Es kommt natürlich vor, daß es dem „Braven" an Geld mangelt. Rosegger kannte diese Lage: Die nicht ausreichenden Geldmittel für seine große Familie machten ihm viel mehr Sorgen als früher das gänzliche Fehlen der Finanzen in seiner Studienzeit. Inzwischen völlig davon überzeugt, daß auch seine „Kopfarbeit" Recht auf Entgelt habe, rangen ihm die schweren Lasten der Familie tiefe Seufzer der Besorgnis ab. In einem Brief an seine zweite Frau schreibt er 1890: „Wenn ich noch ein bißchen lebe, hätte ich nur einen Wunsch, nicht mußdichten zu müssen"[50] – ein verständlicher, vielsagender Wunsch, dem er in einer Wunschtraumfabel passenden Ausdruck verleiht: Der Dichter, der in seiner Wohnung im Dachgeschoß das weltweise Buch mit dem Titel *Ich kenne Dich* geschrieben hat, erregt damit Aufsehen in den Kreisen des Hausherrn, eines begüterten Barons. Dieser schenkt aus Erkenntlichkeit für die geistigen Genüsse dem ihm bisher unbekannten Hausbewohner ein Buch, das denselben Titel trägt, aber anstatt der 250 Seiten ebenso viele Guldenscheine enthält!

In einer anderen Parabel, deren Absicht ebenfalls auf den Zweck der Selbstbestätigung hinausläuft, beschreibt Rosegger zwei gegensätzliche Freunde. Der eine, ein Mann der Tat, vernünftig, realistisch; der andere, unstet, träumerisch – der Dichter. Dieser muß letztlich die Lehre seines lebenstüchtigen Freundes annehmen und sich zur bürgerlichen Lebensform bekehren lassen. Was bleibt ihm anderes zu tun übrig, wenn sein großzügiger Freund ihm einfach ein Haus schenkt?

Wenn er auch ein „Singvogel" sein mag, so hat der Dichter, laut Rosegger, die unabdingbare Pflicht, sich den Gesetzen des Menschenlebens zu unterwerfen, eine Familie zu gründen und in Gesellschaft zu leben – dafür darf er aber mit der allgemeinen Achtung rechnen und ohne falsche Scham die finanzielle Entschädigung, die er sich mit seinem Werk der Belehrung und der Ermunterung erarbeitet hat, entgegennehmen.

Wir sehen also, daß Rosegger seine Komplexe überwunden hat und in seine Notabelnrolle hineingewachsen ist. Natürlich dürfen die Ansprüche, die der Dichter an die Gesellschaft stellt, nicht ausufern und das innere Gleichgewicht des Poeten in Frage stellen. Anmaßung und übertriebenen Ehrgeiz hat Rosegger in zwei Erzählungen dezidiert als Fehlverhalten von sich gewiesen. Die erste Geschichte, *Der verunglückte Maler,* aus dem Jahre 1890 führt uns einen Maler vor, dessen Stern im Sinken ist. Um sich über seinen künstlerischen Ruf zu beruhigen, ersinnt er eine fatale Strategie. Er zieht sich in ein verlorenes Alpental zurück und läßt glauben, er sei in den Bergen umgekommen. Nun weiß er sich vorsichtigst die letzten Zeitungen zu verschaffen, in denen er mit Gier den ihm gewidmeten Nachruf liest. Anstatt Lob und Ehre findet er nur laue, enttäuschende Worte. Die wahre Katastrophe aber entsteht dadurch, daß ein Freund, der sich aufgemacht hat, um ihn in den Bergen zu suchen, tatsächlich tödlich verunglückt.

Die Aussage ist hier schon eindeutig; in der Skizze mit dem sprechenden Titel *Größenwahn* wird sie noch expliziter: Ein Schriftsteller, dessen fünfzigster Geburtstag vorbeigeht, ohne daß sich Glückwunschtelegramme und Geldgeschenke einstellen, verfällt in geistige Umnachtung und stirbt.

Das sind einige der Gefahren, die das Dichterschicksal in sich birgt. Eine bedeutende, weitere Gefahr, der Rosegger oft zu unterliegen fürchtete, ist die der Enttäuschung über die ausbleibende Wirkung seines Schaffens. „Alles vergebens, man hört nicht auf mich, man bleibt verstockt", klagt Rosegger in diesen bangen Augenblicken.

„Gute Lehren, Leut bekehren,
Das sind blaue Hirngespinster.
Selbst Erfahrung wirkt bedingt
Nur solange, als sie zwingt."[51]

Roseggers Mutlosigkeit – meist vorübergehender Art – drückt sich auch in Mundart aus:

„Wir säen Samen,
Es wachst nix.
Wir schreiben Dramen,
Es wirkt nix.
Wir erzählen Geschichten,
Es tut nix.
Wir dichten Gedichten,
Es hilft nix.
Wir sprechen Sprüche,
Es nutzt nix.
Wir fluchen Flüche,
Es schadt nix."[52]

Auch die Titel *Der Verbitterte* und *Des Sängers Verzweiflung* sind recht vielsagend.

In diesen Augenblicken der Prüfung denkt der Dichter wieder als letzte Zuflucht an einen Besuch bei Gottvater, den er, wie es in der Parabel *Das göttliche Spielzeug* heißt, unvorsichtigerweise verlassen hat, um am Schicksal der Sterblichen teilzunehmen ... Bei seinem Aufstieg ist der Dichter voll Bitternis: Warum sind alle seine Bemühungen, das Himmelreich schon auf Erden zu errichten, fruchtlos geblieben? Warum hat es trotz seiner edlen Absichten nur Mißverständnisse und Aggressionen gegeben? Bevor der müde Wanderer an der Pforte des Paradieses anklopft, möchte er sich im Schatten eines Lorbeerbusches etwas erholen. Als der Herr die Himmelstür öffnet, bemerkt er den Dichter, der spielend, wie ein Kind, dabei ist, aus Lorbeerzweigen einen Kranz zu flechten. „Mein Sohn, was treibst du denn?" fragt ihn der Herr, „warte doch, bis es andere tun."[53]

Ob der liebe Gott den Dichter mit einer seelenstärkenden Aufmunterung entlassen hat oder nicht – es soll uns hier nicht bekümmern. Wesentlich ist, daß uns diese Parabel zu Roseggers Überzeugung von seiner Sendung als Dichter zurückführt: Trotz Zweifel und Mutlosigkeit ist der Dichter ein Erwählter, ein Vertrauter Gottes.

# 6. DIE KÜNSTLERISCHEN AUFFASSUNGEN DES DICHTERS

„Vom Realen das Beste
ist Ideal genug.“[54]

Eine direkt von Gott eingegebene Inspiration ist natürlich über jeden Zweifel der Inauthentizität erhaben. Dem Bibelwort, „den Seinen gibt's der Herr im Schlafe“, entsprechend, erklärt unser Dichter: „Vieles, was ich schrieb, habe ich nicht gedichtet, hat sich vielmehr in mir selbst gedichtet“[55]; so sei ihm zum Beispiel die Fabel zur Novelle *Da Gaugl Blos'*, aus der später das Stück *Am Tage des Gerichts* wurde, regelrecht im Traum gekommen. Durchaus konsequent weist Rosegger auch die Idee irgendeiner Beeinflussung von außen, einer Aufnahme von literarischem Bildungsgut, von sich. Nur Selbsterlebtes, aus dem Leben Gegriffenes könne für ihn als Inspirationsquelle in Betracht kommen. Ratschläge, Kritik sowie theoretische Schriften hätten keinerlei Wirkung auf ihn.

„Worin meine bescheidene literarische Ausbildung besteht, ich weiß es eigentlich selbst nicht, und wovon ich sie habe, ich weiß es noch weniger ... Ich bin für mich der erste und der letzte, der Adam und der Ahasver zugleich“[56], schließt Rosegger das Kapitel der schöpferischen Selbstdarstellung.

Erstaunlicherweise wird aber im Roman *Oswald und Anna* eine nicht unerhebliche literarische Ahnenreihe zitiert. Den großen Saal des Schlosses zieren die Büsten von Moses, Homer, Walther von der Vogelweide, Klopstock, Goethe, Schiller, Heine, Grillparzer und Stifter. Es scheint sich hier aber mehr um ein noch schülerhaftes Aufsagen einer eben erlernten Lektion als um eine tatsächliche Berufung auf diese Geistesgrößen zu handeln, gibt Rosegger doch selbst zu, daß er Homers *Ilias* und

*Odyssee* kaum überflogen hat, Dantes *Göttliche Komödie* nur dem Namen nach kennt, Cervantes' *Don Quichote* ihn sofort abgestoßen hat, Voltaire, Byron und Walter Scott nie in seinen Gesichtskreis traten. Wie erinnerlich, gestand Rosegger 1895, daß er Heine zu wenig kenne, um sich in der Denkmalfrage zu äußern, und logischerweise wird Heine in den späteren Ausgaben des Romans aus der Reihe der geistigen Vorfahren ausgeschieden.

Sicherlich war Rosegger sein Leben lang kein großer Leser. Nach der eingehenden Stifter-Lektüre in der Jugend las er dann als *Heimgarten*-Redakteur vor allem die Neuerscheinungen, über die er zu referieren wünschte, und später, bei Staackmann, war es bei den Autoren dieses Verlages üblich, sich gegenseitig – positive – Besprechungen zu widmen. Rein theoretische Werke haben unseren Autor jedoch tatsächlich nie interessiert. Nichtsdestoweniger ist die Beanspruchung eines aus sich selbst entstandenen Werkes rein göttlicher Eingebung natürlich nicht ernst zu nehmen, sondern als Teilaspekt seiner Selbstdarstellung zu verstehen. Als ihm nach einer öffentlichen Lesung im ländlichen Kreis ein Bauer mit den Worten: „An iads Wort a Wahrheit"[57], gratulierte, so war das für Rosegger das größte je gehörte Lob, ein Lob, das noch das der Großherzogin von Baden übertraf: „Das ist so weltlich und so fromm zugleich und so natürlich, daß man's glauben muß."[58]

„Echt" und „natürlich" – zwei Tugenden, die in Roseggers ästhetischer Theorie einander bedingen. Nur der „unverbildete" Verstand sei fähig, Leben authentisch zu schildern: „Wie es in mir ist, so schreibe ich es heraus, wie ich das Leben sehe, so gebe ich es wieder."[59] Daß die Wiedergabe, ja schon der gewählte Blickwinkel von den verschiedensten Kulturfaktoren beeinflußt wird, bleibt hier ausgeklammert. Wenn für Rosegger als Autor das Spontane die Echtheit bedingt, so überträgt er dasselbe Schema auf den Leser als Kunstrichter. Auch hier sei vom einfachen Mann aus dem Volke das treffendste Urteil zu erwarten. Sein gesunder Menschenverstand lasse ihn nicht weit irregehen, wenn er nicht „der erstbesten Modeströmung, der Laune eines Taggeistes nachgibt", sondern seiner „unmittelbaren Empfindung"[60] folgt. Eine Auffassung, die es Rosegger erlaubt, sich gegen schlechte Kritiken aus berufener – städtischer – Feder abzusichern.

„Bei dem Volk bin ich ein Volksdichter, bei den feinen Herrschaften würde ich ein Mißerfolgsdichter sein."[61] Tatsächlich ging die Wiener Presse mit ihm nicht immer nachsichtig um, wenn man es nicht überhaupt vorzog, von Rosegger als Volksschriftsteller keine Notiz zu nehmen. Böse Zungen hätten ihm sogar geraten, anstatt sich auf Pegasus zu schwingen, bei seinem Ziegenbock zu bleiben, andere wieder taten ihn als „Lederhosendichter"[62] ab. Rosegger nahm sich das nicht sehr zu Herzen. Warum die städtischen Autoren und ihre dekadenten Werke nachahmen? Stand ihm doch ein Reservoir von volksnahen Menschentypen mit ihrer authentischen Mundart zur Verfügung, aus dem er Leben und Gestalten schöpfen konnte, die auf die meisten Städter neu und erfrischend wirkten.

„Die Volksmundart hat in ihrer Unschuld die Macht und das Recht, ohne frivol zu sein, manches zu sagen, was die Sprache der Gebildeten höchstens anzudeuten wagen darf."[63] Und dieser bäuerliche Menschenschlag mit seinen charakteristischen psychologischen Mechanismen liefert Rosegger das gewünschte, leicht zu bearbeitende Material für seine zunehmend stereotyp angelegten Fabeln. Eine Tatsache, die ihn sagen läßt, er habe „als Schilderer seine Stoffe aus der Regel, als Novellist aus den Ausnahmen" gezogen[64]; und hier kommen wir auf Roseggers Vorliebe für Sonderlingsgestalten zurück, die sich ganz leicht dadurch erklärt, daß das normale Land- bzw. Bauernleben zwar den Hintergrund für Roseggers Schilderungen abgibt, ihm als solches aber nicht genügend interessant scheint – mit Ausnahme von *Erdsegen* –, um die Handlung für eine Novelle, eine Geschichte zu liefern. Dazu hätte es einer subtileren Psychologie, einer vertieften Anschauungsweise bedurft. Roseggers Werk bewegt sich in den für Volksliteratur typischen Gleisen der Schwarzweißmalerei, auch wenn er behauptet, er habe all diese von ihm dargestellten Typen und Sonderlinge in seiner „Hochschule" bei den Bauern, wo er fünf Jahre lang auf der Stör war, tatsächlich kennengelernt.

Wenn man ihm aufgrund dieser Widersprüche vorwirft, er sei schwer einzuordnen, zu kategorisieren, er sei „ein Wilder"[65], so prallt dieser Vorwurf an ihm ab. Ja, im Gegenteil, diese Anspielung auf Rousseaus „guten Wilden" paßt vortrefflich in sein Konzept der Echtheit und Bescheidenheit: „Ich bleibe auf meinem Erdboden, und wenn ich auf demselben so groß bin wie ein Kornhalm, so ist's mir genug"[66], begrenzt Rosegger sein literarisches Territorium.

Nach diesen Ausführungen über Roseggers dichterische Inspiration bleibt noch die Frage zu beantworten, ob der von ihm erhobene Wahrheitsanspruch mit seinem künstlerischen Vorgehen übereinstimmt und im Werk tatsächlich realisiert wird.

Hat uns Rosegger, der in seiner Jugend eine Landbevölkerung erlebte, deren tägliches Los immer neu begonnene, unabänderliche Mühsal und Plage war, ein Milieu, in dem eine Frau von vierzig Jahren eine zahnlose Greisin war, Kinder als willkommene Arbeitskräfte, Alte als überflüssige Last betrachtet wurden – hat uns Rosegger von diesen Zuständen ein zutreffendes Bild gegeben? Welche Gestalten begegnen uns in seinen Werken? Sicherlich treffen wir viele arme Leute an, aber sie tragen ihr Schicksal so gottergeben und ohne Murren, daß ihre Demut an die Selbstverleugnung der christlichen Heiligen gemahnt. Die Jungen hingegen strotzen, trotz minimaler Lebenserwartung, von Frische und Draufgängertum; Jodeln, Fensterln und Raufen sind der Ausfluß ihrer überschäumenden Kräfte; die Alten wieder werden oft zu lebensweisen Patriarchen stilisiert, denen Mühe und Entbehrungen ihren Humor und ihre abgeklärte Zuversicht nicht rauben konnten.

So bringt uns Roseggers Darstellung des Landlebens dazu, nostalgisch einer verschwundenen Lebensform nachzuweinen, die in Wirklichkeit wohl eher unser indigniertes Staunen verdient hätte. Wir sehen also, daß für Rosegger, trotz seines Authentizitätsanspruches keine Rede davon sein kann, die Wahrheit im „nackten" Zustand, so, wie sie ist, zu liefern: „Der Stoff muß ausgewählt, von Spreu befreit, verdichtet und komponiert werden"[67], empfiehlt er 1889. Schon viel früher, im Jahre 1877, steht aber seine Theorie fest: „Wer das Leben schildert, wie es ist, der ist ein bloßer Abschreiber ..., ein Hetzer, denn die Wirklichkeit entzweit uns ... immer wieder mit uns selbst und den Idealen. Wer uns aber Gestalten schafft, wie sie sein sollen und auf Grundlage einer natürlichen Entwicklung sein könnten, *der* ist ein Schöpfer, der versöhnt."[68]

Natürlich soll alles, was der Poet aufschreibt, wahr und wahrhaftig sein; aber dann soll er „noch etwas dazugeben, was versöhnt und erhebt. Denn wenn die Kunst nicht schöner ist als das Leben, so hat sie keinen Zweck"[69], behauptet Rosegger noch 1913, seiner ästhetischen Auffassung getreu.

„Versöhnen, erheben, verschönen" – das sind Ausdrücke, die über Roseggers Zugehörigkeit zum poetischen Realismus idealistischer Inspiration keinen Zweifel lassen. Die Formel Robert Hamerlings: „Das Schöne, das zum Guten führt, wie der Stern die Weisen aus dem Morgenlande zum Heiland geführt hat"[70], wird von ihm sogar noch lapidarer ausgedrückt: „Der Schönheit größte ist die Güte."[71]

Natürlich mußte seinen idealistischen Überzeugungen der Naturalismus mit den drastischen Schilderungen der Schattenseiten des Lebens ein Dorn im Auge sein. Schon Henrik Ibsen war ihm als „entmutigender, hemmender Geist"[72] suspekt gewesen, und gar die französischen – und deutschen – Naturalisten, die den Landmann tendenziös mit „unsauberen Lappen versehen"[73] und ein Elend schildern wollen, das sich, Rosegger zufolge, zur poetischen Darstellung nicht eignet. Seine Entrüstung über diese „Schmutzwühler" veranlaßt ihn sogar zu einem programmatischen Gedicht von ungewöhnlicher Schärfe:

> „Gern sei euch auf euren schmutzigen Straßen
> Traun, der eklen Würmer Reich gelassen.
> Achtet, wie sie kriechen, bohren, pissen,
> Schildert, bitten wir, uns recht dramatisch
> Und genau, man will ja alles wissen.
> ... Uns doch sei gegönnt, als Schmetterlinge
> Hoch die sonnigen Blüten zu umgaukeln,
> Dieses Sein mit Phantasie zu schmücken."[74]

Eine klare Frontenstellung, bei der sich Rosegger mit dem Gedanken tröstet, daß das Volk mit seinem „gesunden Empfinden" diesen Auswüchsen bald ein Ende bereiten wird.

Die Front verläuft aber nicht nur zwischen ihm und den Naturalisten, es gibt eine zweite, nicht weniger scharf gezogene zur raffinierten Stilkunst der Sezessionisten. Als überzeugter Anhänger von Defreggers oberflächlichem Detailrealismus – schon Egger-Lienz mißfiel ihm – konnte er dem abstrahierenden Jugendstil natürlich nichts abgewinnen. Hier erwächst die Abneigung nicht aus einer ins Anstößige absinkenden Naturnähe, sondern aus dem Mangel an Naturtreue, den er ihnen vorwirft:

„Wir wollen keine gut gemalten Kretins, weil die Kretins widerlich sind, und wollen keine schlecht gemalten Engel, weil schlechte Malerei häßlich ist ... Gebt uns gut gemalte Engel!“[75] fordert Rosegger dezidiert und denkt dabei wahrscheinlich an jene mehrmals lobend erwähnten gräberschmückenden Engel, die, in Menschengröße, eine mahnende Hand zum Himmel strecken und mit der anderen die Lebensfackel am Boden auslöschen. Roseggers Bevorzugung eines beschönigenden Realismus springt auch hier ins Auge. Er ist eher bereit, einige plump vergröbernde Effekte in Kauf zu nehmen als die abstrakt-symbolische Kunst des Jugendstils.

Aber kehren wir zu Roseggers Polemik gegen die Naturalisten zurück. Verständlicherweise sind Roseggers Angriffe nicht ohne Echo geblieben, und um sich gegen jene zu wehren, die ihn der Idealisierung beschuldigen, flüchtet er in den erstaunlichen Trugschluß, den wir diesem Kapitel als Motto vorangestellt haben:

„Zaunmarterdürre Wahrheit zu sagen,
Dazu brauch' ich keine Dichter. ...
Idealismus allein
Ist weder gut noch klug.
Vom Realen das Beste
Ist Ideal genug.“[76]

Sein Bewunderer, Ludwig Ganghofer, der seine Bauern im Sonntagsgewand zu zeigen weiß und den Leser mit „erfrischter, ermutigter Seele“ entläßt, hat sich diesem Programm voll und ganz angepaßt und erntet dafür nur Lob von seinem Meister.

Die Lösung besteht nun bei Rosegger darin, daß man sich, wenn auch arme, volksnahe, so liebenswürdige, sympathische Figuren als Helden aussucht und sie realistisch-detailliert beschreibt. Hans Trautendorffer, der zum Bauern umgemodelte Journalist, nimmt sich vor, von seinem landwirtschaftlichen Abenteuer „mit einem Buckelkorb voll Geistesdünger, ... ganz frischem, sehr kräftig duftendem Realismus" zurückzukehren. Das heißt, meint er: „In meinen Romanen sollen die Idealisten als solche sehr naturalistisch geschildert werden."[77] Spaßhalber setzt er hinzu, daß er im Naturalismus jedenfalls weiter gegangen sei als Zola selbst, der es nicht für nötig erachtet hatte, vor der Abfassung des Romans *Die Erde* eine Bauerntochter zu heiraten! Abgesehen von der Theoretisierung seines Verfahrens hat Rosegger im Roman *Erdsegen* eigentlich nichts Neues gebracht. Er wählt, wie immer schon, die seinen Absichten am besten entsprechenden – positiven – Typen aus dem Volke und gelangt so zu einem vorwiegend freundlichen, gefälligen Bild des Landlebens. Daß dieses Vorgehen eine gewisse Selbstverblendung erfordert, gibt Rosegger manchmal zu. 1876 gesteht er: „So lange es mir gelingt, die ‚schöne Lüge' vom Menschenglück und Ideal zu singen, bin ich Poet, der dem Menschen nützt"[78], und später fordert er den geneigten Leser auf, gemeinsam mit ihm in eine bessere Welt zu flüchten: „Und dichte dir die Welt, / Wie sie dir gefällt /"[79] ...

Als echter Poet, als Ersinner von gedichteten Welten, brauchte sich Rosegger nur von der literarischen Strömung seiner Zeit – dem poetischen Realismus, der mit dem persönlichen Mythos seiner göttlichen Sendung genau übereinstimmte – tragen zu lassen, um auf jene Ruhmeshöhen zu gelangen, die ihm schon als Waldbauernbub im Traume vorgeschwebt waren.

# VII.
# Schluß

„Was aus einem Waldbauernbub werden kann“, wundert sich, stellvertretend für viele, einer der bis Ende der vierziger Jahre so zahlreichen Rosegger-Biographen[1] angesichts des kometenhaften Aufstiegs, der Rosegger vom fast analphabetischen Hüterbuben zum Sänger der Steiermark, ja schließlich zum geistigen Führer und Propheten in deutschen Landen gemacht hat. Wie war nun tatsächlich eine so außergewöhnliche Laufbahn möglich? Sicherlich und zuerst, weil Rosegger mit dem ununterdrückbaren Hang zum Erzählen, zum Fabulieren begabt war, dem Schildern von Menschen, Sitten und Gebräuchen, die für die immer zahlreicher werdenden Städter Ende des neunzehnten Jahrhunderts schon im Geruch des Exotischen standen und gerade damals zu verschwinden drohten, als sie, vom jungen Rosegger gerade noch authentisch geschildert, später dann zur Kulisse und zum Erzählklischee des Heimatromans abzugleiten drohten. Was dem Naturdichter Rosegger in den siebziger Jahren des vorigen Jahrhunderts ebenfalls nicht unwesentlich zum Durchbruch verhalf, war, außer dem Interesse für die altväterlichen Sitten der steirischen Hochlandbevölkerung, die Überzeugung der soeben zum Zug gekommenen Liberalen, daß gerade diese Landbevölkerung aus ihrer geistigen Unmündigkeit befreit und dem Fortschritt zugeführt werden müsse.

Dieses Zusammentreffen von Talent, Erzählwillen und

Publikumsinteresse für das Dargebrachte genügt aber noch nicht, die ganz außergewöhnliche Karriere Roseggers zu erklären. Hier spielt eine psychische Komponente herein, die man sich vor Augen halten muß: Nie hätte Rosegger sein so erstaunliches Beharrungsvermögen, Land und Landsleute zu schildern, an den Tag gelegt und sein so umfangreiches Werk geschaffen, wenn er nicht mit einundzwanzig Jahren sein Heimatdorf verlassen, den Seinen davongelaufen wäre, in die Stadt, um dort die zur Befriedigung seines Erzähldranges unumgängliche Bildung zu erlangen. In diesem Weggehen, in dieser verlorenen bzw. verratenen Scholle muß der geheime Motor seines ganzen Schaffens gesehen werden. Dieses Aufgeben, dieser Verlust, ist die Ursache für sein hartnäckiges Bemühen um das Festhalten und Mitteilen des selbsterlebten Gebirgsbauerndaseins, das er zu besingen und zu preisen nicht müde wird, selbst auf die Gefahr hin, von kritischen Lesern wegen seines eigenen Lebensstils, der das Ländliche nur mehr von der Sommerfrische in Krieglach her kennt, in Frage gestellt zu werden.

Diese unbewußte, aber lebenslang an den Seinen geübte Abbitte für den einst begangenen „Verrat" ist der eigentliche Antrieb für Roseggers Werk, ein innerer Vorgang der Beschwörung, im Laufe dessen Waldheimat, Hochland und Land von den Strahlen der Verklärung vergoldet und letztlich als leibhaftiger Mythos vor uns stehen: In der Erinnerung wird Erlebtes zur Idylle und Vergangenheit als Wunschtraum zur zukunftsweisenden Utopie.

Hand in Hand mit dieser positiven Verabsolutierung des Landlebens geht natürlich das Verwerfen der Stadt – Ort der Sünde und der Ausschweifung, der Verirrung und des Verkommens. Hier haben die Zeitumstände so unglücklich gespielt, daß Roseggers Privatmythos mit der späterhin so fatalen offiziellen Ideologie zusammenfallen mußte: Verherrlichung eines starken, einigen, erdnahen Volkes, wahrer „Lebensborn" der Menschheit; und andererseits Verächtlichmachung der Stadt als Ort des sterilen Intellekts – das sind Themen, die mit der von Roseggers ursprünglicher Unvoreingenommenheit weit entfernten Heimatkunstbewegung direkt in nationalsozialistisches Ideengut übergehen sollten.

In der Erinnerung der meisten Leser lebt Rosegger als heiterer Geschichtenerzähler, als liebevoller Schilderer seiner Heimat, als Schöpfer der Waldschulmeister-Figur. Aber das ist bei weitem nicht der ganze Rosegger. Hinter dem Geschichtenerzähler und Fabulierer steckt ein Mann mit dreifacher Berufung: Erzieher, Priester und Dichter. Und gerade als Dichter gelang es ihm, seine pädagogischen und moralischen Ambitionen auf einen Nenner zu bringen; denn dem Dichter fällt seiner Auffassung nach nicht nur die Aufgabe zu, die Schönheit der Schöpfung zu preisen – er muß als Erzieher den Menschen auch zurechtweisen und bessern, auf den rechten Weg bringen helfen. Als Erzieher hat sich Rosegger auch sein Preßorgan, den *Heimgarten,* geschaffen. Dort arbeitete er mit unermüdlicher Ausdauer daran, seine Mitwelt auf den Weg des Heils zu bringen, so wie dies ihm vorschwebte. Dort wurde, im Gegensatz zum perversen Städter, der Landmann zum absoluten Vorbild des Menschen erhoben; der bescheidene und beharrliche Bergbauer vor allem, dessen Tugenden in Roseggers Privatideologie nach und nach auf das germanische Volk als solches übergingen; und diesem fällt nun seiner außerordentlichen moralischen Vorzüge wegen die Aufgabe zu, sich als Führer an die Spitze der Menschheit zu setzen. In dieser letzten Phase wird Rosegger zum Propheten, der seinen Jüngern das Heil am verheißenen Land verspricht, jenem Land, dem er abtrünnig geworden und von dessen Wiederbringung er nicht zu träumen aufhört: Wenn dereinst die gesamte Menschheit zum Landleben zurückgekehrt sein wird, dann werden sich in ihr die edelsten Tugenden des Germanen entfalten: „Einfachheit, patriarchalischer Sinn, Liebe zur angestammten Erde.“[2]

Es mag befremdend anmuten, daß Rosegger diese „Religion“ verkündet, während er selbst das meistenteils städtische Leben eines Intellektuellen führt, und nur die Erklärung durch das unbewußte Bemühen um Wiedergutmachung an den Seinen kann diesen Gegensatz in etwa ausgleichen. Eine andere Diskrepanz besteht darin, daß Rosegger die Rolle des Sitten- und Weltenrichters zu einem Zeitpunkt übernimmt, wo er sich, von schwerer Krankheit geprüft, nur noch nach Frieden sehnt, jenem Frieden des Herzens, der für ihn das „Himmelreich auf Erden“ bedeutet. Wenn er trotz allem in der Arena ausharrt, so dank der tiefen Überzeugung, mit seiner Feder für den Sieg des Guten und Richtigen zu wirken. Aus dieser Überzeugung heraus fühlt er sich auch berechtigt, als Sittenrichter zu retten oder zu verwerfen, loszusprechen oder mit dem Bannfluch zu belegen. Immer wieder jedoch weist er auf seine große Ermüdung hin, die in ihm der Streit der Parteien und der Weltenhader hervorruft, und er beteuert, um wieviel lieber er zurückgezogen in aller Stille leben würde, wenn, ja wenn er sich nicht eben unweigerlich zum moralischen Dienst an seinen Mitmenschen berufen fühlte. Der dringende Appell zum Landleben, den er an den „ihm nächsten Mitmenschen“, seinen germanischen Volksgenossen, richtet, fällt demnach genau mit seiner persönlichen Sehnsucht nach Regenerierung in einer mütterlich beschützenden Natur, fern vom „Weltgift“, zusammen.

Aber: Auch wenn Rosegger sich letztlich aus ganzem Herzen in die Seele des unschuldigen Waldbauernbuben zurücksehnt, der Weg dorthin ist nur im Traume möglich, im universal ausgeweiteten Traum von einer kollektiven

Rückkehr zur Allheilerin Natur. Die Wirklichkeit ist anders. Rosegger harrt, seiner Rolle und seiner Überzeugung getreu, im Trubel des Weltgeschehens aus: ein im Saeculum verirrter Poet auf der Suche nach dem verlorenen Paradies der Kindheit.

# ANMERKUNGEN

## KAPITEL I

[1] Gesammelte Werke in 40 Bänden, Ausgabe letzter Hand (Alh), Leipzig 1913–1916, 39/156.

[2] Die Möglichkeit, sich von allen auf dem Grund und Boden liegenden Lasten und Rechten durch eine angemessene Entschädigungssumme an den Grundherrn freizukaufen.

[3] Ein vom Grundherrn erblicherweise dem Bauern überlassenes Land, für dessen Nutzung er Robot und Fronden leisten mußte. Durch das Gesetz von 1848 wurde der Bauer durch Zahlung der Ablöse rechtmäßiger und freier Besitzer des Grundes.

[4] Leopold 1852 und Gertraud 1857. Die überlebenden Geschwister sind: Jakob 1845–1914, Apollonia 1848–1885, Maria 1853–1934, Nikolaus 1857–1896.

[5] Gabriel Mondfels (GM), in: Heimgarten 47, Graz 1922/1923, 286.

[6] Alh 9/172.

[7] Alh 20/20.

[8] Alh 20/21.

[9] Tannenharz und Fichtennadeln, Graz 1869, 38.

[10] Alh 6/339.

[11] Alh 12/18.

[12] Alh 39/70.

[13] Franz Haslinger: Peter Rosegger als Handelsakademiker (Hasl), Graz 1963, 23.

[14] Alh 16/5.

[15] Ebd. 6.

[16] M. Mayer: Schneiderpeterl erzählt. Aus Roseggers unveröffentlichten Jugendschriften, Graz 1936, 35.

[17] 1860: Der Volkskalender auf 1861, Die Welt.
1861: Fröhliche Stunde I und II, Volkskalender auf 1862.
1862: Fröhliche Stunde III, Volkskalender auf 1863, Das Sonntagsblatt.

1863: Fröhliche Stunde IV, Volkskalender auf 1864, Kalender für Zeit und Ewigkeit.
1864: Volkskalender für 1865, Meine Gedanken I und II, Museum I.
1865: Volkskalender für 1866, Museum II.

[18] Alh 39/246.

[19] Friedrich Steinebach, 1821–1899, österreichischer Erzähler und Herausgeber verschiedener Almanache; August Silberstein, 1827–1900, volkstümlicher Erzähler und Herausgeber des Österreichischen Volkskalenders.

[20] Mayer, op. cit., 48.

[21] Alias Freiherr Münch-Bellinghausen, 1806–1871.

[22] GM 281.

[23] Diesen Traum Roseggers hat Sigmund Freud auch in seiner Traumdeutung verwendet.

KAPITEL II

[1] Hasl 27.
[2] Alh 16/350.
[3] Ebd. 353.
[4] Alh 40/255.
[5] Alh 39/145.
[6] Alh 16/348.
[7] Hasl 189.
[8] Ebd.
[9] Ebd. 31.
[10] Ebd. 83.
[11] Alh 20/5.
[12] Hasl 35.
[13] Ebd.
[14] Rudolf Latzke: Aus Roseggers Werdezeit (LaW), Wien, Leipzig 1937, 71.
[15] Hasl 40.
[16] Ebd. 45.
[17] Ebd. 80.
[18] GM 288.
[19] In der Einöde, Pest 1872, 150.
[20] Alh 1/XVII.
[21] Kienzl – Rosegger, eine Künstlerfreundschaft, 1876–1918, hrsg. von Hans Sittner (Kienzl), Zürich, Leipzig, Wien 1953, 461.
[22] Heimgärtners Tagebuch. 2 Bde. (HgTB), Leipzig 1912–1917, II/304.
[23] Alh 40/82.

[24] LaW 57.
[25] An Brunlechner: In ewiger Deinheit – Briefe von Peter Rosegger an einen Jugendfreund, hrsg. und kommentiert von Charlotte Anderle (In ewiger Deinheit), München 1990.
[26] Hasl 101.
[27] In ewiger Deinheit, Brief vom 16. Juli 1869.
[28] Hasl 109.
[29] Ebd. 184.
[30] Ebd. 22.
[31] Ebd. 155.
[32] Otto Janda (Hrsg.), P. Rosegger, Das Leben in seinen Briefen (Janda), Graz 1943, 27.
[33] HgTb II/76.
[34] Staackmann brachte unter dem Titel *Mein Lied* ältere und neuere Lyrik seines erfolgreichen Erzählers heraus.
[35] Hasl 203.
[36] Alh 20/12.
[37] Amédée Vulliod: Briefe an einen Franzosen, Leipzig 1930, 57.
[38] Helfried Weinhandl: Peter Roseggers religiöse Gedankenwelt, Graz 1981, Diss., 28.
[39] LaW 136.
[40] In ewiger Deinheit, Brief vom 17. Februar 1870.
[41] Alh 39/19.
[42] Hasl 200.
[43] Ebd. 239.
[44] LaW 168.

KAPITEL III

[1] GM 395 (Schiller, Macbeth I/1: 1801 richtete Schiller Shakespeares Macbeth für das Weimarer Theater ein).
[2] Janda 76.
[3] Alh 9/223.
[4] Alh 39/101.
[5] Rosegger war ausgesprochen mager, ja schwächlich. Die Alpler Jugend soll folgendes Schnadahüpfl auf ihn gemacht haben: „Dichterixl, Dichteraxl, hot koan Hintern und koa Haxl" (Alh 20/158).
[6] In ewiger Deinheit, Brief vom 12. November 1866.
[7] Janda 53.
[8] Hasl 96.
[9] Janda 105.
[10] Alh 9/205.

[11] GM 401.
[12] In ewiger Deinheit, Brief vom 19. Mai 1867.
[13] GM 401.
[14] Heimgarten (Hg), Graz 1876-1935, 16/298.
[15] Ebd.
[16] Janda 99.
[17] Ebd. 104.
[18] Ebd. 105.
[19] Alh 4/292.
[20] In Zusammenarbeit mit Richard Heuberger.
[21] Aus den Jahren 1869 und 1871.
[22] Janda 74.
[23] Janda 136.
[24] Alh 27/334.
[25] Rudolf Latzke: P. Rosegger. Sein Leben und sein Schaffen. 2 Bde. (La I und II), Weimar und Graz 1943–1953, 129.
[26] Alh 9/190.
[27] Janda 121.
[28] Alh 1/XXXIII.
[29] Arzt und Musiker, verehelicht mit Paula Hafner, gestorben 1948.
[30] Alh 4/316.
[31] Janda 126.
[32] Verheiratet mit dem Korvettenkapitän Josef Laurin, gestorben 1943.
[33] La I/80.
[34] Janda 130.
[35] Alh 24/50.
[36] Alh 1/XXXIII.
[37] Janda 231.
[38] Brief vom 7. Juli 1887, zitiert nach Latzke II/123.
[39] Mayer, op. cit., 61.
[40] Waldheimat, Pest 1877, Einleitung, unpaginiert.
[41] A. Pöllmann, Peter Rosegger und sein Glaube, Münster 1903, 113.
[42] Alh 30/16.
[43] Janda 143.
[44] Ebd. 153.
[45] Hg 28/337.
[46] Alh 20/309.
[47] 1860–1932.
[48] Ernest Seillière: L'âme styrienne et son interprète, Revue des deux mondes, Paris 1902, 622.
[49] Janda 238.
[50] Alh 39/305.

[51] Jurastudium, ab 1910 Chefredakteur des Heimgarten, verheiratet mit Emilie Börner, gestorben 1929.
[52] Janda 166.

## KAPITEL IV

[1] Janda 195.
[2] Rudolf Latzke: Peter Roseggers Entwicklung in seinen Briefen, Wien 1933, 3.
[3] Pöllmann 22.
[4] Volksreden über Fragen und Klagen, Zagen und Wagen der Zeit, Berlin 1908, Vorwort.
[5] 1883: Margarete, verheiratet 1903 mit dem Marineleutnant Franz Laurin, gestorben 1948. 1890: Martha, verheiratet 1914 mit Bernhard Baumgartner, gestorben 1948, und natürlich Hans-Ludwig.
[6] Janda 74.
[7] Friedrich Pock: Peter Rosegger. Ein Lebensbild, Leipzig 1943, 162.
[8] Janda 173.
[9] Peter Rosegger, Hirte, Schneider und Dichter.
[10] Alh 4/175.
[11] Alh 27/8.
[12] Alh 39/148.
[13] Allerlei Menschliches, Wien 1892, 92.
[14] Der Roman erschien 1881 im Heimgarten und 1882 in Buchform.
[15] La I/3.
[16] Bergpredigten, Wien 1885, 73.
[17] Ebd. 206.
[18] Ebd. 98.
[19] HgTb I/163.
[20] Bergpredigten 85.
[21] Alh 22/272.
[22] Bergpredigten 57 und 59.
[23] Im Heimgarten 8/860 unter dem Titel: Offenes Schreiben an junge Antisemiten in Wien.
[24] Ebd. 166.
[25] Ebd. 21.
[26] Seillière, op. cit., 639.
[27] Brucker Obersteirerblatt, 21. August 1885.
[28] Briefwechsel mit Friedrich v. Hausegger, hrsg. von Siegmund Hausegger, Leipzig 1924, 42.
[29] Ebd.
[30] Hg 15/547.

[31] Briefwechsel Hausegger – Rosegger 70.
[32] Ebd. 44.
[33] Hg 10/58.
[34] Alh 22/189.
[35] Amédée Vulliod, Peter Rosegger, Leipzig 1913, 182.
[36] Bergpredigten 15.
[37] Literatur in der Steiermark, anläßlich der Landesausstellung 1976, Arbeiten aus der Steiermärkischen Landesbibliothek, Band 15, Graz, 234.
[38] Hg 14/77.
[39] Eduard Graf von Taaffe, österreichischer Ministerpräsident von 1879 bis 1893. Er bildete ein konservatives Koalitionsministerium, in dem es ihm gelang, die bisher Obstruktion betreibenden Tschechen zurückzugewinnen. Die Deutschliberalen hingegen schieden bald aus. Von ihm stammt das charakteristische Wort „fortwursteln".
[40] Alh 19/112.
[41] Alh 12/111.
[42] Ebd. 15.
[43] GM 179.
[44] Hg 12/31.
[45] Alh 12/250.
[46] Peter Mettenleiter: Destruktion der Heimatdichtung, Gotthelf, Auerbach, Ganghofer, Tübingen 1974, 334.
[47] La II/183.
[48] Martin der Mann, Wien 1889, 238.
[49] Ebd. 72.
[50] Ebd. 240.

KAPITEL V

[1] Alh 39/160.
[2] Hg 19/313.
[3] Ebd. 315.
[4] Alh 40/97.
[5] Ebd.
[6] Hg 12/151.
[7] Hg 18/519.
[8] Janda 242.
[9] Kienzl 337.
[10] La II/82.
[11] Kienzl 337.
[12] Alh 34/53.
[13] Kienzl 341.

[14] Alh 34/349.
[15] Hans v. Reininghaus – P. Rosegger, Briefe 1888–1917, hrsg. v. Kurt Matzak, Graz, Wien 1974, 84.
[16] Abenddämmerung, Leipzig 1919, 61.
[17] Alh 21/403.
[18] Ebd. 259.
[19] Der Kampf um die Befreiung der profanen Bereiche von der im Konkordat niedergelegten Bevormundung durch die katholische Kirche. 1868, zu Beginn der liberalen Ära, wird der 1855 geschlossene Vertrag praktisch aufgehoben. Unterrichtswesen, Ehegerichtsbarkeit und Zensur unterstehen von nun an nur mehr weltlichen Instanzen.
[20] Alh 19/74.
[21] Die von Ministerpräsident Graf von Badeni im April 1897 erlassenen Sprachenverordnungen sahen in Böhmen und Mähren doppelsprachige Amtsführung vor. Alle Beamten sollten binnen drei Jahren beide Sprachen beherrschen. Radikale Opposition der Deutschnationalen, Entlassung des Ministers und praktische Arbeitsunfähigkeit des Parlaments waren die Folgen. Die Verordnungen wurden am 17. Oktober 1899 aufgehoben.
[22] Volksreden … 4.
[23] La II/59.
[24] Alh 34/189.
[25] Pöllmann, op. cit., 35.
[26] Ebd. 127.
[27] M. Morard, Pierre Rosegger, Fribourg 1910, 84.
[28] Hamerle Andreas, Graz 1901, 21.
[29] Alh 34/261.
[30] Alh 34/182.
[31] Ebd. 183.
[32] Ebd.
[33] Ebd. 70.
[34] La II/239.
[35] S. J. Kreiten: Glaube oder Liebe?, in: Stimmen aus Maria Laach, 1897, 153.
[36] Pöllmann, op. cit., 104.
[37] Zitiert nach Hamerle, op. cit., 10.
[38] Charles Henry Sorg: Rosegger's religion, New York 1972, 74.
[39] Neue Freie Presse, 4. Juni 1905.
[40] Österreichische Rundschau, November 1905.
[41] Hg 23/127.
[42] Alh 25/84.
[43] Hg 23/127.

[44] Hg 16/443.
[45] Volksreden ... 194.
[46] Alh 29/43.
[47] Hg 23/132.
[48] La II/220.
[49] Hg 16/443.
[50] Alh 21/257.
[51] Ebd. 386.
[52] Ebd. 351.
[53] Ebd. 42.
[54] Alh 29/43.
[55] Hg 16/443.
[56] Abenddämmerung 31.
[57] Ebd. 13.
[58] Die Waage, 18. März 1900.
[59] Abenddämmerung 23.
[60] Hg 23/130.
[61] Alh 40/91.
[62] Seillière, op. cit., 640.
[63] Abenddämmerung 101.
[64] Hg 23/829.
[65] Janda 281.
[66] Hg 23/831.
[67] Volksreden ... 8.
[68] Hg 22/312.
[69] Ebd.
[70] Ebd.
[71] La II/300.
[72] Hg 19/648.
[73] Hg 19/647.
[74] Ebd.
[75] Alh 9/197.
[76] Ebd. 198.
[77] Hg 23/550.
[78] La II/196.
[79] Amédée Vulliod: Peter Roseggers Briefe an einen Franzosen, Leipzig 1930, 82.
[80] Hg 32/537.
[81] Hg 14/828.
[82] HgTb II/223.
[83] P. Rosegger, Ottokar Kernstock: Steirischer Waffensegen, Graz 1916, 32.

[84] HgTb II/173.
[85] Ebd. 182.
[86] Rosegger, Kernstock, op. cit., 57.
[87] Janda 315.
[88] HgTb II/308.
[89] HgTb II/154.
[90] Janda 317.
[91] Ebd. 331.
[92] HgTb II/399.
[93] La II/117.
[94] Alh 1/1.
[95] Alh 25/327.
[96] Ebd. 146.
[97] Ebd. 351.
[98] Hg 40/635.
[99] Heim zur Scholle, Warnsdorf i. B. 1915, Schriften für Österreich-Ungarns Erwachen, 16.
[100] Ebd. 6.
[101] Alh 25/351.
[102] Heim zur Scholle 14.
[103] Ebd. 8.
[104] Hg 38/357.
[105] Heim zur Scholle 6.
[106] Ebd. 21.
[107] Alh 5/239.
[108] Alh 13/207.

KAPITEL VI

[1] Alh 40/6.
[2] Hasl 200.
[3] M. Mayer, op. cit., 35.
[4] Ebd. 43.
[5] LaW 31.
[6] Ebd.
[7] HgTb II/7.
[8] Hasl 106.
[9] Ebd. 236.
[10] Ebd. 188.
[11] Moritz August von Thümmel, 1738–1817. Satirisch-erotischer Epiker im Stile Wielands.
[12] LaW 120.
[13] Hasl 200.

[14] Ebd. 157.
[15] LaW 55.
[16] Alh 9/181.
[17] Alh 9/239.
[18] Sonderlinge, Wien 1885, 311.
[19] Alh 4/308 und 311.
[20] Sonderlinge 305.
[21] Alh 11/9.
[22] Alh 27/329.
[23] Novellen. 3 Bde., Wien 1881–1882, III/381.
[24] Alh 39/20.
[25] Alh 9/244.
[26] Alh 24/24.
[27] LaW 63.
[28] Alh 8/370.
[29] Nadia Julien, Le Dictionnaire des Symboles, Alleur 1989, 137.
[30] Novellen I/110.
[31] Novellen II/402.
[32] Julien, op. cit., 36.
[33] Novellen I/400.
[34] Alh 24/253.
[35] Alh 12/111.
[36] Alh 9/276.
[37] Kienzl 322.
[38] Hasl 239.
[39] Alh 40/116.
[40] Ebd. 216.
[41] Allerlei Menschliches, Wien 1892, 324.
[42] Alh 37/115.
[43] HgTb I/335.
[44] Alh 1/182.
[45] Bergpredigten 59.
[46] Alh 4/228.
[47] Alh 9/167.
[48] Alh 24/221.
[49] Novellen I/214.
[50] Janda 193.
[51] Alh 9/266.
[52] Ebd. 310.
[53] Alh 30/330.
[54] Alh 9/282.
[55] Alh 40/12.

[56] Ebd. und 256.
[57] HgTb II/163.
[58] Alh 40/121.
[59] Ebd. 91.
[60] Alh 28/215.
[61] HgTb II/334.
[62] Alh 40/83.
[63] Ebd. 123.
[64] Alh 1/XXIX.
[65] Alh 40/251.
[66] Ebd. 256.
[67] Alh 30/216.
[68] Franz Haslinger: Rosegger als Herold Adalbert Stifters, Graz 1955, 45.
[69] Alh 1/XXXVI.
[70] Alh 36/31.
[71] HgTb II/40.
[72] Kienzl 369.
[73] HgTb II/223.
[74] Alh 9/30.
[75] HgTb II/68.
[76] Alh 9/280.
[77] Alh 25/343.
[78] Janda 136.
[79] Alh 9/268.

SCHLUSS

[1] Maria Rhine: Was aus einem Waldbauernbub werden kann, Berlin 1940.
[2] Heim zur Scholle.

# ZEITTAFEL

1843: Lorenz Rosegger und seiner Ehegattin Maria Zeilbauer (oder Rosegger?) wird in Alpl/Krieglach, Steiermark, ihr erster Sohn geboren und auf den Namen Petri Kettenfeier getauft. Zwischen 1845 und 1857 bekommt Peter noch sechs weitere Geschwister.

1848–1854: Peter erhält rudimentären Schulunterricht in der Wanderklasse des ehemaligen Volksschullehrers Michael Patterer. Dieser wird für ihn zur emblematischen Lehrerfigur.

1860: Nach verschiedenen gescheiterten Versuchen, Peter das Priesterstudium zu ermöglichen, tritt er bei Meister Ignaz Orthofer in die Schneiderlehre. Er bleibt, später auch als Geselle, bis 1865 bei Orthofer.

1865: Im Februar verläßt Peter die Heimat. Seine zahlreichen, den Volkskalendern abgeschauten Schriften haben den Leiter der *Grazer Tagespost,* Adalbert Svoboda, auf den Autodidakten aufmerksam gemacht.

1865–1869 wird Rosegger in der Grazer Handelsakademie als Hospitant aufgenommen. Mäzene, meist aus dem liberalen Lager, unterstützen den mittellosen jungen Mann. Erste (Gedicht-)Veröffentlichungen in Mundart.

1869: Mit dem ersten Buch *(Zither und Hackbrett)* gelingt Rosegger sofort der Durchbruch. Ab nun reiht sich bis zu seinem Tode fast jährlich Titel an Titel.

1873: Heirat mit Anna Pichler, Tochter eines Grazer Hutfabrikanten.

1874: Geburt des Sohnes Josef.

1875: Geburt der Tochter Anna und Tod der Gattin an Kindbettfieber. Im selben Jahr erscheint Roseggers berühmtester Roman: *Aus den Schriften des Waldschulmeisters.*

1876: Rosegger gründet die Monatsschrift *Heimgarten,* in der er bis 1910 als Chefredakteur zu allen Problemen der Zeit spontan Stellung nimmt.

1877: Der erste Band *Waldheimat* erscheint bei Gustav Heckenast in Pest. Bau eines Hauses in Krieglach. Die Reihe von Roseggers zahlreichen in- und ausländischen Vorlesereisen beginnt (bis 1907).

1879: Hochzeit mit Anna Knaur (1860–1932), der Tochter eines in der Steiermark ansässigen begüterten Wiener Architekten. Durch diese Heirat gelangt Rosegger endgültig in die höheren Gesellschaftsschichten.

1880: Geburt des Sohnes Hans-Ludwig (er übernimmt ab 1910 die Redaktion des *Heimgarten).*

1881: Bei Hartleben in Wien erscheinen Roseggers *Ausgewählte Schriften* in zwölf Bänden sowie, bis 1894, zwanzig weitere Titel.

Ab 1881: Wöchentliche Tischgesellschaft im „Krug zum grünen Kranz" in Graz.

1883: Geburt der Tochter Margarete. Beginn des Briefwechsels mit dem Wagnerianer und Deutschnationalen Friedrich von Hausegger.

1885: „Antisemitismusprozeß". Man wirft Rosegger „Philosemitismus" vor. Er verwehrt sich dagegen. Es kommt zu einer Duellforderung und einem Prozeß gegen Rosegger. Er reagiert auf die Affäre mit der Novelle *Die Christvesper.*

1887: Sukzessive Annäherung an Nationale und Großdeutsche. Aktives Engagement beim *Deutschen Schulverein.*

1890: Geburt der Tochter Martha.

1892: Schwere Krankheit und eingehendes Lesen der Evangelien.

1893: „Heine-Affäre". Anläßlich einer Umfrage über die Errichtung eines Heine-Denkmals in Mainz tritt Roseggers antisemitisch getönte Heine-Feindschaft an den Tag.

1894: Rosegger wechselt von Hartleben zu dem Leipziger Verleger Staackmann, der ihn erst richtig auf den Markt zu bringen weiß. Dreiundzwanzig weitere Bände erscheinen zu seinen Lebzeiten.

1898: Lebhafte Parteinahme gegen die Sprachenverordnungen in Böhmen und Mähren. Rosegger schwenkt endgültig ins nationale Lager ein. Damit Hand in Hand starkes Hinneigen zum Protestantismus. Rosegger schafft sich eine persönliche, völlig undogmatische Religion. Gründung der Mürzzuschlager *Waldheimat-Gesellschaft* (ursprünglich *Rosegger-Gesellschaft).*

1900: Rosegger veranlaßt den Bau einer protestantischen Kirche in Mürzzuschlag.

1902: Es gelingt ihm endlich, Alpl eine Volksschule zu stiften.

1903: Zahllose Ehrungen zum 60. Geburtstag. Die philosophische Fakultät der Universität Heidelberg verleiht ihm den Titel „Dr. honoris causa".

1907: Verleihung des preußischen Kronenordens zweiter Klasse – weitere österreichische und deutsche Ehrungen folgen. Enthüllung des Waldschulmeister-Brunnens in Kapfenberg.

1909: Aufruf zur gegenseitigen Nationalspende für deutsche Schulen an Sprachgrenzen.

1911: Der *Waldschulmeister*-Roman wird ins Japanische übersetzt.

1913–1916: Die *40bändige Ausgabe letzter Hand* erscheint bei Staackmann.

1914: Rosegger begrüßt den Krieg als ehrenvollen Verteidigungskampf. Wegen seiner aktiven Tätigkeit im Deutschen Schulverein (Slawenfeindlichkeit) entgeht ihm der Nobelpreis für Literatur.

1917: Erkrankung seit Dezember.

1918: Rosegger stirbt am 26. Juni in seinem Landhaus in Krieglach. Die Grazer Universität stellt am Tag des Begräbnisses die Vorlesungen ein. Der Wiener Gemeinderat hört stehend die Trauerbotschaft.

# BIBLIOGRAPHIE

## WERKE VON ROSEGGER BEI VERSCHIEDENEN VERLEGERN BIS 1881


*Zither und Hackbrett*, Graz 1869.

*Tannenharz und Fichtennadeln*, Graz 1870.

*Sittenbilder aus dem steirischen Oberlande*, Graz 1870.

*Geschichten aus Steiermark*, Preßburg 1871.

*Wanderleben*, Preßburg 1871.

*In der Einöde*, Preßburg 1872.

*Gestalten aus dem Volke der österreichischen Alpenwelt*, Preßburg 1872.

*Volkslieder aus Steiermark mit Melodien*, hrsg. von P. Rosegger und Richard Heuberger, Preßburg 1872.

*Geschichten aus den Alpen*, 2 Bde., Preßburg 1873.

*Das Neue Jahr. Deutscher Volkskalender für Österreich-Ungarn*, 1873–1880.

*Die Schriften des Waldschulmeisters*, Preßburg, 1875.

*Sonderlinge aus dem Volke der Alpen*, 3 Bde., Preßburg 1875.

*Volksleben in Steiermark in Charakter- und Sittenbildern dargestellt*, 2 Bde., Preßburg 1875.

*Aus Wäldern und Bergen. Stille Geschichten*, Braunschweig 1875.

*Streit und Sieg*. Novellen, 2 Bde., Preßburg 1876.

*Heimgarten*, 1876–1910 (dann unter der Leitung von Hans-Ludwig Rosegger).

*Waldheimat. Erinnerungen aus der Jugendzeit*, Preßburg 1877.

*Wie sie lieben und hassen*, Janke 1878.

*Lustige Geschichten*, Wien 1879.

*Mann und Weib*, Wien 1879.

*Bilder von Defregger. Geschichten von Rosegger*, Wien 1880.

*Aus meinem Handwerkerleben*, Leipzig 1880.

*Vom Kreuzweg des Lebens*, Stuttgart 1881.

Verlag Hartleben, Wien, 1881–1894

*Ausgewählte Schriften in zwölf Bänden*, 1881–1882:
*Das Buch der Novellen*, vol. I–III, 1881–1882.
*Die Schriften des Waldschulmeisters*, 1881.
*Sonderlinge aus dem Volke der Alpen*, 1881.
*Die Älpler*, 1881.
*Volksleben in Steiermark*, 1882.
*Heidepeters Gabriel*, 1882.
*Waldheimat*, 2 Bde., 1882.
*Feierabende*, 1882.
*Am Wanderstabe*, 1882.

*Sonntagsruhe*, 1883.
*Dorfsünden*, 1883.
*Meine Ferien*, 1883.
*Der Gottsucher*, 1883.
*Neue Waldgeschichten*, 1884.
*Geschichtenbuch des Wanderers*, 2 Bde., 1885.
*Bergpredigten*, 1885.
*Höhenfeuer*, 1887.
*Allerhand Leute*, 1888.
*Jakob der Letzte*, 1888.
*Martin der Mann*, 1889.
*Der Schelm aus den Alpen*, 2 Bde., 1890.
*Persönliche Erinnerungen an Robert Hamerling*, 1891.
*Gedichte*, 1891.
*Hoch vom Dachstein*, 1891.
*Allerlei Menschliches*, 1892.
*Am Tage des Gerichts*, Volksschauspiel, 1882.
*Gute Kameraden. Persönliche Erinnerungen an berühmte und beliebte Zeitgenossen*, 1893.
*Peter Mayr, der Wirt an der Mahr*, 1893.
*Spaziergänge in der Heimat*, 1894.

Verlag Staackmann, Leipzig, 1895–1917

*Als ich jung noch war*, 1895.
*Der Waldvogel*, 1895.
*Das ewige Licht*, 1897.
*Mein Weltleben I*, 1898.
*Idyllen aus einer untergehenden Welt*, 1899.
*Erdsegen*, 1900.

*Mein Himmelreich,* 1901.
*Sonnenschein,* 1902.
*Weltgift,* 1903.
*Das Sünderglöckel,* 1904.
*INRI,* 1905.
*Wildlinge,* 1906.
*Nixnutzig Volk,* 1907.
*Die Försterbuben,* 1908.
*Alpensommer,* 1909.
*Lasset uns von Liebe reden,* 1910.
*Das Buch von den Kleinen,* 1911.
*Mein Lied,* 1911.
*Die beiden Hänse,* 1912.
*Heimgärtners Tagebuch I,* 1912.
*Mein Weltleben. Neue Folge,* 1914.
*Das lichte Land,* 1917.
*Heimgärtners Tagebuch. Neue Folge,* 1917.
*Abenddämmerung,* 1919.

BEI ANDEREN VERLEGERN

*Stoasteirisch, Vorlesungen in steirischer Mundart.* 2 Bde., Graz 1885–1889.
*Defregger-Album,* Wien 1886.
*Durch! und andere Geschichten aus den Alpen,* Stuttgart 1897.
*Das ewige Weibliche. Die Königssucher,* Stuttgart 1898.
*Volksreden über Fragen und Klagen, Zagen und Wagen der Zeit,* Berlin, Kantorowic 1908.
*Steirischer Waffensegen* (in Zusammenarbeit mit O. Kernstock), Graz 1916.
*Heim zur Scholle,* Warnsdorf i. B. 1915 (Schriften für Österreich-Ungarns Erwachen).

VERLAG STAACKMANN

*Gesammelte Werke* in vierzig Bänden, 1913–1916:
1. Schriften des Waldschulmeisters.
2. Das Buch der Novellen I.
3. Die Älpler.
4. Heidepeters Gabriel.
5. Alpensommer.
6. Sonnenschein.

7. Nixnutzig Volk.
8. Der Gottsucher.
9. Am Tage des Gerichts. Mein Lied.
10. Die Abelsberger Chronik.
11. Waldheimat I: Das Waldbauernbübel.
12. Jakob der Letzte.
13. Waldheimat II: Der Guckinsleben.
14. Das Volksleben in Steiermark.
15. Martin der Mann.
16. Waldheimat III: Der Schneiderlehrling.
17. Der Schelm aus den Alpen.
18. Dorfsünder.
19. Peter Mayr.
20. Waldheimat IV: Der Student auf Ferien.
21. Das ewige Licht.
22. Der Höllbart und andere Geschichten aus der Vorzeit.
23. Sonderlinge.
24. Das Buch der Novellen II.
25. Erdsegen.
26. Geschichten aus Steiermark.
27. Fremde Straßen.
28. Das Sünderglöckel.
29. Weltgift.
30. Höhenfeuer.
31. Die Försterbuben.
32. Das Buch der Novellen III.
33. Heimgärtners Tagebuch.
34. Mein Himmelreich.
35. Die beiden Hänse.
36. Gute Kameraden.
37. Das Buch von den Kleinen.
38. INRI.
39. Mein Weltleben I.
40. Mein Weltleben II.

*Frohe Vergangenheiten. Launige Geschichten,* 1921.

JUGENDSCHRIFTEN

M. Mayer: *Schneiderpeterl erzählt. Aus P. K. Roseggers unveröffentlichten Jugendschriften,* Graz 1936.

# Sekundärliteratur
(Auswahl)


## Briefe

*An Brunlechner: In ewiger Deinheit. Briefe von P. Rosegger an einen Jugendfreund,* Einleitung und Anmerkungen von Charlotte Anderle, München 1990.
*Briefwechsel mit Friedrich von Hausegger,* hrsg. von Siegmund Hausegger, Leipzig 1924.
Janda Otto: *P. Rosegger, Das Leben in seinen Briefen,* Graz 1943.
*Kienzl – Rosegger, eine Künstlerfreundschaft 1876–1918,* hrsg. von Hans Sittner, Wien 1953.
Hans von Reininghaus: *Briefe 1888–1917,* hrsg. von Kurt H. Matzak, Graz, Wien 1974.
Vulliod Amédée: *Peter Roseggers Briefe an einen Franzosen,* Leipzig 1930.

## Studien

Baur Uwe, Schöpfer G., Pail G.: *Fremd gemacht,* Graz, Wien, Köln 1988.
Bunte Wolfgang: *Peter Rosegger und das Judentum. Altes und Neues Testament,* Hildesheim 1977.
Grieser Dietmar: *Betlehem – steirisch,* in: Schauplätze österreichischer Dichtung, Wien, München 1974.
Haslinger Franz: *Peter Rosegger als Herold Adalbert Stifters,* Graz, Wien 1955.
Haslinger Franz: *Peter Rosegger als Jünger Merkurs und Apolls,* 1865–1869. (Aus unveröffentlichten Stellen aus den Tagebüchern und Schulheften), Graz 1964.
Hölzl Wolfgang: *P. Rosegger, der Großdeutsche Bekenner; nationale und nationalsozialistische Rosegger-Rezeption,* Frankfurt/Main u. a. 1991.
Kreiten S. J.: *Glaube oder Liebe?,* in: Stimmen aus Maria Laach, 1897.
Latzke Rudolf: *Aus Roseggers Werdezeit,* Wien, Leipzig 1937.

Latzke Rudolf: *Peter Rosegger. Sein Leben und sein Schaffen. Nach den Quellen dargestellt.* Band I, Weimar 1943, Band II, Graz, Köln, Wien 1953.
Latzke Rudolf: *Peter Rosegger Bibliographie.* Wien 1949 (Maschinschrift).
Lengauer Hubert: *Der Waldbauernbub Peter Rosegger im Zwiespalt,* in: Das größere Österreich, hrsg. von Kristian Sotriffer, Wien 1982.
Möbius Hermine und Hugo: *Peter Rosegger. Ein Beitrag zur Kenntnis seines Lebens und Schaffens,* Leipzig 1903.
Pail Gerhard: *Die Funktion subjektiver Assoziationen und ihr Wandel in den Romanen Peter Roseggers,* Diss., Graz 1983.
Pock Friedrich: *Peter Rosegger. Ein Lebensbild,* Leipzig 1943.
Pöllmann Ansgar: *Peter Rosegger und sein Glaube,* Münster 1903.
Posch Fritz: *Alpl und der Kluppeneggerhof,* in: Zeitschrift des Historischen Vereins für Steiermark, Nr. 59, 1978, 69–86, Graz.
Rosegger Hans-Ludwig: *Der Kluppeneggerhof,* in: Heimgarten, Nr. 41, 1917.
Rosegger Hans-Ludwig: *Roseggers Vorfahren,* in: Gartenlaube, 1921.
Rosegger Hans-Ludwig: *Roseggers Waldheimat einst und jetzt,* Graz 1924.
Schober Wolfgang: *Roseggerforschung und Roseggerkult,* in: Österreich in Geschichte und Literatur, Wien 1981, 156–167.
Vulliod Amédée: *Peter Rosegger,* Leipzig 1913.
Wagner Karl: *Die literarische Öffentlichkeit der Provinzliteratur. Der Volksschriftsteller Peter Rosegger,* Tübingen 1991.
Weinhandl Helfried: *Peter Roseggers religiöse Gedankenwelt,* Diss., Graz 1981.

### AUSLÄNDISCHE STUDIEN

Morard M.: *Pierre Rosegger,* Fribourg 1910.
Reuß Rodolphe: *Pâtre, tailleur et poète,* Paris 1890.
Seillière Ernest: *L'âme styrienne et son interprète,* in: Revue des deux mondes, Paris 1902.
Sorg Henry Charles: *Rosegger's religion. A critical study of his works,* New York ²1970.
Wyczewa M.: *Peter Rosegger, Das ewige Licht,* in: Le roman contemporain à l'étranger, Paris 1897.

# Personenregister